社区体育组织社会资本研究

RESEARCH ON
COMMUNITY
SPORTS ORGANIZATIONAL
SOCIAL CAPITAI

周结友　著

社会科学文献出版社
SOCIAL SCIENCES ACADEMIC PRESS (CHINA)

摘　要

改革开放30多年来，我国的经济建设取得了举世瞩目的成就。但受发展阶段的制约，我国长期以来“重经济建设、轻社会建设”的发展思路留下的“后遗症”逐渐显现。诸多社会事件和现象在很大程度上表明，社会的基本伦理道德规范没有得到有效的内化，有些人基本自律丧失，我国社会诚信体系出现了很大的问题，以信任为基本内涵的社会资本存量明显下降。因此，我们应该立足于各自领域积极探索培育我国社会资本的新途径。为培育和践行社会主义诚信价值观、增进人与人之间的信任、提升我国社会资本存量、构建和谐社区做贡献。国内外诸多研究表明社区体育组织及体育活动参与能够生成社会资本。基于此，选择了社区体育组织社会资本作为研究主题。

本研究运用文献法、问卷法、访谈法、理论分析方法、比较法与统计分析等研究方法，使用SPSS统计分析软件、AMOS结构方程模型建立和检验软件，问卷的调查对象为广州市社区体育组织，依次主要研究了如下内容：第一，以社会资本理论为指导，联系社区体育组织制度及其成员互动特征，界定了“社区体育组织社会资本”的概念，解析了社区体育组织社会资本的生成路径；第二，在对国内外社会资本测量成果进行回顾梳理的基础上，研制了社区体育组织社会资本测量指标体系，以该指标体系为基本内容，编制了《社区体育组织社会资本调查问卷》，并对该问卷进行了试用与修改；第三，利用正式问卷调查结果，采用探索性因子分析对社区体育组织社会资本测量指标体系的维度划分、信度与效度进行了检验，然后运用验证性因子分析对社区体育组织社会资本结构模型进行了验证；第四，对研究样本进行了一些定量研究，包括社区体育组织社会资本测量指标权重的确定、本研究样本的得分及评价、社区体育组织各维度社会资本分析以及一些变量间关系的探索。

通过研究，得出的主要结论如下。

（1）“嵌入”和“社会互动”是社区体育组织生成社会资本的两条基本路径。“嵌入”又分为“制度嵌入”和“关系嵌入”。“制度嵌入”是指社区体育组织中的制度对其成员的行动产生影响，这些影响能够生成社会资本。“关系嵌入”生成社会资本主要通过增进信任、信息分享、共同解决问题三个路径实现。

社区体育组织及成员社会互动特征有助于生成社会资本。社区体育组织成员之间的互动分为交换型互动、合作型互动、竞争型互动三种类型。三种互动形式都能生成社会资本。

（2）基于对国外社会资本测量研究成果的回顾梳理，编制了包括5个维度（参与及社会网络、志愿服务、信任、规范、归属感）、29个观察变量的社区体育组织社会资本测量指标体系。

（3）运用探索性因子分析方法求得测量指标体系的最佳因子结构，建立结构维度，最后提取了5个公因子，分别命名为规范因子、参与及社会网络因子、组织凝聚力因子、志愿服务因子、信任因子。问卷具有较好的建构效度。“克朗巴哈α系数”检验表明，社区体育组织社会资本测量指标体系及各维度指标具有较好的信度。

（4）通过二阶验证性因素分析检验，社区体育组织社会资本结构模型与调查数据拟合良好，适配指标达到验证性因素分析适配的标准，表明实际数据与构念结构可以契合。

社区体育组织社会资本的5个结构因素在经验数据的验证性因素分析中得到了支持，它们分别是规范、参与及社会网络、组织凝聚力、志愿服务、信任。社区体育组织社会资本可以通过5个结构因素间接表示出来。社区体育组织社会资本与各结构构面的路径系数在0.54～0.94。各个结构构面与最终确定的27项测量指标之间的路径系数在0.60～0.82。根据社区体育组织社会资本的5个维度，将其分别命名为规范社会资本、参与及社会网络社会资本、组织凝聚力社会资本、志愿服务社会资本、信任社会资本。

（5）将结构方程模型的路径系数进行标准化（或归一化）处理后，计算出维度指标的权重分别为：规范（0.234）、参与及社会网络（0.135）、组织凝聚力（0.234）、志愿服务（0.195）、信任（0.202）以及观察指标在整体指标体系中的权重（见正文）。

（6）依照指标权重，计算出本次调查的广州社区体育组织总得分，根据“社会资本存量5级评价表”，广州社区体育组织社会资本存量属于较丰富的水平。

（7）除参与及社会网络社会资本所有调查指标无性别差异外，规范社会资本、组织凝聚力社会资本、志愿服务社会资本和信任社会资本中的全部或部分指标具有显著的性别差异，且各项指标都是男性高于女性。

（8）中等规模的社区体育组织被调查者在规范社会资本、组织凝聚力社会资本、志愿服务社会资本3个维度得分都最高。小规模的社区体育组织被调查者在参与及社会网络社会资本、志愿服务社会资本、信任社会资本3个维度得分均较低。

（9）有固定场地的被调查者所有社区体育组织社会资本调查指标均数均高于无固定活动场地的被调查者。

关键词： 社区体育组织　社会资本　社区体育组织社会资本　生成机制　指标体系

Abstract

More than 30 years of reform and opening-up, China's economic construction has made remarkable achievements. But the restriction of the development stage, the " sequela" of our country's developing concept——" focusing on economic construction, despising social construction" has been gradually emerging. Many social events and phenomena in the very great degree shows that the basic ethical norms of the society have not been effective internalization, some people's basic discipline has been losing, social credit system emerges a lot of problems in our country, and trust as the basic connotation of social capital is markedly reduced in our country. Therefore, basing on ourselves respective areas we should actively explore new way to cultivate social capital in China. This could make contributions to cultivate and practice the socialist values of integrity, heighten interpersonal trust, enhance our social capital stock and build a harmonious community. Various studies have shown that community sports organizations (referred to as CSO) and sports participation can generate social capital. Based on this, the author chooses "community sports organizational social capital" (referred to as CSOSC) as the research subject.

The methods of literature, questionnaire, interview, theoretical analysis, comparison, statistical analysis are used in the dissertation. In addition, the author used SPSS statistical analysis software and AMOS software. The respondents of questionnaire are members of CSO in Guangzhou. The main research content is as follows:

Firstly, under the guidance of the social capital theory, according to the characteristics of CSO institutions and the members' interaction, the author defined the concept of CSOSC and analysed the generating path of CSOSC. Secondly, based on review and combing the literature about social capital measurement at home and abroad, the author developed "a measuring indicator system of community sports organizational social capital" (referred to as MIS - CSOSC). MIS - CSOSC is as the main content, the author developed "the community sports organizational social capital questionnaire". The trial-test and correcting of the questionnaire has been carried on. Thirdly, based on the results of the formal questionnaire survey, the dimensions, the reliability and validity test of MIS - CSOSC has been carried on by exploratory factor analysis. Then the structure of CSOSC is verified by confirmatory factor analysis. Fouthly, some quantitative research is carried on about this sample. They are as follows: The determination of indicator weights of CSOSC measurement, the score and evaluation of the study sample, the analysis of CSOSC in various dimensions and the exploration of relationships between variables.

Through the research, the main conclusions are as follows:

(1) "Embedding" and "social interaction" are two basic paths which.

CSO generate social capital. Embedding is divided into institution embedding and network embedding. Institution embedding refers to the influence which the institution of CSO exerts on its members. The influence could generate social capital. Network embedding generates social capital mainly through three paths——enhancing trust, information sharing, joint problem solving.

The characteristics of CSO and their members' social interaction would contribute to generating social capital. The members' social interaction is divided into three types——exchange interaction, collaborative interaction and competitive interaction. Three forms of interaction can generate social capital.

(2) On the basis of the review and combing of foreign social capital measurement literature, the author developed MIS - CSOSC. It includes five dimensions (namely participation and social networking, voluntary service, trust, norm consciousness and sense of belonging), and 29 observation variables.

(3) Using exploratory factor analysis method, the best factor structure of MIS - CSOSC is obtained. The structure dimensions are built. Then five common factors are extracted. They are named norm factor, participation and social network factor, organizational cohesion factor, service factor and trust factor respectively. The construct validity of questionnaire is good. Cronbach's

alpha coefficient test shows that the reliability of MIS - CSOSC and it's each dimension indicators are good.

(4) By second-order confirmatory factor analysis testing, the structure model of CSOSC and the data are fitted. The adaptation indicators reached the standard of confirmatory factor analysis adaptation. It shows that the actual data and construct structure can be fitted.

The five factors structure of CSOSC is supported by empirical data in confirmatory factor analysis. The five factors are norm, participation and social networking, group cohesion, volunteer service, trust. CSOSC can be indirectly expressed through the five structure factors. The path coefficients of CSOSC and the structure compose are between 0.54 to 0.94. The path coefficients of the five structure factors and the 27 indicators which are finally ascertained are between 0.60 to 0.82. According to the five dimensions structure of CSOSC, they are named norm social capital, participation and social networks social capital, organizational cohesion social capital, volunteer service social capital and trust social capital respectively.

(5) After processed the path coefficient of structural equation model by the standardized method or normalization method, the weights of the dimension indicators are calculated. They are as follows: norm (0.234), participation and social network (0.135), organizational cohesion (0.234), volunteer service (0.195), trust (0.202). The weights of the observation indicators in the whole indicator system can be read in the dissertation.

(6) According to the indicator weights, the author calculated the total score of CSO which are investigated in Guangzhou. In the light of "Social Capital Stock 5 Level Evaluation", the social capital stock level of CSO belongs to the ranking of relatively abundant in Guangzhou.

(7) Except for the indicators of participation and social network social capital, there are significant gender differences in all or part indicators of norm social capital, organizational cohesion social capital, volunteer service social capital, trust social capital, and men are higher women for each indicator.

(8) The social capital level of the respondents who are in the CSO with 51 - 70 members is the highest in norm social capital, organizational cohesion social capital, volunteer service social capital. The social capital level of the respondents who are in the CSO with less than 30 members are lower in

participation and social network social capital, volunteer service social capital and trust social capital.

(9) The respondents who have fixed sports grounds are higher than the respondents who have no fixed sports grounds in the mean of indicators which measure CSOSC.

Keywords: Community sports organizations; Social capital; Community sports organizational social capital; Generating mechanism; Indicator system

目　录

第一章　导论

一　问题的提出

改革开放30多年来，我国的经济建设取得了举世瞩目的成就。但受发展阶段的制约，我国长期以来“重经济建设、轻社会建设”的发展思路留下的“后遗症”逐渐显现。近些年来发生的三聚氰胺毒奶粉事件、地沟油事件、瘦肉精事件、华南虎照片事件、日益严重的官员腐败现象、“杀熟”现象（通过欺骗自己的熟人朋友而获利）、碰瓷讹诈等是最好印证。这些社会事件和现象在很大程度上表明，社会的基本伦理道德规范没有得到有效的内化，有些人基本自律丧失，我国社会诚信体系出现了很大的问题，以信任为基本内涵的社会资本存量明显下降。《中国社会心态研究报告（2012～2013）》（社会心态蓝皮书）指出：“中国目前社会的总体信任进一步下降，人与人之间的不信任进一步扩大。只有不到一半的人认为社会上大多数人可信，2～3成信任陌生人。”[①] 对此，体育人文社会学可以做并且能够做些什么？我们应该立足于体育领域，积极探索培育我国社会资本的新途径。为培育和践行社会主义诚信价值观、增进人与人间的相互信任、增强人们自律、减少社会失信案件发生、增加我国社会资本存量、构建和谐社区做贡献。

“1980年，法国社会学家皮埃尔·布迪厄（P. Bourdieu）在一本叫作《社会科学研究》的杂志上发表了题为《社会资本随笔》的短文，正式提出了‘社会资本’这个概念”[②]，并将其做了界定（见后文）。皮埃尔·布迪厄是公认的最早从社会学角度提出“社会资本”（Social Capital）概念的

---

① 王俊秀、杨宜音主编《中国社会心态研究报告（2012～2013）》（社会心态蓝皮书），社会科学文献出版社，2013。

② 李惠斌、杨雪冬主编《社会资本与社会发展》，社会科学文献出版社，2000，第3页。

学者。

在社会资本理论形成、发展、传播以及引起世人广泛关注的过程中，哈佛大学公共政策学教授、曾任美国政治学会主席的罗伯特·D. 普特南（Robert D. Putnam）起到了非常大的作用。从 1970 年开始，意大利人在全国范围建立了一系列充满活力的行政区政府，这些机构虽然在形式上是相同的，但是在社会、经济以及文化背景等方面有着巨大的差别。以此为契机，普特南和他的同事一起花了 20 年时间研究这些新成立的机构如何在不同背景下演进以理解政府的运作情况。过了一段时间，这些行政区政府之间出现了明显的差别。之所以产生这种差异，是由于“意大利南北方，采取了截然不同的方式，以解决那些困扰所有社会的集体行动困境问题”。[①] 在北方行政区有许多积极的社群组织，互惠规范和公民参与网络体现在众多的组织中。“他们彼此信任对方办事公正，遵守法律。这些社群中的领导人相对来说诚实并恪守公平。社会和政治网络是平行而不是纵向组织起来的。这些‘公民社群’推崇团结、公民参与以及整合。”而在南方行政区“公民对社会和文化社团的参与非常稀少。在当地居民看来，公共事务是某些人（例如老板、政治家）的事，不是自己的事。几乎每一个人都认为法律注定要被破坏，但是，由于担心其他人的无法无天的行为，他们又要求严刑酷律。陷在这些相互交织的恶性循环中，每个人几乎都感到无能为力，有被剥夺感和不幸福感”。[②] 普特南认为北方“这些横向的公民联系所支撑的经济和制度绩效水平，一般来说，要大大高于社会和政治关系始终被垂直建构的南方”。[③] 普特南指出，北部地区政府效率比其他地区政府效率高的原因，就是北部地区比其他地区拥有更丰富的社会资本。普特南在对意大利行政区政府进行调研的基础上写成《使民主运转起来——现代意大利的公民传统》一书（1993 年出版），书中实证了“社会资本”在解决集体行动困境中的积极功能，这引起了人们对“社会资本”的广泛关注。该书成为美国当年的畅销书之一。随后，“1995 年普特南发表在《民

---

① 〔美〕罗伯特·D. 普特南：《使民主运转起来——现代意大利的公民传统》，王列、赖海榕译，江西人民出版社，2001，第 213 页。

② 〔美〕罗伯特·D. 普特南：《繁荣的社群——社会资本与公共生活》，李惠斌、杨雪冬主编《社会资本与社会发展》，社会科学文献出版社，2000，第 157 页。

③ 〔美〕罗伯特·D. 普特南：《使民主运转起来——现代意大利的公民传统》，王列、赖海榕译，江西人民出版社，2001，第 213 页。

主杂志》上的《独自打保龄球：美国社会资本的衰落》，引起了某种轰动，为作者赢来了与克林顿总统私下密谈的机会并入选《名人》杂志。孤独的打保龄球者引起的怀旧形象与美国既得利益团体中的许多大人物，甚至与克林顿在1995年国情咨文中富有煽动力的语言产生了共鸣。”① 2000年，普特南又出版了《独自打保龄球——美国社区的衰落与复兴》一书（*Bowling Alone——The Collapse and Revival of American Community*）。

“社会资本”理论为我们研究社会提供了一个全新的视角，“构建社会资本一般已经被视为‘第二代’经济改革的一项任务；然而，跟经济政策或经济制度不同，社会资本并不能简单地通过公共政策创造或制作”。② 因而近30多年来，许多具有社会学、经济学、政治学等不同学科背景的学者，纷纷参与到社会资本的相关研究中。从现有的社会资本相关研究来看，很多都是对一些社会组织加以研究（其中包括体育组织），并用“社会组织”“信任”“网络”“规则”等来解释和认为“社会资本”。皮埃尔·布迪厄将“社会资本”界定为“团体成员通过团体网络关系获得的现实的或者潜在的经济或者文化资源，这些资源与相互默认或承认的关系所组成的持久网络有关，而且这些关系或多或少是制度化的”。③

普特南认为“社会资本源于社会组织，可以促进互惠协作和合作的社会网络，规范和信任关系。像其他资本一样，社会资本是生产性的，它使得实现某种无它就不可能实现的目的成为可能。社会资本通过合作的促进而提高了社会的效率”。④

美国著名社会学家詹姆斯·S. 科尔曼（James S. Coleman）用一些实例证明，“社会组织构成社会资本，社会资本为人们实现特定目标提供便利。如果没有社会资本，目标难以实现或必得付出极高的代价。”⑤ “为某一目的

---

① 〔美〕卡拉·M. 伊斯特斯：《组织的多样性与社会资本的产生》，李惠斌、杨雪冬主编《社会资本与社会发展》，社会科学文献出版社，2000，第101页。

② 〔美〕弗兰西斯·福山：《公民社会与发展》，曹荣湘选编《走出囚徒困境——社会资本与制度分析》，上海三联书店，2003，第71页。

③ P. Bourdieu. The Forms of Capital in the Handbook of Theory, *Research for the Sociology of Education*, J. G. Richardson, Editor. Greenwood Press: New York, 1986: 241 –258.

④ R. D. Putnam. The Prosperous Community, Social Capital and Public Life, *The American Prospect*13 1993: 25 –42.

⑤ 〔美〕詹姆斯·S. 科尔曼：《社会理论的基础（上）》，邓方译，社会科学文献出版社，2008，第281页。

建立的组织，可以服务于其他目的，因而形成了可以使用的社会资本。”①

诺贝尔经济学奖获得者约瑟夫·斯蒂格利茨（Joseph E. Stiglitz）认为，“在组织理论语境下，社会资本可以被看作是处理道德陷阱和动机问题的方法。”②“社会资本是一个非常有用的概念，……组织的视角尤其提供了一个有益的框架。”③

国内外的很多研究都将社区组织的数量和社区组织参与作为社区社会资本的主要测量指标。社区体育组织作为社区组织中的一种，自然具有培育社会资本的功能，然而什么是“社区体育组织社会资本”？社区体育组织怎样生成社会资本，如何测量社区体育组织的社会资本，社区体育组织社会资本是否受性别、年龄、文化程度、职业、所在组织成员数量、固定活动场地等方面的影响？这些问题和困惑激发了本人的研究兴趣。从现有的国内外文献来看，尚没有相关的研究成果。因此，拟将社会资本理论引入社区体育组织研究领域，对以上问题进行研究。

二 研究目的与意义

（一）研究目的

本文运用社会资本理论对社区体育组织进行研究，其目的在于：①将社会资本理论引入社区体育组织研究领域，为社区体育组织研究提供新视角，明了社区体育组织社会资本生成机制；②研制社区体育组织社会资本测量指标体系；③运用统计分析工具对社区体育组织社会资本测量指标体系的信度、效度等进行检验；④利用社区体育组织社会资本测量指标体系测量社区体育组织社会资本；⑤用调研数据和量化方法证明社会资本与社区体育组织之间的因果联系；⑥了解社区体育组织培育社会资本中存在的问题，并有针对性地提出一些解决方法。

---

① 〔美〕詹姆斯·S. 科尔曼：《社会理论的基础（上）》，邓方译，社会科学文献出版社，2008，第288页。

② 〔美〕J. 斯蒂格利茨：《正式和非正式制度》，曹荣湘选编《走出囚徒困境——社会资本与制度分析》，上海三联书店，2003，第115页。

③ 〔美〕J. 斯蒂格利茨：《正式和非正式制度》，曹荣湘选编《走出囚徒困境——社会资本与制度分析》，上海三联书店，2003，第126页。

（二）研究意义

1. 从推进全民健身国家战略的实施，促进社区体育组织发展，提供社区体育服务，加强社区建设来看

国务院2014年10月颁发实施的《关于加快发展体育产业促进体育消费的若干意见》提出“将全民健身上升为国家战略”。全民健身“活动”是其灵魂，社区体育组织是“活动”长期有序开展的保证，因而社区体育组织的发展直接关系全民健身国家战略的成功实施。

国家“十二五”规划纲要提出：要“积极培育社区服务性、公益性、互助性社会组织，……引导各类社会组织、志愿者参与社区管理和服务。”[①] 为此，在体育领域落实国家“十二五”规划精神，我们要大力加强社区体育组织建设，促进社区体育组织发展。其功能主要表现在以下几方面。

第一，可以为社区居民提供较好的公共体育服务，达到国家规定的基本公共体育服务保障标准。2012年7月11日，由国务院颁发实施的《国家基本公共服务体系“十二五”规划》规定，“基本公共服务范围，一般包括保障基本民生需求的教育、就业、社会保障、医疗卫生、计划生育、住房保障、文化体育等领域的公共服务。”可见，在我国现阶段基本公共体育服务属于基本公共服务范畴。并且在以城乡居民为服务对象的“全民健身服务”项目中，规定了以下保障标准：“免费享有健身技能指导、参加健身活动、获取科学健身知识等服务；免费提供公园、绿地等公共场所全民健身器材。”可以说，无论什么地方的保障标准，社区体育组织在其中都扮演着主要角色。因此，《国家基本公共服务体系“十二五”规划》提出：要“健全基层全民健身组织服务体系，扶持社区体育俱乐部、青少年体育俱乐部和体育健身站（点）等建设，发展壮大社会体育指导员队伍，大力开展全民健身志愿服务活动”。

第二，培育社会资本，加强城市社区建设。“城市社区建设是在政府能力有限和社会资本的下降与丧失的双重背景下出现的一股潮流。”[②] 因此，在某种程度上说城市社区建设就是培育和提升社区的社会资本。至少

---

① 《中华人民共和国国民经济和社会发展第十二个五年规划纲要》。

② 赵孟营、王思斌：《走向善治与重建社会资本》，《江苏社会科学》2001年第4期。

可以说社会资本的培育是城市社区建设的一项核心内容。从前文可见，社会资本研究的经典学者，不论是社会学家科尔曼、政治社会学家普特南，还是经济学家约瑟夫·斯蒂格利茨，都认为社会资本源于社会组织。

但是，“在一些群体特别是规模较大的群体内部，往往存在着等级、劳动分工及地位和功能差异等。虽然这些群体可能是出于共同的利益或情感而建立起来的，但是其个体成员在相互信任基础上参与集体行动的程度却由他们在群体中的相对位置来决定。”[①] 普特南将这些群体称之为“会员制组织”（Membership Organization）群体，如全国、全省（自治区、直辖市）等层级较高的单项体育协会、老年人体育协会等体育社会组织，尽管绝大多数在其协会章程中明确规定接受个人会员，但是这些组织提供给普通会员互动的机会非常少。这样的体育社会组织由于其经常性的互动只限于在全国或省级等管理机构中从事专职或兼职工作的管理服务人员，其实际信任范围是非常小的，其培育社会资本的能力也非常有限。

社区体育组织作为基层社会组织的一种，自然具有培育社会资本的功能。因为在社区体育组织发展过程中，社区体育组织在促进成员间信任的培养、人际关系网络的建立以及成员规范意识的养成的同时，也培育了信任社会资本、网络社会资本和规则社会资本。可见，社区体育组织的发展通过培育社会资本而加强城市社区建设。

当然，社区体育组织发展与社会资本培育之间的作用是双向的，一方面社区体育组织培育社会资本，另一方面社区体育组织培育的社会资本有利于促进社区体育组织的发展和组织目标的实现。

2. 从提升我国以信任为本质内涵的社会资本存量，构建和谐社会来看

近年来，国家和部分社会人士对我国社会的信任危机表示极度的忧虑：“社会的一些领域和一些地方道德失范，是非、善恶、美丑界限混淆，……极端个人主义有所滋长，见利忘义、损公肥私行为时有发生，不讲信用、欺骗欺诈成为社会公害，以权谋私、腐化堕落现象严重存在。”（《公民道德建设实施纲要》）“社会信用缺失问题已经阻碍了中国经济发

---

① 〔美〕弗兰西斯·福山：《公民社会与发展》，曹荣湘选编《走出囚徒困境——社会资本与制度分析》，上海三联书店，2003，第82、83页。

展。2002 年 10 月，商务部、中国外经贸企业协会调查结果显示：中国企业因信用问题造成的损失达 5855 亿元，相当于中国年财政收入的 37%。”[①] “这些问题如果得不到及时有效解决，必然损害正常的经济和社会秩序，损害改革发展稳定的大局，应当引起全党全社会高度重视。”（《公民道德建设实施纲要》）同时，国内外相关学者的实证研究表明：我国的社会信任正在急剧下降。1990 年，由美国学者英格雷哈特（Inglehart）主持的“世界价值研究计划”调查显示，在中国，相信大多数人是值得信任的，占被调查者的 60%，仅次于瑞典、挪威、芬兰，位列第四。1993 年，日本学者针对同一问题再次在中国进行了调查，其结果中中国的排名虽然比英格雷哈特的要低一些，但仍然高于所有非民主国家和新兴民主国家。1996 年，在英格雷哈特的再次调查中，这个比例已经下降到 50%。而到 1998 年，王绍光的调查显示，只有 30% 的中国人相信社会上大多数人值得信任。[②] 因此，信任危机和社会资本缺乏已成为当前我国面临的严重问题之一，如果不妥善解决好这个问题，难以建立一个互信、互利、互惠的和谐社会。为此，2011 年 11 月 19 日国务院总理温家宝主持召开国务院常务会议，部署制定“社会信用体系建设规划”。会议要求，把诚信建设摆在突出位置，在全社会广泛形成守信光荣、失信可耻的氛围。我们必须立足于各自领域，通过多种渠道来“增强全社会的信用意识，政府、企业、事业单位和个人都要把诚实守信作为基本行为准则”（《中共中央关于完善社会主义经济体制若干问题的决定》）。

3. 从强调社会和团体（组织）的重要性，拓展社区体育组织的研究思路来看

社会资本理论强调社会和团队对于个人的优先地位，这一点较好地弥补了中国传统社会结构的缺陷。林语堂先生曾经对日本社会与传统中国社会做过比较，认为日本社会好像一块坚硬的花岗岩，而传统中国社会则像一盘散沙，每一粒沙子代表一个家庭。同样，费孝通先生在《乡土中国》中也曾对传统中国社会的结构与西方社会的结构做过比较，认为西方社会的基本结构是“团体格局”，而传统中国社会的基本结构是“差序格局”。

① 刘姝威等：《我国信用体系建设亟待跨出三大步》，《上海证券报》2004 年 8 月 5 日。
② 王绍光、刘欣：《信任的基础：一种理性的解释》，《社会学研究》2002 年第 3 期。

在“团体格局”中每个人都从属于一个团体，人与人之间的权利和义务分得非常清楚。“团体格局”有利于增进人们之间的信任。弗兰西斯·福山认为，信任是在一个社团之中，成员对彼此常态、诚实、合作行动的期待，基础是社团成员共同拥有的规范以及个体隶属社团的哪个角色。[①] 而在传统中国社会的“差序格局”中，“社会关系是逐渐从一个个人推出去的，是私人联系的增加”。也就是说，中国的社会结构是以个人为中心构建的，在这个中心周围是根据亲疏远近排列的人际关系。

可见，团体（或组织）在增进人们之间的团结中发挥了积极作用。近些年来，我国高度重视社会组织建设。《中共中央关于构建社会主义和谐社会若干重大问题的决定》提出：要“健全社会组织，增强服务社会功能”。“十二五”规划纲要的第三十九章专章强调要“加强社会组织建设”，提出：“推动社会组织健康有序发展，发挥其提供服务、反映诉求、规范行为的作用。”社区体育组织作为社会组织的一个重要组成部分，为使其更健康地发展、更好地服务于国家经济社会建设，当然要从不同的视角进行研究剖析。

因此，将社会资本引入社区体育组织领域具有重要意义。首先，把价值判断和文化纳入了社区体育组织分析的框架中，不仅使对社会行动者的行为动因解释更加全面深入，而且对于描述和分析宏观层面上的组织集体行为和长期性选择也有很强的说服力。其次，弘扬了“社会科学研究关注人、完善人的根本目的和基本精神”。因为“社会资本概念的提出反映了社会科学中一度削弱和低沉的人本精神复兴”。最后，可以让大众较为清楚地认识到社区体育组织在培育信任社会资本、网络社会资本和规范社会资本等方面的功能。同时，在引导大众突破传统的“为自己可以牺牲家，为家可以牺牲族”[②] 的窠臼方面具有积极意义。

4. 从社区体育组织在培育现代社会资本中的积极功能，解决集体行动的困境来看

当前，我国社会总体呈现传统社会资本逐渐式微而现代社会资本又未完全建构起来的转型格局。传统社会资本是指建立在特殊信任基础上，以

---

① 〔美〕弗兰西斯·福山：《信任——社会道德与繁荣的创造》，李宛容译，远方出版社，1998。

② 费孝通：《乡土中国》，上海人民出版社，2006。

家庭、家族等的延伸而形成的血缘和地缘关系。这些社会资本体现了密切的人际关系，但是相对封闭，延伸的半径小，难以超越血缘和地缘载体而形成更广泛的社会信任。传统社会资本镶嵌在由传统“血缘关系”“宗法制度”等形成的各种社会关系网络中；现代社会资本则是建立在普遍信任基础上，以现代社会的权利和义务为基础，体现社会层面的普遍信任与合作，是现代民主社会的特征。与传统社会资本相比，它更加重视个人能力的发挥和个人价值的实现，强调社会成员之间形成自主、平等、信任、合作和互利的关系。随着工业化、城市化的推进，我国传统社会资本存量急剧减少，而培育现代社会资本的载体发展相对缓慢。用中国科学院可持续发展战略研究组组长牛文元的话来概括，这是一个“经济容易失调、社会容易失序、心理容易失衡、社会伦理需要调整重建”的关键时期。而社会资本的流失，是当代社会秩序失控的主要根源之一。因此，我们要积极培育现代社会资本的有效载体。“社会资本起源的主导解释模型认为，社会资本产生于志愿性社团内部个体之间的互动。这种社团被认为是推动公民之间的合作的关键机制，并且提供了培养信任的框架。”[①] 而社区体育组织就是现代社会资本的主要载体之一。

集体行动的逻辑指出，个人理性（利益）和集体理性（利益）之间存在冲突，个人理性并不是集体理性的充分条件。“在缺少霍布斯所说的利维坦的情况下，怎样才能够解决种种集体行动的困境呢？一些领域的社会科学家最近提出了一个解决这个问题的崭新的方法，这个方法的基础就是社会资本。与物质资本和人力资本（分别指的是提高个人生产率的工具和培训）相比，‘社会资本’指的是社会组织的特征，例如信任、规范和网络，它们能够通过推动协调和行动来提高社会效率。社会资本提高了投资于物质资本和人力资本的收益。”[②] 社会资本希望把微观层面的个人选择与宏观层面的集体和社会选择结合在一起的努力很有开创性和启发性。社会资本首先在概念上就充分肯定了社会对个体行为选择的约束和推动，没有把个人和社会对立起来，避免了以往一些范式中存在的个人与社会之间难以调和的矛盾。因此，社会资本是解决集体行动困境的一个有效途径。

---

① 〔英〕保罗·F. 怀特利：《社会资本的起源》，李惠斌、杨雪冬主编《社会资本与社会发展》，社会科学文献出版社，2000，第45页。

② 〔美〕罗伯特·D. 普特南：《繁荣的社群——社会资本与公共生活》，李惠斌、杨雪冬主编《社会资本与社会发展》，社会科学文献出版社，2000，第155页。

5. 从增强人们的参与意识和参与能力，为人们广泛参与政治、经济和社会文化生活中的公共活动打基础来看

参与意识是指人们对周围的事物，特别是对社区、单位、集体乃至国家等公共事务的自觉关心，积极投身其间的心理状态。民主、和谐的社会要求全社会公民对社会公共事务主动关心、积极参与，而不是“事不关己，高高挂起”。当代社会的高度复杂性，决定了其治理的艰难性，不是仅仅依靠部分精英人物就能够治理好的，它需要在合民意的基础上，最大限度地聚民智、集民力、凝民心。如果一个社会缺少公民参与意识的表达途径，公民缺乏参与公共事务的自觉，不仅会限制人们创造力的发挥，还可能隐藏着巨大的冲突。鉴于此，党的十七大报告指出：要“扩大人民民主，保证人民当家做主。……保障人民的知情权、参与权、表达权、监督权。”“发展基层民主，保障人民享有更多更切实的民主权利。……发挥社会组织在扩大群众参与、反映群众诉求方面的积极作用，增强社会自治功能。”“十二五”规划纲要提出：“广泛动员和组织群众依法有序参与社会管理，培养公民意识，履行公民义务，实现自我管理、自我服务、自我发展。”“引导各类社会组织、志愿者参与社区管理和服务。”可见，发挥社会组织在扩大群众参与中的作用，扩大群众参与各种活动，保障人民参与权的重要性。这与普特南的相关理论观点是一致的，普特南认为“由公民参与的横向关系网络所体现出来的社会资本会提高政府绩效，促进经济发展，这就是‘强社会、强经济、强国家’。”[①] 然而，目前“从总体上说，我国是属于服从型的公共行政文化，而非参与型的公共行政文化，一个显著特征就是公民主体意识孱弱。改革开放至今，我国仍有相当多的公民和社会群体尚不知‘参与’为何物，更别说主动地去参加了。因此，普特南所言的‘公民参与的网络’这种社会资本的存量在我国明显不足。”[②] 因此，必须采取各种手段提升我国“公民参与的网络”这种社会资本的存量。而“参与性”是社区体育组织的基本特征。人们通过参与社区体育组织，增强参与意识，进而参与到日常政治、经济和社会文化生活的公共活动中。

---

① 〔美〕罗伯特·D. 普特南：《使民主运转起来——现代意大利的公民传统》，王列、赖海榕译，江西人民出版社，2001。

② 裴志军、陈佩佩：《社会资本视野下的公共政策执行分析》，《湖北社会科学》2005 年第 12 期。

三　研究对象与研究方法

（一）研究对象与研究主题

1. 研究对象

社区体育组织。

2. 研究主题

社会资本。

（二）研究方法

根据所设计的研究内容，本研究主要采用以下研究方法搜集与分析资料、数据。

①文献法。笔者在选题与写作过程中，曾到上海财经大学图书馆、广东省立中山图书馆、上海图书馆、广州市图书馆、上海体育学院图书馆、广州体育学院图书馆借阅相关图书资料，登录中国知网、维普数据库、万方数据库、中国优秀硕士和博士全文数据库、EBSCO 数据库、Wiley 数据库、ProQuest 欧美博硕士学位论文数据库搜集国内外有关社会资本、社区体育组织、体育运动与社会资本方面的理论材料。

②问卷法。采用问卷法搜集社区体育组织社会资本研究材料，测量社区体育组织社会资本。

③访谈法。就问卷的内容访谈相关专家及被调查者，听取他们的意见与建议，然后做修改完善。

④理论分析法。通过理性思维认识社区体育组织社会资本结构维度、生成路径等。

⑤比较法。按照性别、年龄、职业、文化程度等分类后，对被调查者的“社区体育组织社会资本”各项指标的均值进行比较分析，探索变量间的关系。

⑥统计分析方法。运用 SPSS16.0 对问卷的信度、效度进行检验，筛选不符合要求的题项，最终确定社区体育组织社会资本维度及指标，运用

AMOS17.0 构建社区体育组织社会资本测量指标体系结构方程模型，并对其拟合度进行检验。

四 研究内容与技术路线

（一）研究内容

本文的研究内容分为七章，各章的研究内容如下。

第一章：导论。主要介绍问题提出的背景、研究目的与意义、研究对象与方法、研究内容与技术路线、研究重点与难点以及本研究的创新点。

第二章：文献综述。本章对社区体育组织研究、国内体育运动与社会资本研究、国外体育运动与社会资本研究、国内外社会资本测量四个方面的内容进行了回顾与梳理。

第三章：社区体育组织社会资本理论基础及生成机制研究。该章首先阐释了本研究的理论基础，然后分别从“嵌入”和“互动”两个路径详细地解析了社区体育组织社会资本的生成机制。

第四章：社区体育组织社会资本测量指标体系构建。本章首先简要阐述了测量与社会资本测量，然后阐释了社区体育组织社会资本测量指标体系编制规则，最后以国内外社会资本测量研究成果为基础，编制了社区体育组织社会资本测量指标体系，并对该体系进行了试用与修改。

第五章：社区体育组织社会资本结构维度的探索与验证。本章介绍了调查对象的选取，描述了样本的特征，然后运用探索性因子分析对第五章构建的社区体育组织社会资本测量指标体系的维度划分、信度与效度进行了检验，最后运用验证性因子分析（其为结构方程模型应用的一个典型）对社区体育组织社会资本结构模型进行了验证。

第六章：社区体育组织社会资本的定量研究。该章主要对研究样本进行了一些定量研究，包括社区体育组织各维度社会资本分析、社区体育组织社会资本测量指标权重的确定、研究样本的得分及评价以及一些变量间关系的探索。

第七章：结论、建议与未来研究方向。本章主要包括研究结论、建议和有待于进一步研究探讨的问题。

（二）技术路线

研究思路
主要内容
研究方法及工具
研究的准备阶段
文献综述
文献法
理论基础
社会资本理论
研究对象界定
社区体育组织社会资本
社区体育组织社会资本的理论基础
文献法
理论分析法
社区体育组织社会资本生成机制
指标初选
嵌入生成
互动生成
指标的试用与修改
主观评价法
客观检验法
制度嵌入
关系嵌入
交换型
合作型
竞争型
社区体育组织社会资本测量指标体系
社区体育组织社会资本生成机制与测量指标体系
文献法
问卷法
访谈法
理论分析法
统计分析法
问卷调查
数据处理
EFA分析
CFA分析
社区体育组织社会资本结构的探索与验证
问卷法
统计分析法
SPSS16.0
AMOS17.0
Frequencies
分析
数据标准
化处理
One-Way
ANOVA分析
社区体育组织社会资本测量指标权重
社区体育组织各维度社会资本分析
本研究样本的得分及评价
变量间关系探索
指标体系的应用
SPSS16.0
比较法
统计分析法
建议
建议
理论分析法

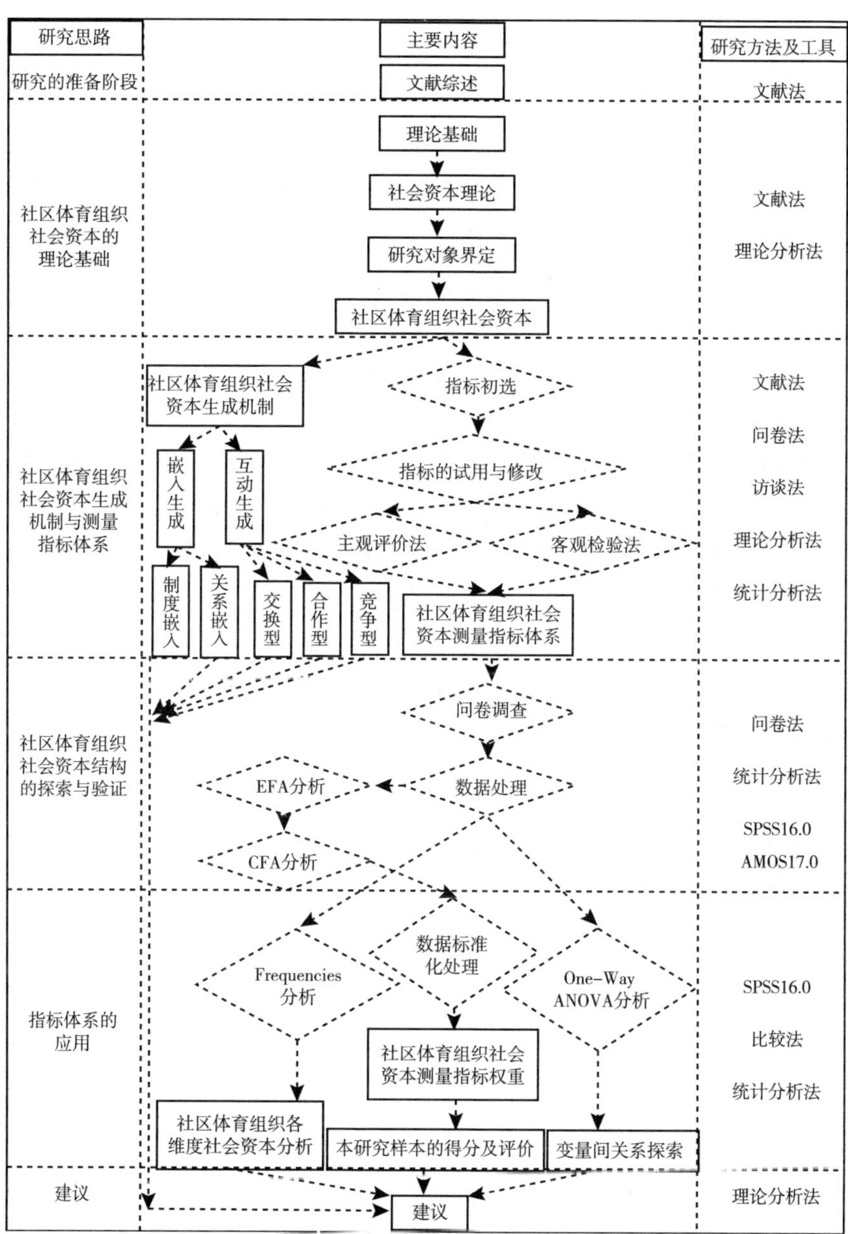

五 研究重点与难点

根据社区体育组织及其成员的特点，联系社会资本理论，从理论上依照逻辑推导出社区体育组织中信任社会资本、社会网络社会资本、规范社会资本等不同类型社会资本的生成路径；基于国内外社会资本测量方面的文献，制定出客观、科学的社区体育组织社会资本测量指标体系；如何运用科学的方法证明社区体育组织社会资本测量指标体系的合理性。这三点既是本研究的重点又是本研究的难点。

六 研究的创新点

①基于社会资本理论和社区体育组织特点，提出并界定了“社区体育组织社会资本”概念，并利用统计分析工具对其结构维度进行了较为科学的划分；②将社会资本理论应用于社区体育组织研究领域，详细分析社区体育组织社会资本的生成机制，体现了应用理论的创新；③基于社会资本理论和社区体育组织实际，研制出了客观合理的“社区体育组织社会资本测量指标体系”及“社区体育组织社会资本结构验证模型”，体现了评价技术手段的创新。

第二章　文献综述

一　社区体育组织研究

在改革前的中国社会中，单位在很大程度上取代了社区的作用。随着经济体制和政治体制改革的逐渐深入，“单位人”逐渐向“社区人”转化，社区承担的功能日渐增多。我国社区体育组织就是深化社区服务、加强社区建设的产物。1986 年，为配合城市经济体制改革，民政部首先倡导社区服务，在城市开展以民政对象为主的福利服务和便民利民服务。1996 年，时任总书记的江泽民同志提出大力加强社区建设。与此同时，我国城市社区体育组织开始建立、发展，学者也开始关注研究社区体育组织，通过“中国知网”查询，最早的相关文章发表于 1998 年，到 2014 年 6 月，篇名中含有“社区体育组织”的期刊论文 47 篇（见表 2－1），硕士论文 1 篇。吴世英 1998 年发表于《广州体育学院学报》第 2 期的《中国社区体育组织文化分析》，是中国知网上找到的最早对社区体育组织进行专题研究的文章。从现有文献来看，社区体育组织研究内容主要集中在以下几个方面：社区体育组织兴起的原因，社区体育组织相关概念，建设社区体育组织的必要性，社区体育组织特点、角色，社区体育组织结构特征，社区体育组织发展中的问题与影响因素，社区体育组织管理中存在的问题，各地社区体育组织发展现状，社区体育组织发展对策等。没有从社会资本相关视角研究社区体育组织的成果。因本研究聚焦于社区体育组织的社会资本，所以对以上社区体育组织研究文献不做详细的回顾与分析，而是把文献回顾重点放到国内外体育运动与社会资本以及社会资本测量的研究成果方面。

表 2－1 “社区体育组织”文献数量统计

1998 年	1999 年	2000 年	2001 年	2002 年	2003 年	2004 年	2005 年	2006 年
1	2	0	1	3	4	3	3	5
2007 年	2008 年	2009 年	2010 年	2011 年	2012 年	2013 年	2014 年	总计
5	3	6	1	3	5	1	1	47

二 国内体育运动与社会资本研究：成果、特点与前瞻

（一）体育运动与社会资本研究成果数量与发表期刊、年份

通过中国知网、维普期刊资源平台、万方数据库检索，截至 2014 年 7 月，题名中含有“社会资本”或者以“社会资本”为分析视角的体育类期刊论文 34 篇，体育类博士论文 1 篇，体育类硕士论文 9 篇。在体育类核心期刊发表的“社会资本”相关研究论文 19 篇（其中，《体育科学》4 篇、《武汉体育学院学报》3 篇、《体育学刊》2 篇、《广州体育学院学报》2 篇、《成都体育学院学报》2 篇、《体育文化导刊》2 篇、《北京体育大学学报》1 篇、《中国体育科技》1 篇、《天津体育学院学报》1 篇、《沈阳体育学院学报》1 篇）。文章发表年份及数量见图 2－1。

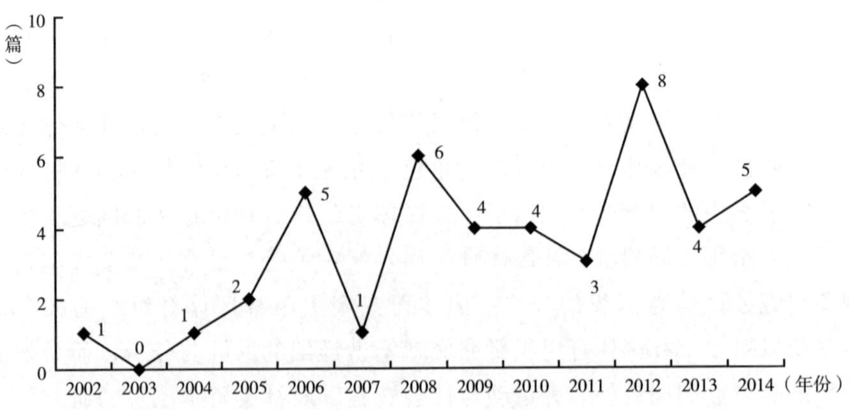

图 2－1 “国内体育运动与社会资本”文献数量统计（按年份统计）

（二）研究议题与成果

理论的影响力和生命力在于其对相关领域现实问题的解释力、穿透力及说服力，在于其相关研究领域的研究者将其引入各自领域，并根据各自研究对象的特点进行迁移、嫁接与创新，然后在各自的研究领域应用和传播该理论。我国学者将社会资本理论引入体育领域，主要围绕以下议题开展研究、应用与传播。

1. 体育领域社会资本相关定义

一些研究者将社会资本理论引进到体育领域，结合自己的研究提出了一些新概念。就体育领域社会资本相关概念的界定而言，有的是将社会资本研究的经典学者的定义嫁接过来，如张剑利（2007）根据普特南给社会资本下的定义，界定了“社会体育资本”；有的是整合了社会资本界定的“关系网络说”“资源说”等经典定义的内涵，如刘河旺（2011）界定了“体育用品制造业社会资本”，郭铜樑（2012）界定了“社区体育社会资本”，王斌（2013）界定了“体育社会资本”。

2. 体育运动参与与社会资本生成

“社会资本基本上是通过社会网络而存在的，其生成、运用和享受都是在个体间的互动中完成的。”① 体育运动为参与者提供了大量互动机会。该议题下的研究成果在体育运动与社会资本研究成果中所占比例最大，其包括 4 个小议题：社区体育（全民健身）参与与社会资本生成；学校体育运动参与与社会资本生成；体育运动（将体育运动作为一个整体看待）与社会资本生成；具体的运动项目参与与社会资本生成。

（1）社区体育（全民健身）参与与社会资本生成

社区体育（全民健身）参与与社会资本生成是学者关注较多的一个方面，刘艳丽等（2005）认为，可以把社区体育公共服务的运行机制构建过程看作社会资本的积累过程。黎纯（2009）的研究表明，社区体育中社会资本存量越丰富，人们的社区参与意识越强。张宪丽（2010）认为，社区

① 〔西〕雅森特·佛丹纳：《集体行为理论的比较分析框架》，曹荣湘选编《走出囚徒困境——社会资本与制度分析》，上海三联书店，2003，第 216 页。

体育对社会资本的构造性功能表现为4个方面。朱杰（2013）通过量表对南昌市和鹰潭市6个小区的测量表明，社区体育有助于培育社会资本。任波（2013）认为，社区体育活动参与可以积累居民的社会资本。

周结友等（2008）根据经典学者主要是从信任、规范和网络等角度研究社会资本，将社会资本分为信任社会资本、网络社会资本和规范社会资本。并联系我国全民健身实践扩大了人们的人际交往范围，通过合作、竞争等互动形式，增进人们之间的信任、互助；拉近了人们之间的心理距离，有利于人们建立和改善“人际关系网络”，形成小规模体育社会团体；增强了人们的参与意识并提高了参与能力；强化了人们的社会规范意识，有利于弘扬社会规范的核心理念4个方面论证了全民健身运动培育社会资本的显性功能。任波（2012）的研究表明，社区内老年人健身参与和社区社会资本之间存在相关关系。

（2）学校体育运动参与与社会资本生成

美国著名社会学家詹姆斯·S. 科尔曼认为：“学生的积极社会资本是建立在许多与他们的教育相关的人和事的积极关系的基础上。”① 学校体育运动是培育学生积极社会资本的一个有效路径。蔡东山（2008）认为：高校体育能够从拓展社会网络、培养合作意识、增进相互信任几个方面提升大学生的社会资本。王京琼（2008）以社会资本为研究视角，对湖南省12所中学部分学生进行了访谈与问卷调查，研究了青少年运动参与和暴力行为的关联性。王斌（2013）关于山西省青少年经验数据的研究认为：青少年的体育活动情况会影响青少年体育社会资本的积累，它们存在一定的正相关。赵溢洋等（2014）关于农民工随迁子女的研究表明：体育运动的社会资本功能正向显著地影响随迁子女的城市融入，其中，社会资本功能影响城市融入的强度高于人力资本功能。

（3）体育运动参与（将体育运动作为一个整体看待）与社会资本生成

该议题下的研究内容分为两个方面，一方面是体育运动促进社会融合，实质上这也是体育运动参与生成社会资本，因为社会融合程度是社会资本存量水平的一种综合外在表现形式，体育运动通过提升社会资本存量来促进社会融合。仇军教授等（2010）采用研究命题的形式思考了城市中

---

① J. S. Coleman. *Equality and Achievement in Education*, Boulder, CO: Westview Press, 1990, p. 29.

体育参与与社会融合的问题，写作手法新颖，文中提出了5个体育运动与社会资本的研究命题。

另一方面是体育运动参与生成社会资本。娄方平等（2008）通过访谈和问卷调查发现，体育对澳大利亚西北部居民来说是一种重要的生活方式，它不仅提供了一种身体锻炼的机会，而且重要的是提供了社会互动和结合的框架。钟建伟（2010）通过我国城市居民调查获得的数据，结合个案访谈材料进行研究，认为在控制外在变量的情况下，体育参与会对个体的网络规模、网络密度、社会网络的职业种类数产生显著性影响，但对网络顶端和网络差异没有显著性影响。

（4）具体的运动项目参与与社会资本生成

部分学者以具体案例的形式证明了具体运动项目参与生成社会资本。张剑利（2007）用“金华市金城足球队”的案例来说明社区体育可以培育关系网络、规范和信任的社会资本。李洪君（2009）对东北某村庄的研究表明：游泳、打台球、打篮球等休闲体育活动能够培育和提升参与者（尤其是技能水平高者）的社会资本。周泽鸿等（2014）通过研究无家可归者世界杯（Homeless World Cup，亦译为露宿者世界杯，比赛项目为足球）相关文献认为，该赛事对于弱势群体的社会资本而言可以从3个方面起到培育作用。

3. 体育社会组织与社会资本生成

社会资本研究经典学者罗伯特·D. 普特南（Robert D. Putnam）将“社会资本”界定为社会组织的特征，如信任、规范以及网络，它们能够通过促进合作行为来提高社会的效率。可见，社会组织生成社会资本。体育社会组织作为社会组织的一种类型，自是涵盖其中。张剑利（2008）认为，参与者要求加入草根体育圈子，本身就是试图和圈子里面的人建立关系网络，在此关系网络就是社会资本的一种。娄方平等（2008）认为，体育俱乐部运转社会资本的作用是很明显的。黎纯（2009）以长沙市2个社区为例进行调查发现，俱乐部或体育组织的活动有利于社会资本的培育。李冰星（2011）采用边燕杰提出的用定位法测量“春节拜年网”所嵌入的社会资本的方法，将网球俱乐部会员社会资本测量操作化为网络规模、网络密度、网络资源等，以此来测量郑州市8个网球俱乐部200名会员的社会资本存量。张世强（2012）的研究认为体育赛会志愿者组织能有效地扩充社会资本的增量。

4. 体育场馆设施与社会资本生成

美国密歇根大学运动学院（School of Kinesiology）体育管理研究中心 Mark Rosentraub 博士研究认为："运动设施应该被视为一个社会生产促进团体认同的社会资本的一部分。"① 刘东升根据他的学术研究思路，思考了体育场馆设施与社会资本之间的关系。刘东升（2012）认为，体育场馆设施绝不仅仅是有形的物质资本，其还具有创造社会资本的可能。

5. 体育（赛会）志愿者与社会资本

无论是体育（赛会）志愿者还是社区体育服务志愿者，他们都在推进体育事业的发展中做出了很大的贡献。他们的志愿服务既是社会资本的一种外在表现形式，同时又在服务过程中提升了自身、社区及整个社会的社会资本。黄桑波（2009）认为，其志愿服务可促进社会资本发展，使体育志愿者可利用的资源增多、体育志愿服务网络更加完善。张世强（2012）以广州 2010 年亚运会志愿者为例，探讨了体育（赛会）志愿服务与社会资本的关系。孙昭君等（2012）认为，体育（赛会）志愿者的发展是弘扬体育志愿精神和扩展社会资本的需要；青年志愿者作为体育（赛会）志愿者主体，具有强大的社会资本潜力。

6. 社会资本对体育运动（参与者）的影响

美国芝加哥大学社会学家韦恩·E. 贝克（Wayne E. Baker）将"社会资本"定义为："一种行为者可以从特定社会结构中获得的资源，并且可以用来追求自己的利益，行为者间关系的变化产生了这种资源。"该议题下的研究成果主要凸显了韦恩·E. 贝克的"社会资本思想"，将社会资本作为一种资源。该类研究成果包括 4 个小议题：利用社会资本推动社区（会）体育发展；利用社会资本促进体育社会组织的发展；体育运动生成的社会资本对参与者在"社会流动"中的影响；社会资本在运动员成长中所起的作用。

（1）利用社会资本推动社区（会）体育发展

从搜集的文献来看，国内真正研究体育运动与社会资本的就始于该研

① Mark Rosentraub，Akram Ijla. Sport Facilities as Social Capital，Matthew Nicholson and Russell Hoye，*Sport and Social Capital*（Elsevier Ltd.，2008），pp. 340 - 355.

究议题，以武建文于 2004 年 12 月发表于《山西师大体育学院学报》的《论社会资本在我国社区体育发展中的作用》为标志。该研究认为，社会资本理论将在社区体育发展中起到重要的作用。刘艳丽等（2005）认为，社区体育公共服务提供需要发挥社会资本的作用。赵栩博等（2006）认为，学校应积累社会资本，充分发挥学校自身的社会关系网络，与社区内企事业单位建立信任合作机制。

一些学者以侨缘（乡）社会资本为切入点，研究了其促进侨乡社会体育发展中的多元功能。如许月云等（2006）从历史和现代两个层面描述了侨缘社会资本在侨乡社会体育发展中的功效。另外，还有许月云（2008）和郑志丹（2008）的相关研究。

（2）利用社会资本促进体育社会组织的发展

社会组织能够生成社会资本，同时社会组织也能借助其社会资本解决组织发展中遇到的问题，促进社会组织的发展。张剑利等（2008）调查发现，很多草根体育群体通过吸纳一些相关资源的拥有者来发展自身。张辉等（2013）认为，投资社会资本是高校学生体育社团发展的路径选择。

（3）体育运动生成的社会资本对参与者在“社会流动”中的影响

法国社会学家布迪厄认为，人类社会存在多个竞争场域，在某一竞争场域内具有优势的社会个体可以将这种优势携带到另一场域。这里所谓的“竞争优势”在很大程度上就是在某一场域建立的人际关系网络及其中涵载的资源（社会资本）。李洪君（2009）例证了篮球运动建立的人际关系网络能够被携带到村干部选举领域，并使村干部在选举中凸显出来，成功实现竞选，体现了休闲体育培育的社会资本在“社会流动”中的功能。柳建庆等（2009）的研究表明：对于个人求职而言，通过强信任关系能使教练员获取理想的职位或职位流动机会的最大化。

（4）社会资本在运动员成长中所起的作用

我国专业运动员是一个特殊的群体，社会资本在他们成长过程中所起的作用与普通人存在差异。徐延辉等（2006）的研究表明：社会资本对运动员事业发展具有一定的促进作用。社会资本在运动员成长过程中发挥作用的方式为：社会资本以人力资本为基础并在人力资本的基础上发挥作用。安民兵（2006）的研究认为，在运动员进入体育行业的过程中，人力资本是不可或缺的“硬件”，社会资本是“软件”。社会资本在人力资本基础上发挥作用。

7. 利用体育运动建构（现代）社会资本

该议题下的研究主要围绕两个问题展开，首先，为什么体育运动是建构（现代）社会资本的路径？周结友（2014）将人们在闲暇时间为满足各自健身、娱乐需求而共同参与运动过程中结成的关系称为运动趣缘关系。在与我国建构社会资本的基本路径——血缘、地缘、业缘的比较中，解析了运动趣缘的特点与功能决定其是建构现代社会资本的新路径。

其次，如何利用体育运动建构（现代）社会资本？张剑利（2007）认为，政府鼓励社区体育组织，尤其是民间社区体育组织的发展，对培育社会资本有利。黎纯（2009）认为，要从国家、社团和个人三个层面入手。李冰星（2011）认为，网球俱乐部会员应有培育社会资本方面的意识，注重会员间社会网络的建立和保持，加强个人社会资本的积累。张世强（2012）认为，应培养赛会志愿者的信任、合作等能力，增加对个人资本的投资；在志愿者组织管理中运用合作互动模式，实现志愿者个体与个体及个体与组织的有效合作。陈宝（2012）认为，信任、规范和网络分别是社会体育专业社会资本生成的基础、保障和手段。周泽鸿等（2014）认为，要以志愿服务为核心，大力扶持非营利性社会服务组织；建立政府—非营利性服务组织合作模式。

8. 体育运动（组织）参与与社会资本之间关系的测量

著名政治经济学家、诺贝尔经济学奖获得者埃莉诺·奥斯特罗姆（Elinor Ostrom）认为："与物质资本不同的是，社会资本不容易被发现、观察和测量。"① 因此，为了对体育运动生成的社会资本进行有效的观测和量度，一些学者引进、改编了一些认可度较高的社会资本测量指标对其进行了测量。钟建伟（2010）将社会资本测量的"定位法"（Position Generator，定位法是社会资本研究经典学者林南在1981年的奥本尼研究中首先提出）应用于该领域。2003年，边燕杰提出用定位法测量"春节拜年网"所嵌入的社会资本的方法，其中将社会资本操作化为网络规模、网络密度以及网络资源等，其主要依据是社会阶层理论，将财富、权力、声望

① 〔美〕埃莉诺·奥斯特罗姆：《流行的狂热抑或基本概念》，曹荣湘选编《走出囚徒困境——社会资本与制度分析》，上海三联书店，2003，第32页。

和地位引进体育运动领域，用个体社会网络规模、网络顶端、网络差异、网络密度和网络职业种类数 5 个指标测量了个体社会资本量。[①] 郭铜樑等（2012）在参考相关研究的基础上，编制了一个包括 5 个维度、21 项测量指标的“社区体育社会资本测量问卷”。王斌（2013）通过研究获得了可测量青少年体育社会资本的 8 个维度、31 项测量指标。朱杰（2013）以桂勇和黄荣贵研制的“社区社会资本测量量表”为蓝本，根据研究需要，在对部分指标进行删除和调整的基础上，得出 6 个维度、23 项指标的测量量表。赵溢洋等（2014）以桂勇和黄荣贵研制的“社区社会资本测量量表”为原始问卷，测量了体育运动的社会资本功能对随迁子女城市融入的影响。

9. 体育运动生成社会资本的负功能

一些学者在主要研究体育运动生成社会资本的正功能时，也附带地提及一些负功能，但都是处于泛泛而谈的层面。如张剑利等（2008）认为，草根体育有其负面影响，存在“排斥圈外人”的现象。娄方平等（2008）认为，社会资本在澳大利亚西北部地区与体育产生一些负效应。柳建庆等（2009）的研究表明：中国篮球教练员由于地理环境和专业特征不同而形成的“地缘”和“业缘”关系，对中国竞技篮球事业的发展具有一定的负面影响。刘东升等（2012）从理论上探讨了体育场馆设施产生负外部性或社会资本“负功能”的问题，典型的如球迷暴力。其他还包括因体育场馆设施造成的交通拥堵和噪声带来的成本问题。

10. 社会资本与体育用品企业、体育专业学生就业

实际上，该议题的“2 个方面虽然出现了体育和社会资本这两个词，但是，这些研究中并没有涉及体育运动与社会资本，它只是研究了社会资本与企业、学生找工作之间的关系，只不过这个企业生产的是体育用品，学生是体育专业的学生而已，并非体育运动生成的社会资本对体育用品企

---

① 边燕杰：《城市居民社会资本的来源及作用：网络观点与调查发现》，《中国社会科学》2004 年第 3 期。

业、体育专业毕业生找工作方面的影响”①。

(1) 社会资本与体育用品业

从搜集的文献来看，易剑东是体育领域最早开始关注社会资本理论的学者，以他2002年4月完成的博士论文《社会资本与当代中国体育用品企业成长》为标志。该文对社会资本与中国体育用品企业之间的关系进行了研究。刘河旺等（2011）对体育用品制造业社会资本与产业集群的关系进行了研究。

(2) 社会资本与体育专业学生就业

卢曙光（2006）研究了社会资本与体育专业大学生就业的关系。陈宝（2012）以就业为背景、以专业社会资本为视角，研究了福建省各高校社会体育专业所具有社会资本的现状及其对专业内部大学生就业的影响。

（三）小结

在对国内体育运动与社会资本相关研究成果的回顾与梳理以及将其与国外相关研究成果进行比较的基础上，可做出如下总结。

1. 研究起步稍晚，研究成果总体质量较高，数量呈上升趋势

从搜集的英文、中文文献来看，“美国体育学会科研协会主席陈昂（Ang Chen）是最早关注体育运动与社会资本的体育学者”②，以他1999年发表的《社会变化对城区中学体育的影响：对一位老师经验记述的分析》（The Impact of Social Change on Inner-City High School Physical Education：An Analysis of a Teacher's Experiential Account）一文为标志。我国该研究领域的起步只是稍晚于美国、澳大利亚、英国、加拿大这几个国家。

21世纪初，国内体育学者开始关注社会资本理论，并且将社会资本理论引进体育运动领域。10多年来，国内参与体育运动与社会资本研究的学者逐渐增多，他们在该领域取得了一批研究成果。成果总体质量较高（以

---

① 周结友、裴立新：《国外体育运动与社会资本研究：缘起、成果与启示》，《体育科学》2014年第7期。

② 周结友、裴立新：《国外体育运动与社会资本研究：缘起、成果与启示》，《体育科学》2014年第7期。

发表于《体育科学》等核心期刊的成果数量在所有成果中的占比为评判标准），成果数量整体呈上升趋势。

2. 研究方法多样化，原初的议题不断深入，新兴的议题不断拓展

在研究方法的采用方面，国内外没有什么差异。主要采用了问卷法、观察法、文献法、访谈法、个案法等搜集研究资料；主要运用了理论分析方法、比较法及因子分析、方差分析、多元线性回归方程、结构方程模型等统计分析方法分析研究资料。部分研究还借助新的技术手段（电话、计算机、网络等）辅助研究资料的搜集与分析。

国内该领域的研究始于利用社会资本促进体育运动发展议题。研究成果主要集中于体育运动参与与社会资本生成、社会资本对体育运动（参与者）的影响两个大的方面。近年来，原初的议题不断深入，新兴的议题不断拓展。既联系实施"全民健身计划"，研究了全民健身运动的培育社会资本功能，又针对当下农民工子女城市融入这一热点问题，调查了体育运动的社会资本对农民工随迁子女城市融入的影响；既研究了社会资本在专业运动员成长中的作用，又以个案形式研究了体育运动生成的社会资本对体育运动爱好者"社会流动"的影响；既研究了如何利用体育运动建构社会资本，也引进、改编了一些体育运动培育社会资本功能的测量指标。

3. 定性研究较多，定量研究较少，部分研究成果运用社会资本理论较为粗糙

现有研究成果中定性研究较多，定量研究较少。这既有别于国外该领域"注重实证性检验，实证性研究成果居多"，[①] 也不同于国内其他学科领域社会资本研究成果，"从已经发表的成果来看，在社会网络与社会资本研究领域，使用量化方法的占多数"[②]。从探究、发现体育运动与社会资本之间的因果关系，增强该领域研究成果的科学性、可检验性来看，要注重定量研究，实现该领域定性研究与定量研究的均衡发展。不过近两年量化

① 周结友、裴立新：《国外体育运动与社会资本研究：缘起、成果与启示》，《体育科学》2014 年第 7 期。

② 张文宏：《中国社会网络与社会资本研究 30 年》，《江海学刊》2011 年第 2 期。

研究成果已逐渐增多，尤其是一些硕士学位论文较多采用定量研究方法。

部分研究成果只是较粗糙、笼统地将社会资本理论引进体育领域，没有根据体育领域的特点与实情，对社会资本理论进行较好的学习与消化，也没有将社会资本理论较为贴切地运用于研究分析体育领域的现象与问题。

4. 较好地研习了国外社会资本经典译著，很少参考国外相同领域的研究成果

从研究成果的参考文献来看，国内学者都较好地研习和参考了一些国外社会资本经典译著，如布迪厄的《文化资本与社会炼金术》、普特南（亦译帕特南）的《使民主运转起来》和《独自打保龄球——美国社区的衰落与复兴》、林南的《社会资本——关于社会结构与行动的理论》、詹姆斯·S. 科尔曼的《社会理论的基础》、弗兰西斯·福山的《信任——社会道德与繁荣的创造》等，以及国内学者李惠斌和杨雪冬主编的《社会资本与社会发展》与曹荣湘选编的《走出囚徒困境——社会资本与制度分析》中收录翻译的一些文章。但是很大一部分国内学者的研究成果中很少或根本没有参考或借鉴到国外体育运动与社会资本领域的研究成果。这既有可能是研究者根本没有考虑到要参考国外相同领域的研究成果，也有可能是英语水平限制使然。而对该领域国外研究成果根本不了解或了解很少，一方面会导致研究者难以把握国际同行的前沿研究成果和该领域研究的发展态势，另一方面将会导致自身研究缺乏国际视野。

5. 研究成果没有较好地反映我国体育运动的实践，部分研究议题亟待关注

在某些方面，研究成果本身没有较好地反映我国体育运动的实践。如近年来国家大力推广青少年“校园足球”活动，2009 年国家体育总局和教育部联合颁发了《关于开展全国青少年校园足球活动的通知》（以下简称《通知》），并成立了“全国青少年校园足球工作领导小组”，各地也相继颁发了一些实施计划。《通知》明确提出，培养“团队精神”是开展此项活动的主要目标之一。“团队精神”的核心是“协同合作”，其既是社会资本的一种外在表现形式，又可以从中生成社会资本。足球运动具有很强的培育社会资本能力。国外同类研究成果中有很大一部分是通过足球运动项

目来研究社会资本生成的，而国内鲜见足球运动与社会资本的专题性研究。

与国外体育运动与社会资本相关研究成果比较来看，体育政策与社会资本、体育赛事与社会资本、体育商业组织与社会资本等国外研究议题，暂时还没有引起国内学者的关注。体育政策与社会资本尤其是国外体育运动与社会资本研究的一个重点议题，该议题亟待国内学者研究。因“中共中央国务院颁发的《关于进一步加强和改进新时期体育工作的意见》表明了体育运动在促进合作、培养公平规范、增进信任、构建和改善人际关系网络等方面的社会资本功能，只不过表述不同而已”[①]。但是在《全民健身计划纲要》《全民健身计划（2011－2015年）》《体育事业发展“十二五”规划》等体育政策性文件中并未提及体育运动参与生成社会资本方面的功能，还是将体育运动的功能仅仅局限于增强体质、增进健康等生物性目标。这显示出这些体育政策不能全面反映体育运动的功能，会出现体育政策与体育实践“脱节”，形成体育政策实施的“盲区”，影响体育政策对体育实践指导作用的充分发挥。

（四）体育运动与社会资本研究前瞻

基于上述回顾分析，笔者认为对体育运动与社会资本领域今后应在以下几个方面给予关注并加强研究。

在体育社会组织与社会资本关系的研究方面，一方面研究体育社会组织培育社会资本的路径机制，为体育社会组织更好地生成社会资本提供理论指引；另一方面研究利用社会资本促进体育社会组织发展，这正契合了中央当前大力培育扶持社会组织发展的要求。

在团体性运动项目与社会资本生成方面，由于这些运动项目本身“嵌入”了互动，而互动是生成社会资本的一个主要路径。对足球、篮球这些普及程度较高的运动项目进行研究，既便于在身边找到合适的研究对象，观察搜集材料，又方便理论与实践的紧密结合，指导这些运动项目向着更有利于生成社会资本的方向发展，从中彰显理论的应用价值。

---

① 周结友、裴立新：《国外体育运动与社会资本研究：缘起、成果与启示》，《体育科学》2014年第7期。

在案例研究方面，案例实证是国外体育运动与社会资本研究领域实证性研究成果的一大特征。我们可以选取一些具有典型意义的案例进行深入研究，获得丰富、生动、具体、详细的资料，从而提供一些有关体育运动与社会资本方面的解释性洞见，为后来的总体研究提供理论假设。

在体育政策与社会资本方面，鉴于"一些发达国家已经将社会资本概念及相关内容纳入到体育政策制定和实施之中"，[①] 为了使制定与实施的体育政策能够鼓励社会资本生成，防止体育政策有损于社会资本的培育，我们应加强这方面的研究，在制定与实施体育政策的过程中，充分考虑到社会资本的培育，为将"社会资本"概念尽快纳入体育政策做好铺垫。

在研究紧跟我国体育运动实践、突出研究重点方面，以社会资本为分析视角，以"全民健身运动""社区体育""校园足球""阳光体育运动"等为切入点，进行专题研究，探究各种体育活动形式与社会资本之间的因果关系，明了社会资本的生成机制。

在体育运动生成的社会资本的功能方面，拓展研究视野，多进行一些历时较长的纵向研究。从单个参与者发展层面而言，深入了解体育运动生成的社会资本对参与者未来的职业、收入、社会流动、获得就业相关技能等方面的影响。从社区发展层面而言，研究体育运动生成的社会资本对社区凝聚力、社区和谐、社区治安、破解"集体行动的困境"、社区脱贫方面的影响。"近年来西方学者和实践部门开始广泛地将社会资本理论应用于社区发展实践，许多项目意图通过增加社区社会资本以实现社区发展和社区脱贫的目标。"[②] 从关注弱势群体、提升贫困者社会资本、摆脱贫困层面而言，无家可归者世界杯足球赛确实创新了"扶贫"思路。我国香港2005 年就组队参加了第三届无家可归者世界杯足球赛（第一届无家者可归者世界杯足球赛于 2003 年在奥地利举行），这为从事该层面的研究提供了一个很好的案例。

---

① 周结友、裴立新：《国外体育运动与社会资本研究：缘起、成果与启示》，《体育科学》2014 年第 7 期。

② 文军、张赛军：《社会资本与社区脱贫——对社会资本独立性功能的分析》，《西北师大学报》（社会科学版）2006 年第 3 期。

三　国外体育运动与社会资本研究：缘起、成果与启示

体育运动与社会资本研究发轫于20世纪90年代初，社会资本研究经典学者罗伯特·D. 普特南将体育社团或体育运动俱乐部[①]作为测量社会资本的主要指标进行研究。20世纪90年代末，体育界学者才开始关注此研究领域，10多年来他们已经在体育运动与社会资本领域取得了一批研究成果。在此对国外体育运动与社会资本研究成果做一个较为详细的回顾与梳理。

（一）研究缘起

体育运动与社会资本研究始于哈佛大学公共政策学教授、曾任美国政治学会主席的社会资本研究经典学者罗伯特·D. 普特南，其将体育团体或体育运动俱乐部作为测量社会资本的主要指标。

普特南在其1993年出版的代表作《使民主运转起来——现代意大利的公民传统》（*Making Democracy Work—Civic Traditions in Modern Italy*）中，将社团数量（体育团体或体育运动俱乐部是其主要部分）作为测量社会资本的4项重要指标之一，并将“社会资本”界定为“社会组织的特征，诸如信任、规范以及网络，它们能够通过促进合作行为来提高社会的效率。”[②] 之所以将“组织”限定在“社会组织”范围，普特南的解释是“政府组织”形成的参与网络是“垂直的网络，无论多么密集，无论对其参与者多么重要，都无法维系社会信任和合作”。[③] 普特南之所以将体育运动俱乐部作为社团的主要部分进行研究，是由体育运动俱乐部的普及程度及其在社会资本培育中的重要性决定的。“不把工会计算在内，那么体育运动俱乐部是意大利最普遍的二级社团。”[④]“在意大利的20个地区里，体

---

① 体育社团、体育运动俱乐部都属于体育社会组织的一种。

② 〔美〕罗伯特·D. 帕特南：《使民主运转起来——现代意大利的公民传统》，王列、赖海榕译，江西人民出版社，2001，第195页。

③ 〔美〕罗伯特·D. 帕特南：《使民主运转起来——现代意大利的公民传统》，王列、赖海榕译，江西人民出版社，2001，第204、205页。

④ 〔美〕罗伯特·D. 帕特南：《使民主运转起来——现代意大利的公民传统》，王列、赖海榕译，江西人民出版社，2001，第105页。

育俱乐部的密集程度从瓦莱达奥斯塔区的每 377 人一个，和特伦蒂诺 - 上阿迪杰区的每 549 人一个，到普利亚区的每 1847 人一个不等。”[①] 在他引用的一项有关“意大利地方社团：活动的领域”的调查中，体育运动俱乐部在所有社团中占 73%，其他社团为 27%。借此说明意大利北部地区政府效率比其他地区政府效率高的重要原因之一，就是北部地区比其他地区有许多积极的像体育运动俱乐部这样的社团组织，互惠规范和公民参与网络体现在众多的组织中。书中实证了“社会资本”在解决集体行动困境中的积极功能，正是他从经验上揭示了社会资本对政府效能和经济发展的作用，引起了人们对“社会资本”的广泛关注。该书成为美国当年的畅销书之一。

1995 年普特南发表《独自打保龄球：美国下降的社会资本》（*Bowling Alone*：*America's Declining Social Capital*）。该文通过研究美国“综合社会调查”[②]（这种科学的全国性抽样调查在过去 20 多年里进行了 14 次）结果中有关美国人参与社会组织的情况发现：与教会有关的组织是美国人参与最普遍的组织形式。除此之外，妇女经常参与的是体育团体等四类组织，男人参加的是体育俱乐部等五类组织。因而作者对该调查中有关社团（体育社团或体育俱乐部是其中的重要组成部分，尤其是保龄球社团）的变化情况进行了历时性对比研究，研究发现，在过去十年多的时间里，尽管美国打保龄球的人数增加了，但是保龄球社团的数量却大幅度减少，“从 1980 年至 1993 年，打保龄球的美国人上升了 10%，与此同时，保龄球社团则下降了 40%”。[③]“社会资本始终都是通过重复的囚徒困境博弈而自然产生的。”[④]“组织的价值就在于保证个体在可持续的基础上互动，从而创造出合作得以发展的要件之一——重复博弈。同样，恰恰是组织的存在表明了其成员已经在某种程度上克服短视问题，愿意让短期收益服从长远目标。”[⑤] 因

---

① 〔美〕罗伯特·D. 帕特南：《使民主运转起来——现代意大利的公民传统》，王列、赖海榕译，江西人民出版社，2001，第 105、106 页。

② 〔美〕罗伯特·D. 帕特南：《独自打保龄球：美国下降的社会资本》，李惠斌、杨雪冬主编《社会资本与社会发展》，社会科学文献出版社，2000，第 169 页。

③ 〔美〕罗伯特·D. 帕特南：《独自打保龄球：美国下降的社会资本》，李惠斌、杨雪冬主编《社会资本与社会发展》，社会科学文献出版社，2000，第 171、172 页。

④ 〔美〕弗兰西斯·福山：《公民社会与发展》，曹荣湘选编《走出囚徒困境——社会资本与制度分析》，上海三联书店，2003，第 87 页。

⑤ 〔英〕保罗·F. 怀特利：《社会资本的起源》，李惠斌、杨雪冬主编《社会资本与社会发展》，社会科学文献出版社，2000，第 51 页。

而他根据保龄球社团数量的下降推断出美国社会资本的下降，将保龄球社团的减少、独自打保龄球人数的增加作为美国社会资本下降的标志。虽然单个人打保龄球也能培育社会资本，但是相对社团而言，单个人打保龄球培育宏观层面社会资本的功效要小得多。因为作为社团成员打保龄球更广泛的社会意义在于社会交往，他们在喝啤酒、吃比萨时进行的交流是单个保龄球手无法做到的。为了引起人们对参与保龄球运动及保龄球社团的高度关注，普特南列出了以下数据："1993 年，至少有将近 8000 万的美国人继续打保龄球，这比参加 1994 年国会选举投票的人多了将近 1/3，与定期去教堂的人数大致相同，甚至在 80 年代参加社团保龄球活动的人数下降之后，还有将近 3% 的美国成年人定期参加社团保龄球的活动。"① 并且将"独自打保龄球：美国下降的社会资本"作为该篇文章的题名。

该文章的发表创造了两个"奇迹"：第一，"引起了某种轰动，为作者赢来了与克林顿总统私下会谈的机会，并且美国名流们的'圣经'——《名人》杂志出人意料地采访了普特南"②。"克林顿总统从'独自打保龄球'借用了主题，使其成为 1995 年和 1996 年国情咨文陈述，并且将普特南列为国内最重要的政治思想家之一。"③ 第二，该文的内容被引用逾万次，并且被引用次数还在快速上升，足见该文章研究内容的重要性与生命力。自此，人们经常将"独自打保龄球"作为谈论社会资本的一个代名词，一些相关论文都以"独自打保龄球"为标题。

2000 年，普特南又出版了《独自打保龄——美国社区的衰落与复兴》(*Bowling Alone——The Collapse and Revival of American Community*) 一书。普特南认为，参加体育运动影响社会资本，"甚至是在跑步时对另一位经常出现的跑步者点头致意。这些小小的活动就像把一分分钱投进存钱罐，都能让社会资本得到逐渐地增加"。④ 书中将体育运动的参与频率，垒球、棒球、网球、排球、橄榄球、高尔夫、游泳等运动的参与人数及其与总人

---

① 〔美〕罗伯特·D. 普特南：《独自打保龄球：美国下降的社会资本》，李惠斌、杨雪冬主编《社会资本与社会发展》，社会科学文献出版社，2000，第 172 页。

② Mark Dyreson. Maybe It's Better to Bowl Alone: Sport, Community and Democracy in American Thought, *Culture*, *Sport*, *Society*, Vol. 4, No. 1 (Spring 2001), pp. 19 – 30.

③ Mark Dyreson. Maybe It's Better to Bowl Alone: Sport, Community and Democracy in American Thought, *Culture*, *Sport*, *Society*, Vol. 4, No. 1 (Spring 2001), pp. 19 – 30.

④ 〔美〕罗伯特·D. 普特南：《独自打保龄——美国社区的衰落与复兴》，刘波、祝乃娟等译，北京大学出版社，2011，第 121 页。

口的比例，以及参加体育社团或体育俱乐部的比例（百分比）作为社会资本培育和流失的一项重要指标来进行分析。

（二）研究议题与成果

1. 体育社会组织与社会资本生成

"正式组织中的正式会员只是社会资本的一个方面，但它常常被视为衡量社会参与度的一个有用的晴雨表。"[①] 因而像其他学科一样，社会组织与社会资本之间的关系是体育运动与社会资本研究的一大议题。该方面的研究成果主要集中在体育社会组织参与生成社会资本方面。英国斯特灵大学副校长 Grant Jarvie 教授、从事体育政策研究的 Fred Coalter 教授和挪威科技大学社会学教授 Ørnulf Seippel 是体育运动与社会资本研究的代表性人物。Fred Coalter 在 2007 年出版了一本专著《体育运动更广泛的社会角色——谁正在保持这个得分?》（*A Wider Social Role for Sport——Who's Keeping the Score*?）。书中"体育运动与社会复兴——一个资本的视角"部分，Fred Coalter 研究了运动俱乐部与社会资本，与同伴一起运动生产黏着型社会资本（Bonding Social Capital）（建立在"强关系"基础上），与熟人一起"打保龄球"生产桥接型社会资本（建立在"弱关系"基础上），归纳分析了运动俱乐部生成社会资本方面的一些实证调查研究。[②] Fred Coalter 通过分析肯尼亚马萨（Mathare）青少年体育协会，论证了体育运动在社会资本培育中的积极贡献，以及政策制定者和体育运动在发展过程中共同促进社会资本提升的假设。[③] Ørnulf Seippel 研究认为，作为体育志愿组织的一员所获得的社会资本是有利于普遍信任和政治约束的。[④] 一般而言，体育组织的影响弱于其他志愿组织的影响，而当体育组织的成员与其他成员（更弱的联系）聚在一起时，体育组织的影响更强，并带有更少的

---

① 〔美〕罗伯特·D. 普特南：《独自打保龄——美国社区的衰落与复兴》，刘波、祝乃娟等译，北京大学出版社，2011，第 42 页。

② Fred Coalter. *A Wider Social Role for Sport*：*Who's Keeping the Score*? Routledge，2007，pp. 57 – 64.

③ Fred Coalter. Sport-in-Development：Development for and through Sport? Matthew Nicholson and Russell Hoye，*Sport and Social Capital*，Elsevier Ltd.，2008，pp. 40 – 63.

④ Ørnulf Seippel. Sport and Social Capital，*Social Capital*，Vol. 49，No. 2（Jun.，2006），pp. 169 – 183.

政治色彩。

其他体育社会组织参与生成社会资本方面的研究成果还有：Cora Burnett 研究认为参与活力社区俱乐部计划与其他规范的社会公共机构领域相互作用，在个体或社区水平上生成社会资本①；Kristin Walseth 的研究显示，对于具有不同少数民族背景的移民之间的桥接型社会资本培育而言，运动俱乐部是一个适当的舞台，而对于跨阶级与移民以及非移民的分界线的桥接型社会资本而言，运动俱乐部发挥的作用有限；② Alison Doherty 等认为，社区体育组织中的志愿者网络是社会资本产生和表现的场所，体育志愿者的真实情况显示体育志愿者社区体育网络具有黏着型社会资本特性，无论如何，信任和互惠明显产生于那里；③ Hazel Maxwell 等的研究表明，社区体育组织在信任、合作和社区网络的形成等方面具有潜能，研究支持社区体育组织是社会资本生产和再生的一个潜在场所的理念，对穆斯林妇女而言，社区体育组织为培育能够促进社会整合和社区发展的社会资本提供了潜在场所；④ Russell Hoye 等研究了乡村竞赛俱乐部如何有助于农村社区内社会资本生成以及怎样从社会资本中获益；⑤ Marc Theeboom 调查认为，佛兰德（Flanders，比利时地名）地区多个少数民族成员参与的“混合运动俱乐部”与单一少数民族成员参与的“单独运动俱乐部”都提供了获取社会资本的机会，“混合运动俱乐部”成员更多地学会与他人交往，变得自信和了解其他族群，而“单独运动俱乐部”成员之间有更多与体育无关的私人交谈，并在体育运动之外更经常地互相帮助。⑥

---

① Cora Burnett. Building Social Capital through an “Active Community Club”, *International Review for the Sociology of Sport* 41 (2006): 283 – 294.

② Kristin Walseth. Bridging and Bonding Social Capital in Sport——Experiences of Young Women with an Immigrant Background, *Sport, Education and Society*, Vol. 13, No. 1, February 2008, p. 117.

③ Alison Doherty and Katie Misener. Community Sport Networks, Matthew Nicholson and Russell Hoye, *Sport and Social Capital*, Published by Elsevier Ltd. 2008: 114 – 137.

④ Hazel Maxwell, Tracy Taylor. A Culture of Trust: Engaging Muslim Women in Community Sport Organizations, *European Sport Management Quarterly*, Vol. 10, No. 4, 465_ 483, September 2010.

⑤ Russell Hoye, Matthew Nicholson. Life at the Track: Country Race Clubs and Social Capital, *International Review for the Sociology of Sport*, Dec 2012, Vol. 47, Issue 4, pp. 461 – 474.

⑥ Marc Theeboom, Hebe Schaillée, Zeno Nols. Social Capital Development among Ethnic Minorities in Mixed and Separate Sport Clubs, *International Journal of Sport Policy and Politics*, Mar. 2012, Vol. 4 Issue 1, p. 121.

另外，学者研究发现体育社会组织生成社会资本的能力与其所处的社区结构、地理位置相关。Ørnulf Seippel 以挪威体育志愿组织为例，研究了社区结构怎样导致体育活动经历、组织民主和社会资本（信任和政治利益）方面的差异①。Isao Okayasu 研究认为，不同类型运动俱乐部与社会资本之间的关系存在一些差异，对于社会资本的生成而言，社区体育俱乐部的位置是关键。②

2. 体育运动参与与社会资本生成

“双边关系中社会资本的生成，显然离不开行动者之间的互动。”③ 体育运动参与为人们提供了大量互动机会。该议题在体育运动与社会资本的相关研究中成果最多，其研究内容主要集中在三个方面：具体运动项目参与与社会资本生成；体育运动（将体育运动作为一个整体看待）参与与社会资本生成；学校体育参与与社会资本生成。

（1）具体运动项目参与与社会资本生成

该方面研究以足球运动为主，因为相对于其他运动项目而言，足球运动更加强调团队合作，具有更强的培育社会资本能力。Tamela McNulty Eitle 等研究了文化资本、家庭教育资源、家庭结构和种族与参与足球、篮球或者其他运动项目是否具有相关性。结果显示，文化劣势有助于增加篮球和足球方面的兴趣，他们将篮球和足球作为获取社会资本的一个手段。④ Cora Burnett 的案例分析表明，足球运动的参与培育了实现团体目标所需的合作精神。⑤ L. Ottesen 等为不爱活动的妇女设计了一个为期 16 周的身体练习干预计划研究项目，其中身体练习以足球或者跑步的方式进行。研究显示，两种不同类型的身体练习在社会资本培育方面具有积极效果，团体性

---

① Ørnulf Seippel. Sport, Civil Society and Social Integration: The Case of Norwegian Voluntary Sport Organizations, *Journal of Civil Society*, Nov2005, Vol. 1, Issue 3, pp. 247 - 265.

② Isao Okayasu, Yukio Kawahara, Haruo Nogawa. The Relationship between Community Sport Clubs and Social Capital in Japan: A Comparative Study between the Comprehensive Community Sport Clubs and the Traditional Community Sports Clubs, *International Review for the Sociology of Sport*, Jun2010, Vol. 45 Issue 2, pp. 163 - 186.

③ 王凤彬、刘松博：《企业社会资本生成问题的跨层次分析》，《浙江社会科学》2007 年第 4 期。

④ Tamela McNulty Eitle, David J. Eitle. Race, Cultural Capital and the Educational Effects of Participation in Sports, *Sociology of Education*, Apr2002, Vol. 75, Issue 2, pp. 123 - 146.

⑤ Cora Burnett. Sport-for-Development Approaches in the South African Context: A Case Study Analysis, *South African Journal for Research in Sport, Physical Education and Recreation*, 2010, 32 (1): 29 - 42.

运动项目（足球）优于个体性运动项目（跑步）。[①] C. Clark 等的访谈结果揭示了在南非足球领域，运动员通过参与足球运动获取了不同类型的社会资本，这些新增的社会资本包括建立同伴关系网络、获得社交和情感表达技能以及新的接受教育机会。[②] Simone Baglioni 从社会资本视角逐一分析了以下三种运动形式：业余足球运动中的志愿服务，航海运动在精英阶层再生中所起的作用，手球运动中国际网络关系的建立。[③] Tsutomu Kobayashi 等的访谈表明，运动员通过足球运动构建的社会关系网络获得如就业、住宿、食品和交通等方面的资源，以及财政奖励和瓦努阿图（西南太平洋岛国）境外旅游的机会。尤其是，运动员能够获得相对其受教育水平而言通常是不可能的就业机会。研究证实，一种因足球而结缘的“哥们”（Wantok）的存在。[④]

Emma Sherry 从社会弱势群体的视角进入该议题，研究了弱势群体——无家可归者的足球运动参与与社会资本培育，Emma Sherry 用“澳大利亚无家可归者世界杯队”——“街头足球袋鼠队”（the Street Socceroos）为案例，研究表明：参与体育运动对参与者而言能发挥有益的效果，并且通过系列（再）整合，生成社会资本。[⑤] 体育运动计划在更加广阔的社区内能起到（再）整合边缘群体的作用。研究发现了体育运动参与的内在益处以及培育社会资本的效果。Emma Sherry 等述通过纵向分析“澳大利亚社区街道足球计划”实施结果，提出通过体育为无家可归及处于不利条件的成年人提供发展领域。研究结果显示，参与体育运动计划能够增强参与者的社会融入和自我认同，从而提升社会资本。[⑥]

---

① L. Ottesen, R. S. Jeppesen, B. R. Krustrup. The Development of Social Capital through Football and Running: Studying an Intervention Program for Inactive Women, *Scandinavian Journal Medicine Science in Sports*, 2010: 20 (Suppl. 1): 118 – 131.

② C. Clark, C. Burnett. Upward Social Mobility through Women's Soccer, *African Journal for Physical, Health Education, Recreation and Dance*, December 2010, pp. 141 – 154.

③ Simone Baglioni. The Social Capital of Sport——The Case of Italy, Margaret Groeneveld, Barrie Houlihan and Fabien Ohl, *Social Capital and Sport Governance in Europe*, First published 2011 by Routledge: 146 – 160.

④ Tsutomu Kobayashi, Matthew Nicholson, Russell Hoye. Football 'Wantok': Sport and Social Capital in Vanuatu. *International Review for the Sociology of Sport*. Feb2013, Vol. 48 Issue 1.

⑤ Emma Sherry. (Re) Engaging Marginalized Groups through Sport: The Homeless World Cup, *International Review for the Sociology of Sport*. Mar2010, Vol. 45 Issue 1, pp. 59 – 71.

⑥ Emma Sherry, Virginia Strybosch. A Kick in the Right Direction: Longitudinal Outcomes of the Australian Community Street Soccer Program. *Soccer & Society*. Jul2012, Vol. 13 Issue 4, pp. 495 – 509.

另外，Mark W. Bruner 通过篮球运动员与中长跑选手研究了体育运动类型对青少年男性运动员发展经历的影响，结果显示，篮球运动在团队合作与社交技巧、成年关系网络与社会资本培育等方面对运动员产生更大的影响。[①]

(2) 体育运动（将其作为一个整体看待）参与与社会资本生成

在体育运动（主要为社区体育）参与与社会资本培育方面，James Skinner 等通过研究英国和加拿大的案例发现，体育运动在生成社会资本、促进社区可持续发展方面是一个有用的工具。[②] Dwight Zakus 等的研究表明，在社区生活和澳大利亚社区社会资本培育中体育运动和运动俱乐部是关键性要素。精心组织的体育活动在培育社会资本方面发挥着作用，而社会资本在社区内可以推进诚信网络、安全网络和交往网络建设，对社区建设具有推动作用。[③] Akbar Heidary 等认为体育运动在生成社会资本以及促进社区诚信、开放和尊敬等方面发挥着重要作用，可以促进在社区范围内更大规模的合作、更高水平的团结并提升社会凝聚力。[④]

有学者专题研究了农村体育运动培育社会资本。Kim M. Atherley 的研究表明，体育运动不仅是农村生活的重要组成部分，而且在黏着型和桥接型社会资本的生成方面起到重要作用。[⑤] Ramón Spaaij 研究认为，农村体育参与者将本地运动俱乐部视为至关重要的培育社会凝聚力、促进地区认同的共享中心；农村体育运动竞赛有助于参与者提升文化和经济资本以及相对有限的链接型社会资本（Linking Social Capital）存量；年轻女性可以通过运动参与承担领导角色以及学习新的技能与知识。[⑥] Vassilios Ziakas

---

① Mark W. Bruner. Influence of Sport Type and Interdependence on the Developmental Experiences of Youth Male Athletes. *European Journal of Sport Science*, March 2011; 11 (2): 131 - 142.

② James Skinner, Dwight H. Zakus. Development through Sport: Building Social Capital in Disadvantaged Communities. *Sport Management Review*, 2008, 11, 253 - 275.

③ Dwight Zakus, James Skinner and Allan Edwards. Social Capital in Australian Sport. *Sport in Society*, Vol. 12, No. 7, September 2009, 986 - 998.

④ Akbar Heidary, Mojtaba Amiri, Mohammad Ehsani, Bita Asadi Kenari. Social Capital: A Multidimensional Binding Link in the Sport Communities. *International Journal of Academic Research in Business and Social Sciences*. Vol. 2, No. 2 (2012). ISSN: 2222 - 6990, 115 - 122.

⑤ Kim M. Atherley. Sport, Localism and Social Capital in Rural Western Australia. *Geographical Research*. December 2006. 44 (4): 348 - 360.

⑥ Ramón Spaaij. The Glue that Holds the Community Together? Sport and Sustainability in Rural Australia. *Sport in Society*, Vol. 12, No. 9, November 2009, 1132 - 1146.

等研究认为，呈现在农村社区庆祝活动中的体育和戏剧成分建立了人们相互有机联系的机制，该机制恢复和增强了社区意识，培育了社区的社会资本。①

有学者将性别、种族等作为主要变量进行了研究，发现性别、种族不同会导致差异。Ramón Spaaij 是该领域较有代表性的人物。Ramón Spaaij 分析了体育运动参与对具有难民背景的索马里澳大利亚人的黏着型、桥接型和连接型社会资本的贡献程度和方式。研究认为在体育运动中桥接型社会资本相对较少，并且索马里澳大利亚人和举办体育活动的社区之间很少被联系起来。不同性别、年龄、种族和社会经济地位的人，在获得和利用连接型社会资本方面也存在差异。② Aaron W. Clopton 等认为，直接和间接参与体育活动增加了社会联系，具有生成社会资本的能力。调查显示，被调查者对他们大学运动队的认同程度影响他们对校园社会资本的看待水平。在通过球迷认同预测社会资本方面，性别和种族是有重要意义的。③

另外，Thomas Perks 的研究表明，青年时参与体育活动和成年时参与社区活动高度相关。同时，青年时体育活动的参与终身影响人们对社区活动的参与。④ Irene Kamberidou 等认为，社会资本是理解欧洲体育管理机构和社会生活的一个关键成分。⑤ 在理论与实践中探究体育运动和社会资本两者之间的界线时，可以将体育运动看作一种促进社会整合、增进信任、加强社会关系等的积极社会资本形式。Richard G. Prins 等研究认为邻里型社会资本与体育运动参与具有重要联系，当公园方便利用和邻里型社会资

① Vassilios Ziakas, Carla A. Costa. 'Between Theatre and Sport' in a Rural Event: Evolving Unity and Community Development from the Inside-Out. *Journal of Sport&Tourism*, Vol. 15, No. 1, February 2010, pp. 7 – 26.

② Ramón Spaaij. Beyond the Playing Field: Experiences of Sport, Social Capital and Integration among Somalis in Australia. *Ethnic & Racial Studies*. Sep2012, Vol. 35 Issue 9, pp. 1519 – 1538.

③ Aaron W. Clopton, Bryan L. Finch. Are College Students 'Bowling Alone?' Examining the Contribution of Team Identification to the Social Capital of College Students. *Journal of Sport Behavior*, Vol. 33, No. 4. 377 – 402.

④ Thomas Perks. Does Sport Foster Social Capital? The Contribution of Sport to a Lifestyle of Community Participation. *Sociology of Sport Journal*, 2007, 24, 378 – 401.

⑤ Irene Kamberidou and Nikolaos Patsadaras. A New Concept in European Sport Governance: Sport as Social Capital. *Biology of Exercise*. Volume 3, 2007: 21 – 34.

本高时，青少年最可能参加休闲体育活动。[①]

（3）学校体育运动参与与社会资本生成

从笔者搜集的现有文献来看，美国体育学会科研协会主席陈昂（Ang Chen）是最早关注体育运动与社会资本的学者，以他 1999 年发表的《社会变化对城区中学体育的影响：对一位老师经验记述的分析》（*The Impact of Social Change on Inner-City High School Physical Education: An Analysis of a Teacher's Experiential Account*）一文为标志。美国著名社会学家詹姆斯·S. 科尔曼曾经指出："学生的积极社会资本是建立在许多与他们的教育相关的人和事的积极关系的基础上。"[②] 因而，陈昂认为：积极社会资本不仅应该支持他们接受教育，而且要对他们的生活起到积极的鼓励作用；当我们设计未来课程时，我们应该重视社会资本问题；教授高尔夫或篮球不应该仅仅局限于设施和器材的可利用性方面，而应该阐明其对学生获得教育和生活方面积极社会资本的潜力。[③] John David Carl 研究了学校不同怎样产生社会资本差异以及这些差异如何影响不同运动项目参与水平。研究表明足球的确不同于棒球、垒球及其他所有体育运动的参与，学校资本变量表明学校的进入深刻地影响着足球参与；家庭资本是适度的，然而，在预测棒球、垒球运动参与方面，家庭资本起着较为重要的作用。[④] Richard Bailey 回顾了体育课上儿童和青年参与运动相关结果方面的文献。[⑤] 重点关注有助于社会包容和社会资本发展的一些活动的潜在作用。Don J. Webber 等通过调查发现，大学生体育活动参与的数量与他们工作学习的时间数量呈负相关，然而提升社会资本和体育能力被发现可以提高他们的体育活

① Richard G. Prins, Sigrid M. Mohnen, Frank J. van Lenthe, Johannes Brug and Anke Oenema. Are Neighbourhood Social Capital and Availability of Sports Facilities Related to Sports Participation among Dutch Adolescents? *International Journal of Behavioral Nutrition and Physical Activity*, 2012, 9: 90.

② J. S. Coleman, *Equality and Achievement in Education*. Boulder, CO: Westview Press.

③ Ang Chen. The Impact of Social Change on Inner-City High School Physical Education: An Analysis of a Teacher's Experiential Account. *Journal of Teaching in Physical Education*, 1999, 18, 312 - 335.

④ John David Carl. *Social Capital and Sport Participation*, 2002.

⑤ Richard Bailey. Valuating the Relationship between Physical Education, Sport and Social Inclusion. *Educational Review*, Volume 57, Issue 1 February 2005, pp. 71 - 90.

动参与。[①]

3. 体育志愿服务（精神）与社会资本

体育志愿者无论是在体育赛事的举办，还是社区体育活动的开展等方面都功不可没。他们在志愿服务过程中提升了整个社会及自身的社会资本。该议题下的研究主要集中在体育志愿服务（精神）生成社会资本方面。Paul M. Downward 等的研究表明，重要体育赛事中的志愿服务可以提高志愿者的体育兴趣、体育参与程度和体育志愿服务，而且具有生成更广泛地与体育运动相关社会资本的强劲潜在机会。[②] Jean Harvey 等研究了体育志愿精神和社会资本之间的关系。[③] 被测者拥有的社会资本的测量方法为“职位生成法”（Position Generator，测量不同个体接近不同社会地位的人）和“资源生成法”（Resource Generator，测量受测者通过社会资本接近的资源）。其结果表明，体育志愿精神和社会资本之间强相关。在控制性别、年龄和语言的情况下，体育志愿精神和社会资本之间还是强相关。[④] Steven Bradbury 等的研究认为，由志愿者工作所增加的社会联系有助于青少年培育黏着型和桥接型社会资本。[⑤] Tess Kay 等的研究表明，青年们在参与体育志愿活动中受益，并且在系列活动中增加了社会资本，体育运动对社会资本生成具有积极作用。[⑥] Jon Welty Peachey 等研究了“美国街头足球”（Street Soccer USA，是一个非营利性组织，利用足球的力量培养无家可归者积极的生活态度）志愿服务为社会资本的生成提供了前提条件，这些社会资本的生成路径主要是：增加对无家可归者的认识和

---

① Don J. Webber, Andrew Mearman. Student Participation in Sporting Activities, *Applied Economics*, 2009, 41, pp. 1183 - 1190.

② Paul M. Downward, Rita Ralston. The Sports Development Potential of Sports Event Volunteering: Insights from the XVII Manchester Commonwealth Games. *European Sport Management Quarterly*, Vol. 6, No. 4, 333 - 351, December 2006.

③ Jean Harvey, Maurice Lévesque, Peter Donnelly. Sport Volunteerism and Social Capital. *Sociology of Sport Journal*, 2007, 24, 206 - 223.

④ Jean Harvey, Maurice Lévesque, Peter Donnelly. Sport Volunteerism and Social Capital. *Sociology of Sport Journal*, 2007, 24, 206 - 223.

⑤ Steven Bradbury, Tess Kay. Stepping into Community? The Impact of Youth Sport Volunteering on Young People's Social Capital. Matthew Nicholson and Russell Hoye. *Sport and Social Capital*. Published by Elsevier Ltd. 2008: 286 - 313.

⑥ Tess Kay, Steven Bradbury. Youth Sport Volunteering: Developing Social Capital? *Sport, Education and Society*, Vol. 14, No. 1, February 2009, pp. 121 - 140.

了解，与无家可归者建立联系，提高其在社会正义事业领域的工作热情等。①

另外，学者还研究了体育志愿者与积极公民之间的关系、体育志愿服务中的性别差异。Talbot 认为，体育运动在培养积极公民和志愿精神方面为政府提供了一个很好的范例。而且，她指出欧盟委员会已经将体育运动归属于规模最大的公民运动。Fred Coalter 研究了体育志愿者是不是真正的积极公民。② Paul M. Downward 等的研究表明，在利用运动会提升他们的个人社会资本方面，男女志愿者期望的相异性较大。③

4. 体育赛事与社会资本

该议题一方面研究了体育赛事生成社会资本。Laura Misener 研究了举办体育赛事具有生成社区网络方面的潜在可能，并且提出社会资本的建构可能为理解体育赛事怎样被用于建设社区网络和促进社会关系改善提供一个重要的理论范例。④ Larry Dwyer 通过文献从理论上证明了大型体育赛事扮演了生产社会资本、提升举办地的知名度和促进基础设施的改善和发展等方面的角色。⑤ 另一方面研究了体育赛事对社会资本等方面影响的评估框架。Nico Schulenkorf 设计了一个适用于社区间体育赛事的分析评估框架，赛前框架是用来评估举办社区间体育赛事的意义，主要评估社区间体育赛事在社会资本、社会变化、社区凝聚力的加强和社区生活质量的提升方面所起的作用。⑥

---

① Jon Welty Peachey, Adam Cohen, John Borland, Alexis Lyras. Building Social Capital: Examining the Impact of Street Soccer USA on its Volunteers. *International Review for the Sociology of Sport*, Feb2013, Vol. 48 Issue 1, p. 20.

② Fred Coalter. *A Wider Social Role for Sport*: *Who's Keeping the Score*? 2007 Fred Coalter. First published 2007 by Routledge. 55/56.

③ Paul M. Downward, Rita Ralston. The Sports Development Potential of Sports Event Volunteering: Insights from the XVII Manchester Commonwealth Games. *European Sport Management Quarterly*, Vol. 6, No. 4, December 2006, 333 – 351.

④ Laura Misener, Daniel S. Mason. Creating Community Networks: Can Sporting Events Offer Meaningful Sources of Social Capital? *Managing Leisure*, 11, 39 – 56 (January 2006).

⑤ Larry Dwyer, Liz Fredline. Special Sport Events Part Ⅱ. *Journal of Sport Management*, 2008, 22, 385 – 391.

⑥ Nico Schulenkorf. An Exante Framework for the Strategic Study of Social Utility of Sport Events. *Tourism & Hospitality Research*. Apr2009, Vol. 9 Issue 2, pp. 120 – 131.

5. 体育运动器材、设施与社会资本

在该议题下，学者一方面研究了体育运动器材生成社会资本。如Daniel Lock 等研究了20 世纪澳大利亚足球在培育社会资本中的角色，分析了近年来足球在管理方式和战略地位方面所经历的转变，以及这些转变对足球社会资本及足球组织的影响。[①] 另一方面研究了体育运动设施生成社会资本，Mark Rosentraub 等认为运动设施应该被视为一个社会生产促进团体认同的社会资本的一部分，从运动设施视角解释了社会资本类型，他们认为运动设施提供了一个潜在的社会资本构建途径。[②] C. Burnetts 以网络理论、波特集群概念以及社会资本范式为分析框架，研究了在南非大学体育设施服务供给系统中形成的网络社会资本。[③]

6. 体育商业组织与社会资本

商业组织社会责任、竞争优势与社会资本是经济学、管理学界较为关注的一个研究议题。近年来，国外学者在体育领域也进行了相关研究。Ramon Spaaij 等研究认为，体育商业组织像其他组织一样从事着不同程度的与社会责任相关的活动，这些活动可能导致黏着型、桥接型和连接型社会资本的生成。[④]

7. 体育政策与社会资本

一些发达国家已经将“社会资本”概念及其相关内容纳入体育政策的制定和实施中，当然“社会资本并不能简单地通过公共政策来创造”。[⑤] 体育政策实施对社会资本培育的影响由体育政策内容决定。“明智的政策能

---

① Daniel Lock, Tracy Taylor and Simon Darcy. Soccer and Social Capital in Australia: Social Networks in Trsnsition, Matthew Nicholson and Russell Hoye. *Sport and Social Capital*, Published by Elsevier Ltd. 2008: 318 – 335.

② Mark Rosentraub, Akram Ijla. Sport Facilities as Social Capital. Matthew Nicholson and Russell Hoye. *Sport and Social Capital*. Published by Elsevier Ltd. 2008: 340 – 355.

③ C. Burnetts. Networking in theSport Delivery System in South African Universities. *African Journal for Physical, Health Education, Recreation and Dance*. December 2010 (Supplement), pp. 182 – 192.

④ Ramon Spaaij, Hans Westerbeek. SportBusiness and Social Capital: a Contradiction in Terms? *Sport in Society*, Vol. 13, No. 9, November 2010, 1356 – 1373.

⑤ 〔美〕罗伯特·D. 普特南：《繁荣的社群——社会资本与公共生活》，李惠斌、杨雪冬主编《社会资本与社会发展》，社会科学文献出版社，2000，第163 页。

够鼓励社会资本的形成，而且社会资本也会提高政府行为的效力。”[①]在认同、鼓励社会资本生成方面，Russell Hoye 等研究了澳大利亚、加拿大、英国和新西兰四国体育政策中社会资本的相关内容。[②] 这些国家的体育政策都认可体育运动产生社会资本的结果：体育运动在国家或地区水平上能够提高社会整合度、加强社会联系、增强市民意识、增加社区幸福度、克服社会障碍以及加强社会关系网络。

在该议题下，从批判的视角来审视现有体育政策的研究占主流。批评的声音主要来自三个方面。第一，体育政策中社会资本概念的明晰性、目标达成的评判标准等方面的问题。Fred Coalter 认为在一些体育政策文献中，有关社会资本的概念一直是模糊的，没有清晰精确地表达社会资本的意思及体育运动在社会资本生成中所起的作用。[③] Russell Hoye 等研究了英联邦等四国体育政策中社会资本相关内容。[④] 该研究认为这些涉及社会资本方面的体育政策最明显的缺点是缺少一些有意义的社会资本方面的目标、测量策略以及判断这些政策实施结果的评估标准。Russell Hoye 等认为澳大利亚政策制定者在有关体育运动与社会资本方面明显做出了很多没有事实根据的假设，并讨论了社会资本在这些政策中的应用。[⑤] 第二，体育政策实施有损社会资本培育方面的问题。Fred Coalter 研究认为，体育运动、运动俱乐部具有培育社会资本的功能，英国新的政策存在损害体育志愿部门本质特性和优点的风险。[⑥] 第三，体育政策制定与实施过程中存在的种族歧视问题。Kevin Hylton 通过“黑人和少数民族体育运动”（他在体育运动领域致力于种族平等，反对种族歧视）分析了体育运动网络与社会资本、体育运动网络与种族，概述了英国体育的制度性结构是怎样系统、

---

① 〔美〕弗兰西斯·福山：《公民社会与发展》，曹荣湘选编《走出囚徒困境——社会资本与制度分析》，上海三联书店，2003，第 87 页。

② Russell Hoye and Matthew Nicholson. Locating Social Capital in Sport Policy. Matthew Nicholson and Russell Hoye. *Sport and Social Capital*. Published by Elsevier Ltd. 2008：70 – 87.

③ Fred Coalter. *A Wider Social Role for Sport——Who's Keeping the Score*? First published 2007 by Routledge.

④ Russell Hoye and Matthew Nicholson. Locating Social Capital in Sport Policy. Matthew Nicholson and Russell Hoye. *Sport and Social Capital*. Published by Elsevier Ltd. 2008：70 – 87.

⑤ Russell Hoye and Matthew Nicholson. Social Capital And Sport Policies In Australia. *Public Management Review*. Jul2009，Vol. 11 Issue 4，pp. 441 – 460.

⑥ Fred Coalter. Sports Clubs，Social Capital and Social Regeneration：‘Ill-definedInterventions with Hard to Follow Outcomes’？*Sport in Society*，Volume 10，Issue 4 July 2007，pp. 537 – 559.

简单地将黑人排除在体育政策制定和实施过程之外的。①

另外，研究者还从如下几个方面进行了研究，一是相关体育政策的实施与社会资本方面目标的达成。Ørnulf Seippel 研究了挪威运动设施政策的制度化进程以及相关部门的操作方式。② 从公共拨款建设运动设施的效率、"体育为大众"政策目标的达成、公平合理性三个方面分析了运动设施政策实施结果（和社会资本）。二是体育社团社会责任相关政策修订。H. Thomas R. Persson 研究了丹麦语境中的社会资本与社会责任，认为体育社团社会责任的确立为丹麦体育政策的改变提供了一个契机，也为其社会资本的增加提供了一个途径。③ 三是有利于培育社会资本的社区体育管理模式。Nicola Bolton 等基于社区发展与社会资本、培育公民身份和抵制家长式管理三个主题研究了一个社区体育发展经历的案例。④ 研究认为就社区体育发展而言，要从自下而上和自上而下的两分法管理向不强调等级的管理方向转变。

8. 体育运动生成的社会资本对参与者未来的职业、收入、社会流动等方面的影响

国外学者较早就关注到体育运动生成的社会资本对参与者未来的职业、收入和社会流动产生的影响。Richard Light 等的研究表明，通过橄榄球运动，学校橄榄球队队员能够积累宝贵的社会资本，这些资本将为他们获取具有较高地位、较高收入的职业提供更多机会。⑤ James Curtis 等的研究显示，那些青少年时期参加有组织的体育活动者比那些不参加体育活动

---

① Kevin Hylton. Race Equality and Sport Networks: Social Capital Links. Matthew Nicholson and Russell Hoye. *Sport and Social Capital*. Published by Elsevier Ltd. 2008: 258 – 279.

② Ørnulf Seippel. Public Policies, Social Capital and Voluntary Sport. Matthew Nicholson and Russell Hoye. *Sport and Social Capital*. Published by Elsevier Ltd. 2008: 234 – 254.

③ H. Thomas R. Persson. Social Capital And Social Responsibility in Denmark. *International Review for the Sociology of Sport*. Mar2008, Vol. 43 Issue 1, pp. 35 – 51.

④ Nicola Bolton, Scott Fleming and Bernadette Elias. The Experience of Community Sport Development: A Case Study of Blaenau Gwent. *Managing Leisure* 13, 92 – 103 (April 2008).

⑤ Richard Light and David Kirk. Australian Cultural Capital—Rugby's Social Meaning: Physical Assets, Social Advantage and Independent Schools. Culture, Sport, Society. Vol. 4, No. 3 (Autumn 2001), pp. 81 – 98.

者，成年时每年获得更多的收入。[①] 一个主要原因就是青少年时期体育活动参与为其增加了“文化和社会资本”以及“物质资本”。Grant Jarvie 研究认为，通过体育运动和教育培育的社会资本可以缩小人们之间的差距。[②]体育运动和教育已经成为社会流动、摆脱贫困以及缩小人们之间差距的主要路径。Sine Agergaard 等研究了丹麦足球俱乐部中部分男性少数民族运动员在他们职业生涯开始阶段社会流动的前景。研究认为，运动员社会流动的可能性取决于运动员的身体资本是否被承认，是否被转换为文化、社会和经济资本。

另外，依照马克·格兰诺维特（Mark Granovetter）的“弱关系”（Weak Tie，亦译弱链接）理论，在职业流动中，弱关系是创造机会的一种重要资源。[③] Cora Burnett 研究表明，社区体育俱乐部参与培育的社会资本能够增加就业机会，获得与就业相关的技能。[④]

9. 体育运动（组织）参与与社会资本之间关系的测量

社会资本的测量是社会资本研究的一个重点领域，学者主要选取了一些具有代表性的社会资本指标，对体育运动（组织）参与与社会资本之间的关系进行了测量。Liam Delaney 等解释了不同类型运动参与和社会资本的单独测量之间的联系。[⑤] 通过测量表明，不论是在欧盟各国水平上还是在英国国内个体水平上，社会资本和体育运动参与之间都具有实质性正相关关系。控制几个不同类型的个体特征做进一步研究显示，虽然运动俱乐部会员身份确实影响着健康和社会交往，但是对政治参与和个人的信任基本没有影响。Kevin M. Brown 分析了来自 Lund（瑞典南部城市）和 Ballarat（澳大利亚维多利亚州的第二大区域性中心）两地

---

① James Curtis, William Mc Teer, Philip White. Do High School Athletes Earn More Pay? Youth Sport Participation and Earnings as an Adult. *Sociology of Sport Journal*, 2003, 20, 60 - 76.

② Grant Jarvie. Narrowing the Gap through Sport, Education and Social Capital. Matthew Nicholson and Russell Hoye. *Sport and Social Capital.* Published by Elsevier Ltd. 2008: 94 - 108.

③ 〔美〕戴维·波普诺：《社会学》（第十版），李强等译，中国人民大学出版社，2003，第135页。

④ Cora Burnett. Sport-for-Development Approaches in the South African Context: A Case Study Analysis. *South African Journal for Research in Sport, Physical Education and Recreation*, 2010, 32 (1): 29 - 42.

⑤ Liam Delaney, Emily Keaney. *Sport and Social Capital in the United Kingdom: Statistical Evidence from National and International Survey Data.* December 2005.

的样本数据，结果显示体育运动或娱乐组织会员在一些社会资本测量指标方面的得分明显高于其他类型社区组织成员。[①] Seung Pil Lee 等研制（主要是改编）了一套“体育运动的社会影响量表”以及一组简化的全球性测量指标体系。[②] 大学生调查和结构模型分析结果支持这两套测量工具。调查结果显示：参与社区性体育运动的频率对社会资本、集体认同和健康素养具有统计学上显著的正面影响；在电视上观看大学生足球赛的频率对社会资本、集体认同和健康素养的感知具有统计学上显著的负面影响。

10. 体育运动生产的社会资本的消极功能

“社会资本显然存在着不少消极的方面。同样对团体成员有帮助的硬关系，也往往使其能排除外人。”[③] 学者也较早关注到体育运动生成的社会资本所具有的消极功能，其研究主要集中在社会排斥（社会排斥意味着这样一个过程：个人或群体被全部或部分地排除在充分的社会参与之外[④]）、种族主义、边缘化等方面，实际上种族主义、边缘化都是社会排斥的不同表现形式。Mark Dyreson 认为，人们应该看到篮球文化会产生一些使社会失调的功能。[⑤] 性别歧视者、种族主义者以及反社会的胡言乱语经常充斥着随意组织起来的篮球比赛场所。Mike Collins 将包容性政策与“跨领域问题”和社会资本概念联系起来，研究了部分个体是怎样被排斥在体育运动之外的。[⑥] Matthew Tonts 研究认为，在澳大利亚西部的“北麦带”地区，由体育运动培育的社会资本的“阴暗面”是明显的，对一些居民而言，其

---

① Kevin M. Brown. Community Sport/Recreation Members and Social Capital Measuers in Sweden and Australia. Matthew Nicholson and Russell Hoye. *Sport and Social Capital*. Published by Elsevier Ltd. 2008：166 - 182.

② Seung Pil Lee，T. Bettina Cornwell，Kathy Babiak. Developing an Instrument to Measure the Social Impact of Sport：Social Capital，Collective Identities，Health Literacy，Weil-Being and Human Capital. *Journal of Sport Management*. Jan2013，Vol. 27 Issue 1，p. 24.

③ 〔美〕亚历山大德罗·波茨、帕特里夏·兰多特：《社会资本的下降》，李惠斌、杨雪冬主编《社会资本与社会发展》，社会科学文献出版社，2000，第 306 页。

④ 代利凤：《社会排斥理论综述》，《当代经理人》2006 年第 4 期。

⑤ Mark Dyreson. Maybe It's Better to Bowl Alone：Sport，Community and Democracy in American Thought. *Culture*，*Sport*，*Society*，Vo1. 4，No. 1（Spring 2001），pp. 19 - 30.

⑥ Mike Collins. Sport，Physical Activity and Social Exclusion. *Journal of Sports Sciences*，2004，22，pp. 727 - 740.

可能导致社会排斥和“边缘化”。[①] Irene Kamberidou 等认为，我们应该看到体育运动生成的社会资本的负面效应，由于体育政策并不总是如其宣扬的那样提供社会利益，因“排斥”以及商业化、使用兴奋剂、制度化的性别假冒等因素的存在，体育运动还未形成一种培育和再生产能够加强社会凝聚力和消除社会排斥的社会资本形式。[②] Dwight Zakus 认为，体育运动是一把双刃剑。[③] 它对社会既具有强大的巩固作用，又具有分裂作用。应该围绕“体育运动为什么经常成为一个体现社会‘排斥’和‘边缘化’的地方”这个问题展开研究。因为“排斥”承载了许多社会、经济和文化因素，但是“排斥”通常都是基于种族、性别、能力和地域等因素。由此，一些研究者认为，澳大利亚的体育运动和娱乐场所是不同的种族群体产生冲突和争议的场所。

另外，学者还研究了体育运动培育的社会资本在被用于反社会和欺骗等方面的消极功能。Catherine Palmer 等研究认为，在很多方面，“Groggies”（“烈酒小组”是由一些南澳大利亚足球支持者组成的团体，酗酒是这个只有男性球迷团体的一个中心内容）身份是“坏”社会资本的典型——将稠密的关系网络用于恶意或反社会目的。Dino Numerato 等将社会资本的“阴暗面”界定为只有利于一些人的信任、社会关系和共享的理念及规范情境，而对其他个体、体育运动甚至整个社会是有害的；或者将社会资本理解为试图操纵和滥用信任得到某种特殊利益，并主张大多数运用其概念的相关研究主要调查体育运动实践，而不是体育管理。[④]

（三）分析与启示

1. 分析

笔者对国外体育运动与社会资本相关研究成果的研究内容、研究方

---

① Matthew Tonts. Competitive Sport and Social Capital in Rural Australia. *Journal of Rural Studies*. Volume 21, Issue 2, April 2005, pp. 137 - 149.

② Irene Kamberidou and Nikolaos Patsadaras. A New Concept in European Sport Governance: Sport as Social Capital. *Biology of Exercise*. Volume 3, 2007, pp. 21 - 34.

③ Dwight Zakus, James Skinner and Allan Edwards. SocialCapital in Australian Sport. *Sport in Society*. Vol. 12, No. 7, September 2009, pp. 986 - 998.

④ Dino Numerato, Simone Baglioni. The Dark Side of Social Capital: An Ethnography of Sport Governance. *International Review for the Sociology of Sport*. Dec2012, Vol. 47 Issue 5, pp. 594 - 611.

法、作者的学科背景以及相关体育政策等方面进行了梳理，认为其具有以下主要特点及总体发展趋势。

（1）选题面广，研究视角新颖、多维，注重实证研究

选题面广，研究议题较多，内容丰富，既研究了体育社会组织参与与社会资本生成，又关注了体育商业组织在社会资本培育中的作用；既研究了足球运动对弱势群体——无家可归者社会资本的培育，又探究了体育运动对身处“异国他乡”、具有难民背景的索马里人社会资本的贡献程度和方式；既研究了体育运动培育的社会资本积极功能的一面，又以批判的眼光解析了其消极功能（社会排斥、种族主义和边缘化等）的一面。

将种族、民族、阶层、性别、移民等变量引入了该研究领域，通过视角的研究发现：体育运动的社会资本存在跨种族、民族、阶层以及不同性别、移民等方面的差异。

注重实证性检验，实证性研究成果居多，且基本为案例实证。研究成果涉及宏观、中观、微观层面的社会资本概念，其中以运用中观、微观层面社会资本概念的研究内容居多。

（2）研究者学科背景多元化，研究方法多样化

国外从事体育运动与社会资本相关研究的学者学科背景较为多元，除体育学外，还有社会学、政治学、经济学、人类学、管理学等学科。如最早研究体育运动与社会资本的罗伯特·D. 普特南，既是一位政治学家，又是一位社会学家，其标志性成果（《使民主运转起来——现代意大利的公民传统》《独自打保龄球：美国下降的社会资本》《独自打保龄球——美国社区的衰落与复兴》）证明了体育运动与社会资本之间的因果联系。其他还有挪威的 Ørnulf Seippel、美国的 Mark Rosentraub 教授、爱尔兰的 Liam Delaney 和澳大利亚的 Larry Dwyer 等。

在研究资料搜集方面，主要采用了问卷法、观察法、文献法、访谈法、个案法、田野调查法、民族志研究方法、实验法、CATI（计算机辅助电话访问，Computer Assisted Telephone Interview）等；在研究资料分析方面，主要采用了理论分析方法、比较法及因子分析、回归分析、单因素方差分析等统计分析方法。可见，为了探索体育运动与社会资本之间的因果关系，更好地发挥体育运动培育社会资本的功能，国外学者不断地运用新的技术手段（电话、计算机、网络等）来辅助研究资料的搜集与分析。

(3) 以体育运动生成社会资本为研究重点，聚焦于基层体育组织和足球运动

体育运动与社会资本研究以体育运动生成社会资本为重点，笔者根据社会资本生成路径的差异，将其分别概括为：体育社会组织参与生成论，体育运动参与生成论，体育志愿服务（精神）生成论，体育赛事生成论，体育运动器材、设施生成论。

体育社会组织生成社会资本方面的研究主要集中在社区体育组织、体育运动俱乐部和体育志愿组织三个方面。在研究体育运动参与生成社会资本方面，大部分以社区体育参与者为研究对象；在具体运动项目方面，以足球运动项目为主。

(4) 研制测量工具，注重体育运动与社会资本之间因果关系的测度

著名社会学家埃米尔·迪尔凯姆（Emile Durkheim）认为："社会的许多现象表明，只凭人们的主观想象是不能处理的……用观念估量事物，就好比一种浮光掠影，外表似乎明白，内里却含糊不清。"[①] 因此，必须将体育运动与社会资本两者之间的关系操作化，使其转化为在经验层面能够观察测量的具体指标体系，以这些指标体系为理性的测量工具对体育运动与社会资本之间的逻辑关系进行测量论证。学者运用改编、研制的指标体系测量表明：体育运动（组织）参与与社会资本之间存在正相关关系。

(5) 将社会资本理念融入体育政策制定与实施中，充分发挥科学研究对体育政策的评价服务功能

鉴于体育运动在生成社会资本方面功能显著，一些发达国家（如加拿大、澳大利亚、英国等）不仅将社会资本（Social Capital）及其相关概念[如公民社会（Civil Society）、团队合作（Teamwork）、社区活动参与（Engage in Community Activities）、社会关系和网络（Social Ties and Networks）][②] 和体育运动在培育社会资本方面的功能纳入体育政策及其实施目标；而且在体育政策制定和实施过程中让公民参与进来，充分发挥公民在参与、监督、评估等方面的作用。同时，学者又立足于社会资本培育的视角，以批判的眼光来审视相关体育政策。

① 〔法〕埃米尔·迪尔凯姆：《社会学的方法规则》，胡伟译，华夏出版社，1999，第16页。

② Government of Canada (2001): 5 - 6; Commonwealth of Australia 2001: 2; Sport and Recreation New Zealand Act (2002).

（6）研究成果数量和质量呈不断上升趋势，以发达国家居多

该领域在2000年以前的研究成果很少，而21世纪关注该领域的学者越来越多，研究成果的数量与质量迅速上升，自2003年以来，在英国《体育科学杂志》（*Journal of Sports Sciences*）等SCI期刊上已发表相关研究论文9篇（总计10篇），主要出自加拿大和英国学者的笔下。

该领域的研究成果主要出自美国、澳大利亚、英国、加拿大等发达国家，以澳大利亚为最多，尤其是其拉筹伯大学（La Trobe University）的成果最多，另外还有英国的斯特林大学（University of Stirling）和拉夫堡大学（Loughborough University）。这一方面说明这些国家的大众体育发展得好，较好地发挥了其培育社会资本的功能，引起了较多学者关注这个领域；另一方面与笔者只搜集了英文文献也有些关系，因这几个国家的母语均为英语。

2. 启示

（1）积极吸收其他学科的学者参与研究，拓宽研究视野，引进新的研究方法

国内其他学科的学者很少介入体育运动与社会资本领域的研究（从笔者搜集的资料来看，厦门大学社会学系徐延辉教授是唯一做过该方面研究的其他学科学者）。因而，应积极吸收其他学科的学者参与该领域研究，这样一方面可以将不同学科的理论、研究方法引入该领域，使研究视域更加开阔，立论基础更加坚实，研究方法更加丰富、科学，问题分析解释更加全面、透彻，提出的解决问题措施更加合理，针对性更强；另一方面可以增加相关研究成果的说服力和影响力，更容易取得突破性研究成果。

（2）突出研究重点，注重经验实证性研究，实现社会资本理论与实践的对接

比较而言，国内研究选题面窄，议题少，主要集中在体育运动与社会资本生成、利用社会资本发展体育运动、社会资本与体育用品企业、社会资本与体育专业毕业生就业四个方面。同时，后两个方面虽然出现了体育和社会资本这两个词，但这些研究中并没有涉及体育运动与社会资本，它只是研究了社会资本与企业、学生找工作之间的关系，只不过这个企业生产的是体育用品，学生是体育专业的学生而已，并非体育运动生成的社会资本对体育用品企业、体育专业毕业生找工作方面的影响。

国内研究成果没有突出“体育运动生成社会资本”这个研究重点，且现有的该方面研究存在以下不足：第一，研究内容主要是理论层面的逻辑推导与论证，经验实证性研究很少；第二，研究内容不全面，研究较为“笼统”，没有细化、具体化；第三，很少将性别、阶层这些变量引入该领域；第四，研究机构聚焦于体育运动在培育社会资本“正”功能方面，未见到有关消极功能方面的研究。因此，今后要以体育运动生成社会资本为研究重点，注重经验实证性研究，实现社会资本理论“下沉”，落实到“实践”。同时，也要注意到体育运动生成社会资本的消极功能，实际上，研究消极功能可以更好地采取措施减少其消极功能。

（3）研制客观科学、认同度高的测量指标体系，准确测度体育运动生成的社会资本

如何准确测量社会资本，这既是社会资本研究的一个重点领域，也是一个存在较大分歧的领域。不同研究者在学科背景、研究视角及从事的具体研究等方面的差异，导致了他们从不同层面（宏观、中观、微观）界定和使用社会资本概念，这也自然促使他们在社会资本测量技术方法及测量指标方面存在差异。从搜集的文献来看，国内外在体育运动生成社会资本测量指标体系方面的研究成果很少。因此，通过研究，设计出客观科学、业界认同度高的测量指标体系，通过指标体系将体育运动生成社会资本现象质的方面和量的方面紧密结合起来，以便准确测度体育运动生成社会资本这一现象的特征，提升体育运动生成社会资本方面研究成果的可信度，是该领域学者共同面临的一个大课题。

（4）将培育社会资本作为开展全民健身活动的一项目标纳入新制定的体育政策，在体育政策制定和实施中充分发挥公民的参与、监督、评估等方面的作用

实际上，党中央也认识到体育运动在培育社会资本方面的功能，2002年中共中央国务院颁发的《关于进一步加强和改进新时期体育工作的意见》（中央 8 号文）指出：“体育有助于培养人们的协作精神和公平观念……增强国家和民族的向心力、凝聚力。”“体育是促进友谊、增强团结的重要手段。通过体育活动，能够扩大人们的情感交流，增进人与人之间的相互了解，改善人际关系。”这其实就是表明体育运动在促进合作、培养公平规范、增进信任、构建和改善人际关系网络等社会资本方面的功能，只不过表述不同而已。但是《全民健身计划纲要》《全民健身计划

(2011－2015年)》等规范性文件及体育事业“十二五”规划并未涉及这些方面的内容，还是将体育运动的功能仅仅局限于增强体质、增进健康等生物性目标。并没有将“中央8号文”中上述精神体现出来。或者说这些体育政策的制定者还没有“充分认识体育在经济、社会发展中的重要地位和作用”。[①] 因此，体育政策的制定者要加强学习发达国家的体育政策，在制定全民健身相关的体育政策中应该考虑将体育运动培育社会资本功能的相关内容纳入进来。只有如此才能既体现中央文件精神，又客观真实地反映体育运动的多元功能。

(5) 在本土化检验的基础上，批判性地接受国外体育运动与社会资本的相关理论

由于国内外存在体育环境、人际关系建构和认同等方面的差异，国外研究形成的理论并不一定适用于国内。如美国著名社会学家马克·格兰诺维特（Mark Granovetter）研究表明：“求职者往往通过弱关系而不是强关系来找工作，并且利用弱关系的人比利用强关系的人对新工作更加满意。”[②] 与格兰诺维特不同，香港科技大学边燕杰教授研究发现：“在中国社会，强关系而不是弱关系更有可能成为帮助者和求职者之间的桥梁。”[③] 因此，关于国外体育运动与社会资本的相关理论，我们要在本土化检验的基础上批判性地接受。

四 社会资本测量研究成果回顾

(一) 国外社会资本测量研究成果回顾

1980年，布迪厄从社会学角度提出“社会资本”概念，并把它界定为“团体成员通过团体网络关系获得的现实的或者潜在的经济或者文化资源，这些资源与相互默认或承认的关系所组成的持久网络有关，而且这些关系或多或少是制度化的”。基于其定义，他认为社会资本的量可以从两个方面进行测量：团体成员的网络范围以及团体成员能够动员的经

① 〔美〕亚历山大德罗·波茨、帕特里夏·兰多特：《社会资本的下降》，李惠斌、杨雪冬主编《社会资本与社会发展》，社会科学文献出版社，2000，第306页。

② Granovetter Mark S. The Strength of Weak Ties. *Am J Sociol*, 1973, 78 (6): 1360－1380.

③ 周长城：《经济社会学》（第二版），中国人民大学出版社，2011，第96、97页。

济和文化资本。[①] 在此布迪厄只是为社会资本的测量提供了一个方向性的思路，因为他提出的“网络范围”与“经济和文化资本”都是潜变量，是不能进行直接测量的，因此在实践中真正测量社会资本还要将这两个潜变量进一步具体化为相对应的指标，因为“指标是用来捕获和再现理论维度的经验工具，即理论维度的一种代表”。[②]

普特南开创了社会资本实证测量之先河，在其1993年出版的代表作《使民主运转起来——现代意大利的公民传统》（*Making Democracy Work——Civic Traditions in Modern Italy*）中，将社团（体育团体和体育运动俱乐部是其主要部分）数量、读报的概率、全民公决投票率、特别支持票投票概率作为测量社会资本的四项重要指标。普特南通过分别统计意大利北部和南部部分地区社团的数量及社团成员的数量来间接地测量社会资本，即

$$SC = \sum (O_i + M_i)$$ [③]

1995年，普特南以保龄球社团等社会组织数量的减少，以及加入这些互助性组织人数的减少，来证实美国社会资本的下降。[④]

2000年，普特南从政治参与、公民参与、宗教参与、工作联系、非正式社会联系、利他主义、志愿活动、慈善活动、互惠、信任、（小型）社团、社会网络、互联网13个维度来测量分析美国社会资本变化趋势。[⑤]

弗兰西斯·福山（Francis Fukuyama）在1995年出版的《信任：社会道德与繁荣的创造》（*Trust：The Social Virtues and the Creation of Prosperity*）中认为：“所谓社会资本，则是在社会或其下特定的群体之中，成员之间的信任普及程度。”[⑥] 他在比较经济组织和产业结构发展的案例研究后，根

---

① P Bourdieu. *The Forms of Capital*, *in the Handbook of Theory*: *Research for the Sociology of Education*. J. G. Richardson, Editor. 1986, Greenwood Press: New York. pp. 241 – 258.

② 袁方主编《社会研究方法教程》，北京大学出版社，2004，第295页。

③ O_i 为某个特定社会中社团的数量，M_i 为某个特定社会中社团成员数量。

④ R. D. Putnam. Bowling Alone: America's Declining Social Capital. *Journal of Democracy*, 1995 (1): 65 – 78.

⑤ R. D. Putnam. Bowling Alone. *The Collapse and Revival of American Community*. New York: Simon, Schuster, 2000.

⑥ 〔美〕弗兰西斯·福山：《信任：社会道德与繁荣的创造》，李宛蓉译，远方出版社，1998，第35页。

据这个唯一的指标（信任的普及程度）区分了高信任社会（德国、日本和美国）与低信任社会（东欧国家、中国、意大利南方和法国）。

1997 年，两位世界银行发展研究小组（人类发展和公共服务团队）（Human Development and Public Services Team）首席经济学家斯蒂芬·奈克和菲利普·基弗在其《社会资本具有经济回报吗？——一个跨国的调查》（Does Social Capital Have an Economic Payoff? ——A Cross - country Investigation）一文中“为‘社会资本’测量经济绩效提供了证据，该研究利用信任和公民合作规范两项指标，这两项指标来自一个对 29 个市场经济国家的‘世界价值观调查’。”① “该研究为社会资本的这些维度的重要性提供了一些理念，提供了迄今为止信任与公民合作对总体经济活动显著影响最有力的证据。”②

1997 年，杜克大学的约翰·威尔逊和马克·缪其克在《谁关心呢？志愿工作的一个整合理论》（Who Cares? Toward an Integrated Theory of Volunteer Work）中认为，“集体行动需要社会资本，用家庭中孩子的数量和非正式社会互动作为测量社会资本的两项指标”，③ 并且对这两项指标分别做出解释：“一些学者研究报告称，经常与朋友、熟人交谈、聚会比很少出门或者没有朋友的人更可能参与志愿行动。我们的第二个社会资本的指标不是那么直接。我们假设家庭中仍然有孩子生活的父母受访者比没有孩子的人，有更多的社会接触、更高的社会交往比例，因为他们的孩子把他们拉进社区活动。家庭中有儿童增加志愿服务这是得到公认的。”④

1997 年，悉尼科技大学的詹妮·渥尼克斯（Jenny Onyx）教授和保罗·布伦（Paul Bullen）在 *Measuring Social Capital in Five Communities in NSW* 中，“开发了一套社区组织社会资本的测量工具，用以评估社区组织社会资本以及社会资本在构建公民参与中的影响。他们使用从五个澳大利

---

① Stephen Knack, Philip Keefer. Does Social Capital have an Economic Payoff? ——A Cross-country Investigation. *The Quarterly Journal of Economics*, November 1997: 1251 - 1286.

② Stephen Knack, Philip Keefer. Does Social Capital have an Economic Payoff? ——A Cross-country Investigation. *The Quarterly Journal of Economics*, November 1997: 1251 - 1286.

③ John Wilson, Marc Musick. Who Cares? Toward an Integrated Theory of Volunteer Work. *American Sociological Review*, 1997, Vol. 62 (October: 694 - 713).

④ John Wilson, Marc Musick. Who Cares? Toward an Integrated Theory of Volunteer Work. *American Sociological Review*, 1997, Vol. 62 (October: 694 - 713).

亚社区搜集的数据，确定了一个总体的潜在因子，以及八个主要的独立或正交因子，这些因子总共能解释说明社会资本方差的约50%。依据它们对潜在因子的贡献，这八个因子依次分别是：参与本社区的活动，社会能动性，信任和安全感，邻里联系，家人和朋友联系，对多样性的宽容，生命的价值和工作联系”。桂勇、黄荣贵（2008）认为：“渥尼克斯等人所建构的量表包含一些不属于社会资本的指标，例如安全、对多样性的容忍度和生命的价值等；而社会能动性是否属于社会资本，也是值得商榷的问题。”①

1999年，俄亥俄州立大学（Ohio State University）的帕米拉·帕克斯顿在《美国社会资本正在下降吗？一个多重指标的评估》中认为，“社会资本包括两个组成部分：①个体之间的客观关联——必须有一个客观的网络结构将单个个体连接起来，这部分表明，在社会空间中单个个体是彼此连接在一起的；②一个主观类型的连接——两两个体之间的连接关系必须是一种特殊的类型——互惠、信任以及含有积极的情感。”②“评估社会资本，需要一个包含多种指标，并随着时间推移的社会资本模型。”③“我探究了将信任和联系（或社团）综合起来作为社会资本的测度措施。”④

她对构建的信任模型的验证性因素分析基于两个维度：对其他单个个体的普遍信任和对组织中个体的信任。

第一个维度，对其他单个个体的普遍信任，有三个可观察的分指标：①“你说大多数时候人们乐于助人，或者说，他们基本上只关注他们自己？”（乐于助人）②“你认为大多数人如果有机会的话，他们会试图利用你，或者他们会尽量公平？”（公平）③“一般说来，你说，大多数人是可以信任的，或者你在与人打交道过程中无论怎么小心都不为过？”（信任）。

---

① 桂勇、黄荣贵：《社区社会资本测量：一项基于经验数据的研究》，《社会学研究》2008年第3期。

② Pamela Paxton. Is Social Capital Declining in the United States? A Multiple Indicator Assessment. *The American Journal of Sociology*, Vol. 105, NO. 1 (Jul., 1999), 88 - 127.

③ Pamela Paxton. Is Social Capital Declining in the United States? A Multiple Indicator Assessment. *The American Journal of Sociology*, Vol. 105, NO. 1 (Jul., 1999), 88 - 127.

④ Pamela Paxton. Is Social Capital Declining in the United States? A Multiple Indicator Assessment. *The American Journal of Sociology*, Vol. 105, NO. 1 (Jul., 1999), 88 - 127.

第二个维度，对组织中个体的信任。其考虑了三种常规组织：有组织的宗教组织（宗教）、教育系统（教育）以及政府，其中政府分成联邦政府的行政部门（行政）和国会（立法机关）。这些变量中的每一个都从这个问题中产生：我打算在这个国家命名一些组织机构。就管理这些机构的人来说，“你说你有很大的信心，只有一些信心，或者对他们几乎没有任何信心?”

在社会资本测量模型中，她希望用三个指标来提高个人不可观测的联系水平：①受访者多久会与某个邻居共度一个傍晚（与邻居共度傍晚）；②受访者多久会与不住在临近的朋友共度一个傍晚（与一个朋友共度傍晚）；③成员个人在志愿组织的总人数（组成员）。相应的，她想到前两个指标会受一个人总的联系交往水平升高的影响：受访者对他们居住的城市或地方的满意度（对城市的满意）以及受访者对友谊的满意度（对友谊的满意）。并且她列举了具有高社会资本邻居和低社会资本邻居的一些不同表现形式。

美国匹兹堡大学的 Carrie R. Leana 教授和新墨西哥大学的 Harry J. Van Buren Ⅲ教授在《组织社会资本与雇佣实践》一文中将“组织社会资本”定义为“一种反映了组织内部社会关系性质的资源，通过组织内部成员们的集体目标导向和共享信任的水平实现”。[①] 文中将“组织社会资本”的主要组成部分分为相关性（Associability）和信任（Trust）。其中，相关性（Associability）主要涉及共同的目标和共同的行动（Collective Goals and Collective Action），并将信任进一步划分为脆弱与弹性信任（Fragile Versus Resilient Trust）、相对信任与一般信任（Dyadic Versus Generalized Trust）。因此，相关性是各个个体界定集体目标，然后共同实现目标的意愿和能力。相关性同时拥有自己的情感成分（如集体主义情感）和以技能为基础的组成部分（如协调活动的能力）。在从事集体行动的意愿和能力方面与自身有强相关性是组织社会资本排在第一位的因素，而信任是组织社会资本的另一个关键因素。

美国杜克大学教授安尼路德·克里希那（Anirudh Krishna）和乔治·华盛顿大学兼职教授伊丽莎白·施雷德（Elizabeth Shrader）在前世界银行

---

① Carrie R. Leana, Harry J. Van Buren Ⅲ. Organizational Social Capital and Employment Practices. *Academy of Management Review*. 1999, Vol. 24, No. 3, 538-555.

社会发展部首席经济学家克里斯蒂安·格鲁特尔特（Christiaan Grootaert）与蒂埃里·范·巴斯特雷尔（Thierry van Bastelaer）合编的《理解和测量社会资本——一个多学科执业者的工具》（*Understanding and Measuring Social Capital——A Multidisciplinary Tool for Practitioners*）一书的“第二章：社会资本评估工具：设计与实施”（The Social Capital Assessment Tool: Design and Implementation）中提出“测量社会资本的工具必须符合以下最低标准”。[①]

①它必须承认文化变化并对其敏感，同时在同一时间提供了一个统一的概念框架；②它必须既考虑到社会资本的结构性维度，又考虑到其认知性维度，必须对网络和规范两个方面进行评估，以获得互利集体行动总潜力的有效估计；③它必须主要构建在当地群众认为集体执行是适当的活动基础上；④它应该采用定性和定量相结合的研究方法构建。

这四条标准不仅在理论上有效，而且在实践中也有助于解决测量问题。例如，是否只包括横向组织或既包括纵向组织又包括横向组织可以根据第三条标准条款来确定。

这个“社会资本评估工具”（the Social Capital Assessment Tool，简称SOCAT）包括三个工具：社区调查指引概要、家庭调查指引概要和组织调查指引概要。这些工具是在总结了一大套研究工具后开发出来的，曾在15个不同的国家利用这一大套研究工具进行了超过25项应用研究。

“社区调查指引概要”分为两个部分：开放式社区讨论（访谈指引包括六个部分：界定社区边界和识别社区资产、讨论社区集体行动的案例研究、讨论社区治理和决策过程、对当地组织的认同、社区内不同组织与社区之间关系的评估、组织网络），结构性社区访谈（该部分问卷聚焦于七种不同类型的社区资产与服务：社区的一般特征、主要服务、劳动力迁移、教育、健康、环境问题、社区支持）。

“家庭调查指引概要”有五个主要部分：家庭介绍、家庭特征、家系图、社会资本的结构维度（该部分包括：组织密度和特性、对于网络和相互支持的期望、排外、以前的集体行动）、社会资本的认知维度（该部分分为三个部分：团结、信任和合作、冲突和冲突解决）。

---

① Christiaan Grootaert, Thierry van Bastelaer. *Understanding and Measuring Social Capital——A Multidisciplinary Tool for Practitioners*. Washington, D. C. World Bank: 23, 2002.

“组织调查指引概要”旨在评估特定地方组织的内部特征以及描绘它们与其他组织的关系和网络。其主要介绍了如何与组织领导、成员和非成员进行一系列半结构式访谈来搜集数据材料，包括访谈对象的选取、访谈时间的控制等方面。

2000 年，澳大利亚统计局（Australian Bureau of Statistics，简称 ABS）在《测量社会资本：当前搜集与未来发展方向》（*Measuring Social Capital*：*Current Collections and Future Directions*）中，从“社会网络和支撑结构，社会和社区参与，公民及政治参与和赋权，对人和社会机构的信任，对多样性的宽容，利他主义、慈善和志愿工作”六个维度来测量社会资本，其中包括 31 项指标。①

2001 年，迪帕·纳拉扬（Deepa Narayan）博士（迪帕·纳拉扬是一位独立的国际贫困、性别与发展顾问和作家，拥有在世界银行、联合国和其他非政府组织超过 25 年的工作经验。她被总部设在美国的《外交政策杂志》评为 2011 年 100 个最有影响力的全球思想家之一。2011 年她被《印度今天》——*India Today* 命名为印度 35 位伟大的思想家之一）和迈克尔·卡西迪（Michael F. Cassidy）博士对以往社会资本测量方面一些具有代表性的成果进行了回顾总结，其中包括世界价值观调查（World Values Survey）；新南威尔士研究（New South Wales Study）；社会资本的晴雨表，哥伦比亚（The Barometer of Social Capital，Colombia）（其中，作者确立了八个维度：制度信任、公民参与、相互关系和互惠、横向的关系、等级结构、社会控制、公民共和主义和政治参与）；美国国家公民的健康指数（Index of National Civic Health，USA）（其中测量的五个维度分别是政治参与、信任、社团的成员、安全和犯罪、家庭的稳定和完整性）；全球社会资本调查的当前研究。她们发现：在上述研究中“信任”和“社团成员身份或参与本社区活动”包含在所有研究中，另外，犯罪与安全、跟家人和朋友的关系、互惠、政治参与、邻里关系、主观幸福感等在部分研究中被采用。在以往研究的基础上，她们设计了一个社会资本测量指标体系，该体系包括 7 个一级指标、27 个二级指标（见图 2－2）。

---

① Australian Bureau of Statistics（ABS）. *Measuring Social Capital*：*Current Collections and Future Directions*. ABS Discussion Paper，ABS，Canberra. November 2000：3.

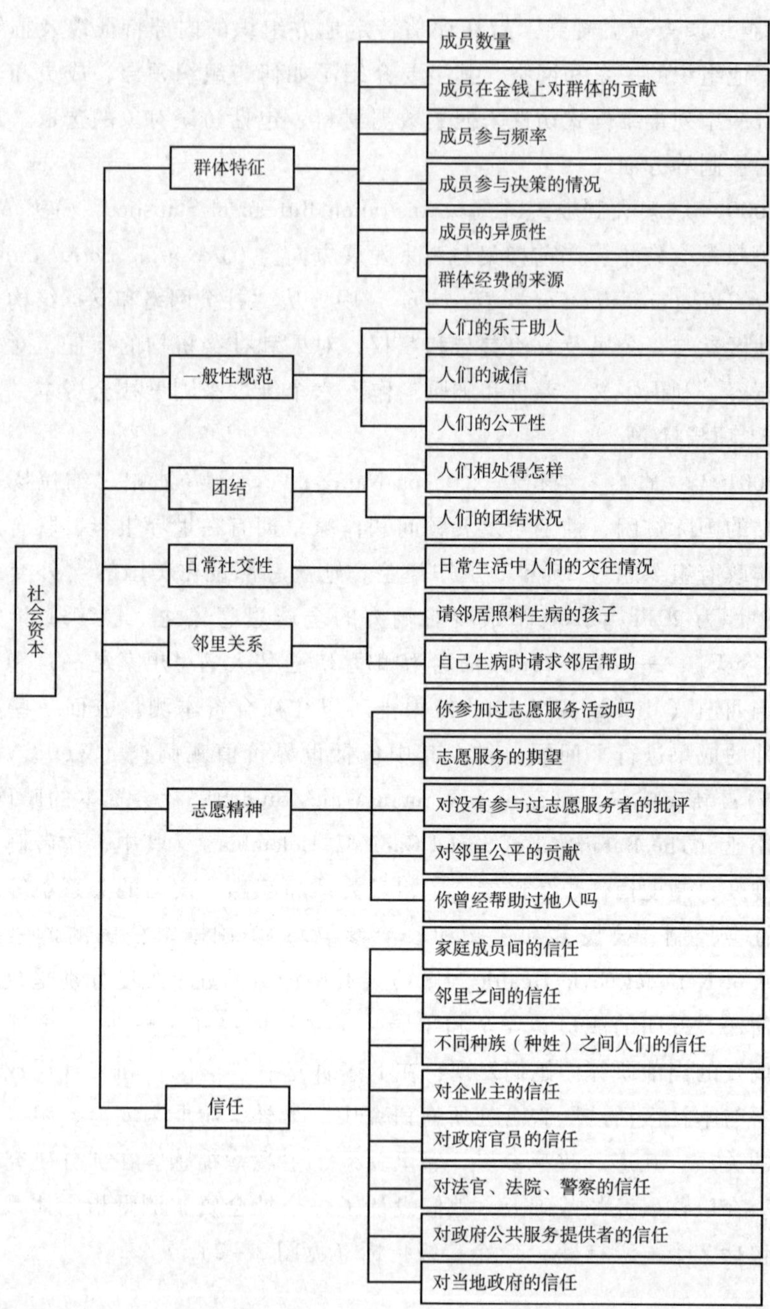

图 2－2 Deepa Narayan 和 Michael F. Cassidy 设计的社会资本测量指标体系

注：上图译至 Deepa Narayan and Michael F. Cassidy，A Dimensional Approach to Measuring Social Capital：Development and Validation of a Social Capital Inventory.

Jan W. Van Deth（2003）的《测量社会资本：正统的做法和持续的争论》（Measuring Social Capital：Orthodoxies and Continuing Controversies）一文，在对前面社会资本测量经典文献回顾的基础上，建构了一个“社会资本测量模型”，[①] 该模型将社会资本的测量分为3个维度12项指标，它们分别是：关系网络（参与志愿社团活动、工作联系、朋友联系、家庭成员联系）；信任（个体间的信任、社会信任、信心、互惠）；规范和价值（民主取向、团结、宽容、义务）。并认为测量社会资本的指标集中于关系网络和信任两个维度及参与志愿社团活动、个体间的信任、社会信任这三项指标。

世界银行在社会资本测量研究方面做出了重要的贡献，“世界银行社会资本专题组”在广泛调研的基础上，开发了两套社会资本评估的测量工具：“社会资本评估工具”（SOCAT）和“社会资本测量综合调查问卷”（SC－IQ）。“社会资本评估工具”是一个用来在家庭、社区和组织层面搜集社会资本数据的多方面工具。其中五个主要维度被确认为社会资本有效的测量代替物，即团体和网络、信任、集体行动、社会包容性及信息与交流。[②]

世界银行网站在以“社会发展（Social Development）”为主题的“社会资本”板块中提出，“社会资本不仅仅是支撑一个社会机构的总数——它还是把它们凝聚在一起的凝聚剂”，[③] 并表明为了在实践和操作层面运用社会资本的概念，社会资本可以分为五个主要维度。[④]

团体和网络——促进和保护个人提高福利的人际关系的集合。指标如：如果你突然需要一小笔钱，除了你的直系家庭成员外，你可以求助于多少人？

---

① Jan W. Van Deth. Measuring Social Capital：Orthodoxies and Continuing Controversies. *Social Research Methodology*，2003，Vol. 6，NO. 1，79－92.

② http：//web. worldbank. org/WBSITE/EXTERNAL/TOPICS/EXTSOCIALDEVELOPMENT/EXTTSOCIALCAPITAL/0，，contentMDK：20305939～menuPK：994404～pagePK：148956～piPK：216618～theSitePK：401015，00. html.

③ http：//web. worldbank. org/WBSITE/EXTERNAL/TOPICS/EXTSOCIALDEVELOPMENT/EXTTSOCIALCAPITAL/0，，contentMDK：20185164～menuPK：418217～pagePK：148956～piPK：216618～theSitePK：401015，00. html.

④ http：//web. worldbank. org/WBSITE/EXTERNAL/TOPICS/EXTSOCIALDEVELOPMENT/EXTTSOCIALCAPITAL/0，，contentMDK：20642703～menuPK：401023～pagePK：148956～piPK：216618～theSitePK：401015，00. html.

信任和团结——培育更大的凝聚力和更强大的集体行动的人际行为元素。指标如：如果你正在照顾孩子时需要出去一会儿，你会请一个邻居帮忙照看吗？一般来说，你认为大部分人是可以信任的吗？

集体行动和合作——人们共同努力解决公共问题的能力。指标如：你作为一个志愿者帮助过一个本地社团吗？在过去6个月你参加过一次社区活动（如教堂庆典、学校音乐会、工艺展）吗？

社会凝聚力和包容性——减少冲突的风险，并通过提高被边缘化者的参与来促进他们公平地获得发展的好处。指标如：是否有些服务你或者你的家庭成员偶尔被拒绝或者只有在限定的条件下享用？

信息与交流——通过获取信息来消解消极社会资本，同时获取积极社会资本。指标如：询问一些有关交流和信息资源获取的重要工具（邮局、电话、报纸、收音机和电视）的可利用情况。

2004年，世界银行以“世界银行工作文件”（World Bank Working Papers）形式，发表了由克里斯蒂安·格鲁特尔特（Christiaan Grootaert）、迪帕·纳拉扬（Deepa Narayan）、维罗尼卡·尼汉·琼斯（Veronica Nyhan Jones）、迈克尔·武考克（Michael Woolcock）四位学者完成的“社会资本测量综合调查问卷”（Measuring Social Capital——An Integrated Questionnaire，简称SC-IQ）。该问卷主要考虑了以下六个维度。

①团体和网络：包括33个问题，这类问题主要是测量家庭成员参与不同类型的社会组织和非正式网络的性质和程度，个体对群体所做出的贡献及所得，群体成员的多样性，群体领导如何选拔产生，以及随着时间的推移个人的参与发生了怎样的改变。②信任和团结：包括6个问题，这类问题包括测量信任的经典问题，如“一般来说，你认为，大多数人是可以信任的吗？或者说你在与其他人打交道时候无论怎么小心也不为过？”主要测量对邻居、关键服务提供者、陌生人的信任情况，以及这些观念随着时间的推移发生了怎样的改变。③集体行动与合作：包括7个问题，这类问题主要测量家庭成员与社区其他成员是否在合作项目上一起工作过以及如何一起工作，他们应对危机的反应措施，以及违反社区参与期望的后果。④信息与交流：包括11个问题，这类问题主要测量穷困家庭接收有关市场状况和公共服务方面信息的渠道和手段，以及他们在大众媒体、通信工具等方面的获得程度。⑤社会凝聚力和包容性：包括23个问题，“社区”不是单一的实体，而是存在着可能导致冲突的各

种形式的分工和差异。这类问题主要测量这些差异的性质和程度，这些差异的管理控制机制，以及哪些群体被排除在主要公共服务之外，还有社会交往的日常形式等。⑥赋权与政治行动：包括15个问题，这类问题主要测量家庭成员的幸福感、个人的效能感以及影响当地事件和更广泛的政治后果的能力。①

Anne W. Taylor（2006）等从“信任、互惠、社会或社区活动参与”三个维度测量了社会资本。②

Harpham（2007）认为：“社区社会资本应该包括网络、信任、社会支持、互惠，以及非正式社会控制。”③

H. Fluera（2012）从信任和公民参与两个维度测量社会资本。④

Kitchen Peter（2012）等从投票和志愿活动两个维度测量社会资本。⑤

Hawes Daniel（2013）等从个体之间的联系、社会网络、互惠、信任、参与公共事务和社区志愿活动六个维度，在州级层面测量了美国50个州的社会资本。⑥

因社会资本测量的多样性、复杂性与差异性，我们必须在不同的测量体系中概括总结出一些获得从事相关研究的不同学者认可的核心维度。那么，这些获得较为广泛认可的测量维度是什么？有文献也对现有的社会资本测量方面的研究成果进行了归纳与分析。

卡瓦奇（Kawachi）等回顾了33篇相关文献，这些文献中经常提到的测量维度包括：信任、参与社团和组织、社会支持、志愿活动/志愿精神、

---

① Christiaan Grootaert, Deepa Narayan, Veronica Nyhan Jones, Michael Woolcock. *Measuring Social Capital——An Integrated Questionnaire.* Washington, DC: World Bank: 5-43, 2004.

② Anne W. Taylor, Carmel Williams, Eleonora Dal Grande and Michelle Herriot. MeasuringSocial Capital in a Known Disadvantaged Urban Community - Health Policy Implications. *Australia and New Zealand Health Policy*, 2006, 3: 2.

③ Harpham, Trudy. The Measurement of Community Social Capital Through Surveys. In Idiro Kawachi, S. V. Subramanian, Daniel Kin (eds.), *Social Capital and Health.* New York: Springer. 2007.

④ H. Fluera. Measuring Social Capital: A New Approach. *Managerial Challenges of the Contemporary Society.* 2012, Issue 4, pp. 219-223.

⑤ Kitchen Peter, Williams Allison, Simone Dylan. Measuring Social Capital in Hamilton, Ontario. *Social Indicators Research.* Sep 2012, Vol. 108 Issue 3, pp. 215-238.

⑥ Hawes Daniel, Rocha Rene, Meier Kenneth. Social Capital in the 50 States: Measuring State-Level Social Capital, 1986-2004. *State Politics & Policy Quarterly.* Mar2013, Vol. 13 Issue 1, pp. 121-138.

互惠、非正式社会活动、社区凝聚力、社区归属感、非正式社会控制、参与投票。①

德·席尔瓦（De Silva）等对有关社会资本测量方面的28篇文献进行研究发现，社会资本的测量主要包括8个维度，即信任、社会凝聚力、社区归属感、参与社团、社会网络、社会支持、参与公共事务以及家庭社会资本。②

通过以上国外社会资本测量研究成果回顾，发现以下几个特点。

第一，从总体发展趋势来看，初期研究成果测量指标较为简单、评价粗略，随着时间的推移，评价维度慢慢扩展，现在基本稳定在6个左右，测量指标逐渐趋于细化。

第二，研究者对社会资本的测量维度，如信任、社会网络、社团（组织）数量或参与社团（组织）、规范（包含互惠）、志愿服务或志愿精神等逐渐形成了共识，当然，由于研究对象、研究目的、学者学科背景及关注点等方面的差异，研究维度会有一些改变，选取的指标也会存在差异。

第三，除学术研究之外，世界银行及一些国家的政府部门（如澳大利亚统计局）也研制了社会资本测量工具，并将研制的工具用于测量与搜集社会资本材料，为相关制度和政策的制定服务。

第四，该方面具有广泛影响力的代表性研究成果主要出自美国学者，另外澳大利亚和印度个别学者在该方面的研究成果影响也比较大。

（二）国内社会资本测量研究成果回顾

国内研究社会资本测量的时间相对较晚，其相关研究成果或者是对国外社会资本测量研究成果的综述，或者是结合我国国情对国外社会资本测量指标进行"本土化"改造后测量，进而编制社会资本测量量表。

隋广军和盖翊中根据詹妮·渥尼克斯（Jenny Onyx）和保罗·布伦（Paul Bullen）在《在新南威尔斯五个社区测量社会资本》（*Measuring Social Capital in Five Communities in NSW*）中将社区社会资本分为8个方面

① Kawachi, I. Daniel Kim, Adam Coutts, S. V. Subramanian. Commentary: Reconciling the Three Accounts of Social Capital. *International Journal of Epidemiology*.

② De Silva, Mary, Sharon R. Huttly, Trudy Harpham, Michael G. Kenward. Psychometric and Cognitive Validation of A Social Capital Measurement Tool in Peru and Vitnam. *Social Science & Medicine*.

进行测量（见前文），结合我国城市社区的特点，认为城市社区社会资本可通过以下 7 个方面的因素来测量："①对社区的参与；②信任和安全感；③邻居间的联系；④家庭的联系；⑤社区规范；⑥社会价值观；⑦其他因素"。[①]

并初步拟造一个测量个人社区社会资本的模型[②]：

$$S_i = a_i + b_1C_i + b_2X_i + b_3L_i + b_4J_i + b_5G_i + b_6Z_i + b_7Q_i + U_i$$

S_i = 个体 i 的社会资本水平；C_i = 个体的社会参与度；X_i = 个体的信任和安全感；L_i = 邻居间的联系；J_i = 家庭的联系；G_i = 社区社会规范；Z_i = 社会价值；Q_i = 其他；U_i = 误差项。

赵延东和罗家德在对社会资本测量相关文献进行梳理后认为，"在测量集体社会资本时，研究者的重点主要集中于信任、社会参与、社会联结和规范这几个方面。"[③]

桂勇与黄荣贵在对国外社会资本测量相关研究文献进行分析的基础上确立了社区社会资本测量的基本维度，并根据这些文献关于各维度所提出的具体测量指标，联系中国实际，设计了一个较为完整的"社区社会资本测量量表"，并对其提出的 32 项测量指标进行探索性因子分析，删除了 3 项指标，最终的"社区社会资本测量量表"包括 7 个维度（地方性社会网络、社区归属感、社区凝聚力、非地方性社会互动、志愿主义、互惠与一般信任、社区信任）、29 项指标。[④]

另外，体育领域有关社会资本测量方面的研究成果见本部分的"体育运动与社会资本研究综述"。

（三）国内外社会资本测量的维度（或指标）汇总

从表 2-2 可知，社会资本的测量主要集中在信任、社（会）交网络、社团（组织）数量/参与社团（组织）、互惠、志愿服务/志愿精神、社会（社区）参与、社会（社区）凝聚力、合作规范、非正式社会互动/非正式

---

① 隋广军、盖翊中：《城市社区社会资本及其测量》，《学术研究》2002 年第 7 期。

② 隋广军、盖翊中：《城市社区社会资本及其测量》，《学术研究》2002 年第 7 期。

③ 赵延东、罗家德：《如何测量社会资本：一个经验研究综述》，《国外社会科学》2005 年第 2 期。

④ 桂勇、黄荣贵：《社区社会资本测量：一项基于经验数据的研究》，《社会学研究》2008 年第 3 期。

社会活动、团结、社会或社区支持、对多样性的宽容/包容性这些维度。

实际上，这些维度有的只是表述不同，其测量指标基本相同，有的是把维度与其所涵盖的下位指标并列。如社（会）交网络、邻里联系、家人和朋友联系、工作联系、个体之间的联系这五个维度都属于关系网络维度；合作规范、一般性规范、社区规范有很大的重叠性，都属于规范维度；投票率这项指标可以放在“社会（社区）参与”里面。

随着社会的发展，像“读报率”之类的测量指标早已不再使用，而“互联网”之类的新的测量指标被采用。

由于中国大陆20世纪70年代开始推行计划生育政策，并在1982年将其定为基本国策，大部分家庭只生了一个孩子，因此由家庭中孩子的数量这项指标来推断社会交往情况可能不符合中国实际。

表2-2　社会资本测量维度（或指标）汇总

单位：次

维度(或指标)	作者与时间	采用次数
信任	Francis Fukuyama, 1995; Stephen Knack, 1997; Jenny Onyx, 1997; Pamela Paxton, 1999; Anirudh Krishna, 1999; Carrie R. Leana, 1999; Putnam, 2000; 世界银行, 2000, 2004; ABS, 2000; Deepa Narayan, 2001; 隋广军, 2002; Jan W. Van Deth, 2003; Kawachi, 2004; De Silva, 2006; Anne W. Taylor, 2006; Harpham, 2007; 桂勇, 2008; Fluera, H. , 2012; Hawes Daniel, 2013	20
社(会)交网络	Pamela Paxton, 1999; Anirudh Krishna, 1999; Putnam, 2000; ABS, 2000; Deepa Narayan, 2001; 世界银行, 2000, 2004; Jan W. Van Deth, 2003; De Silva, 2006; Harpham, 2007; 桂勇, 2008; Hawes Daniel, 2013	12
社团(组织)数量/参与社团(组织)	Putnam, 1993, 1995, 2000; Anirudh Krishna, 1999; 世界银行, 2000, 2004; Deepa Narayan, 2001; Kawachi, 2004; De Silva, 2006	8
互惠	Pamela Paxton, 1999; Putnam, 2000; Kawachi, 2004; 桂勇, 2008; Anne W. Taylor, 2006; Harpham, 2007; Hawes Daniel, 2013	7
志愿服务/志愿精神	Putnam, 2000; ABS, 2000; Deepa Narayan, 2001; Kawachi, 2004; 桂勇, 2008; Kitchen Peter, 2012; Hawes Daniel, 2013	7

续表

维度(或指标)	作者与时间	采用次数
社会(社区)参与	Jenny Onyx,1997;ABS,2000;De Silva,2006;隋广军,2002;Anne W. Taylor,2006;Hawes Daniel,2013	6
社会(社区)凝聚力	世界银行,2000,2004;Kawachi,2004;De Silva,2006;桂勇,2008	5
合作规范	Stephen Knack,1997;Anirudh Krishna,1999;世界银行,2000,2004;Jan W. Van Deth,2003	5
对多样性的宽容/包容性	Jenny Onyx,1997;ABS,2000;世界银行,2000,2004;Jan W. Van Deth,2003	5
团结	Anirudh Krishna,1999;Deepa Narayan,2001;世界银行,2000,2004;Jan W. Van Deth,2003	5
非正式社会互动/非正式社会活动	John Wilson,1997;Putnam,2000;Kawachi,2004;桂勇,2008	4
社会或社区支持	Anirudh Krishna,1999;Kawachi,2004;De Silva,2006;Harpham,2007	4
社区归属感	Kawachi,2004;De Silva,2006;桂勇,2008,	3
投票率	Putnam,1993,Kawachi,2004;Kitchen Peter,2012	3
集体行动	Anirudh Krishna,1999;世界银行,2000,2004	3
公民参与	Putnam,2000;ABS,2000;Fluera,H. ,2012	3
政治参与和赋权	Putnam,2000;ABS,2000;世界银行,2004	3
邻里联系	Jenny Onyx,1997;Deepa Narayan,2001;隋广军,2002	3
家人和朋友联系	Jenny Onyx,1997;隋广军,2002	2
工作联系	Jenny Onyx,1997;Putnam,2000	2
信息与交流	世界银行,2000,2004;	2
安全感	Jenny Onyx,1997;隋广军,2002	2
利他主义	Putnam,2000;ABS,2000	2
慈善工作	Putnam,2000;ABS,2000	2
非正式社会控制	Harpham,2007;Kawachi,2004	2
读报率	Putnam,1993	1
互联网	Putnam,2000	1
群体特征	Deepa Narayan,2001	1
一般性规范	Deepa Narayan,2001	1
社区规范	隋广军,2002	1
社会能动性	Jenny Onyx,1997	1
生命的价值	Jenny Onyx,1997	1
家庭中孩子的数量	John Wilson,1997	1

续表

维度(或指标)	作者与时间	采用次数
相关性	Carrie R. Leana,1999	1
宗教参与	Putnam,2000	1
社会价值观	隋广军,2002	1
家庭社会资本	De Silva,2006	1
个体之间的联系	Hawes Daniel,2013	1

注：有多位作者的只写了第一作者，其中的组织是指社会组织。

第三章　社区体育组织社会资本理论基础及生成机制研究

一　社区体育组织社会资本理论基础

（一）社会资本基本含义及其主要特征

社会资本是资本的三种基本形态之一（物质资本、人力资本、社会资本）。第一个对社会资本进行系统分析的是法国社会学家皮埃尔·布迪厄（Pierre Bourdieu）。1980 年，皮埃尔·布迪厄在《社会科学研究》杂志上发表了题为《社会资本随笔》的短文，正式提出了“社会资本”这一概念。[①] 自“社会资本”概念被引入学术研究以来，社会资本作为解释经济与社会发展的重要变量，已经越来越多地为学者所采用，它表现出的强大解释力已经得到越来越多研究者的青睐。西方有关社会资本的主流理论认为，社会资本具有独立于其他资本的独立性功能，它是一种具有巨大潜在功能的生产性社会资源。

尽管社会资本已经成为当代西方社会科学研究的一个重要概念和分析工具，然而在不同学科的学者那里，社会资本的概念有着不同的界定。法国社会学家布迪厄，哈佛大学教授、美国前政治学会会长罗伯特·D. 普特南，美国社会学家科尔曼，美籍华裔社会学家林南，日裔美国学者弗兰西斯·福山和亚历山大德罗·波茨是公认的代表人物。为了准确把握社会资本的内涵，在此列举以上几位学者对社会资本的界定。

1980 年，布迪厄从社会学角度提出了“社会资本”概念，并把它界定为“团体成员通过团体网络关系获得的现实的或者潜在的经济或者文化资

① 陈柳钦：《社会资本及其主要理论研究观点综述》，《东方论坛》2007 年第 3 期。

源，这些资源与相互默认或承认的关系所组成的持久网络有关，而且这些关系或多或少是制度化的”。基于其定义，他认为社会资本可以从两个方面进行测量：团体成员的网络范围以及团体成员能够动员的经济和文化资源。①

普特南通过在意大利北部社区的实证研究，在1993年明确提出了他的社会资本理论。普特南定义社会资本为源于社会组织，可以促进互惠协作和合作的社会网络、规范和信任关系。像其他资本一样，社会资本是生产性的，它使得实现某种无它就不可能实现的目的成为可能。社会资本通过促进合作提高社会的效率。②

科尔曼的社会资本理论形成于20世纪90年代左右。他将社会资本定义为某种促进个人行动的社会结构。通过列举方式，他进一步明确了社会资本的所指内容包括责任和期待、信息渠道、规范以及促进个人行为的组织。③

林南对社会资本的定义为：“社会资本是通过社会关系获得的资本”。④社会资本概念背后的前提是“期望在市场中得到回报的社会关系投资”。⑤“社会资本由嵌入在个人的网络和联系中的资源组成。”⑥

日裔美国学者弗兰西斯·福山干脆将社会资本等同于信任，他指出，“所谓社会资本，则是在社会或其下特定的群体之中，成员之间的信任普及程度”。⑦

亚历山大德罗·波茨认为：“社会资本指的是处在网络或更广泛的社

---

① P. Bourdieu. *The Forms of Capital*, *in the Handbook of Theory*: *Research for the Sociology of Education*, J. G. Richardson, Editor. 1986, Greenwood Press: New York. pp. 241 - 258.

② R. D. Putnam. The Prosperous Community: Social Capital and Public Life. *The American Prospect*, 1993. 13: pp. 25 - 42.

③ J. S. Coleman. *Social Capital*, *in Foundations of Social Theory.* Harvard University Press: Cambridge, Massachusetts. 1990, pp. 300 - 321.

④ 〔美〕林南：《社会资本——关于社会结构与行动的理论》，张磊译，上海人民出版社，2005，第18页。

⑤ 〔美〕林南：《社会资本——关于社会结构与行动的理论》，张磊译，上海人民出版社，2005，第18页。

⑥ 〔美〕林南：《社会资本——关于社会结构与行动的理论》，张磊译，上海人民出版社，2005，第54页。

⑦ 〔美〕弗兰西斯·福山：《信任——社会道德与繁荣的创造》，李宛容译，远方出版社，1998，第35页。

会结构中的个人动员稀有资源的能力。”①

由以上有关“社会资本”的界定可见，这些研究“社会资本”的经典学者主要是从信任、规范和网络等角度进行研究的，因而，我们可以分别称其为信任社会资本、规范社会资本和网络社会资本。

社会资本的特征主要体现在以下方面：①社会资本是由公民对有关信任、互惠和合作的一系列态度和价值观构成的，其关键是使人们倾向于相互合作、信任、理解、同情；②人际关系网络是一种社会资本，社会资本体现在将朋友、家庭、社区、工作及公私生活联系起来的人际关系网络中；③社会资本重在参与，它有助于推动社会行动；④社会资本蕴含着投资和回报，人们投资于社会网络，同时也从社会网络中得到回报；⑤社会资本具有生产性特点，能够通过促进人们的相互合作来提高社会总效率，同时通过相应的规范，如制度、政策，来促进社会公平；⑥社会资本具有公共物品的性质，一旦形成就不仅仅是一个人能使用它，并且它只能存在于两个以上的人中间。这也决定了社会资本的不可转让性，尽管它是一种具有使用价值的资源，但它难以被轻易地交换。②

（二）以信任为本质内涵的社会资本在促进经济社会发展中的作用

“信任”，即相信而敢于托付（《现代汉语词典》）。它是指某一社会交往主体对其他社会交往主体能做出的符合制度规则或规范行为的期待。社会交往主体包括个人以及各种社会、政府组织。所谓信任就是社会交往主体之间的相互信任，即社会交往主体彼此之间对于对方能做出符合制度规则或规范行为的期待。诸多研究表明，以信任为核心的社会资本在促进经济社会发展中的作用显著。如普特南认为，社会资本会在各个方面影响个人的回报和社会的发展。普特南指出：“由于各种原因，在一个拥有大量社会资本存量的共同体中，生活是比较顺心的……公民参与的网络孕育了一般性交流的牢固准则，促进了社会信任的产生。这种网络有利于协调和交流，扩大声誉，因而也有利于解决集体行动的

---

① Alejandro Portes. Social Capital: Its Origins and Applications in Modern Sociology, *Annual Review of Sociology*, 1998, (24).

② 〔美〕埃莉诺·奥斯特罗姆：《社会资本：流行的狂热抑或基本的概念?》，龙虎编译，《经济社会体制比较》2003 年第 2 期。

困境。”[①]“社会资本提高了投资于物质资本和人力资本的收益”，“社会资本逐渐被认为是世界经济发展的关键因素”。[②] 弗兰西斯·福山在《信任：社会道德与繁荣的创造》一书中指出，在一个成员之间互相信任的社会里，经济运行的交易成本将大大降低，正式制度的缺陷也可得到有效弥补，这些都为社会经济的繁荣提供了必要条件。克拉克和珂佛的研究表明，假如对整个国家层面的诚信进行计量，诚信值上升 1 个标准差就会带来超过 0.5 个标准差的经济增长。珀尔塔等人发现，在许多国家，诚信值上升 1 个标准差则会带来 0.7 个标准差的司法效率提高以及 0.3 个标准差的政府腐败降低。[③]

概而言之，以信任为基本内涵的社会资本主要是通过以下途径来促进社会和经济发展的。

社会方面：第一，通过社会网络，社会资本是获得其他收益的来源，依照美国学者波茨的说法，社会资本是作为社会控制（可保证社会规则的执行）、家庭支持以及通过家庭外的网络获得的收益来源，[④] 这是最一般的功能；第二，社会控制功能，社会资本能有效地约束人们的行为，包括防止犯罪、说谎等不良行为，从而保证社会的有序运转，[⑤] 能满足个人利益并有利于政治统治；[⑥] 第三，社会支持功能，如科尔曼的研究表明，家庭、邻里、社区等组织中的社会资本为缺乏生活能力的人提供保障，社会资本使儿童的教育和人格得到顺利发展，从而使社会获得支持；[⑦] 第四，社会资本对可持续发展和政治社会生活具有积极影响。[⑧]

经济方面：第一，降低信息搜寻成本、交易成本和法律实施成本，产

---

① 〔美〕罗伯特·D. 普特南：《独自打保龄球：美国下降的社会资本》，李惠斌、杨雪冬主编《社会资本与社会发展》，社会科学文献出版社，2000，第 167、168 页。

② 〔美〕罗伯特·D. 普特南：《繁荣的社群——社会资本与公共生活》，李惠斌、杨雪冬主编《社会资本与社会发展》，社会科学文献出版社，2000，第 156、160 页。

③ 〔美〕爱德华·格拉泽：《社会资本的投资及其收益》，罗建辉译，《经济社会体制比较》2003 年第 2 期。

④ 刘敏、奂平清：《论社会资本理论研究的拓展及问题》，《甘肃社会科学》2003 年第 5 期。

⑤ 〔美〕科尔曼：《社会理论的基础》，邓方译，社会科学文献出版社，1999，第 364 页。

⑥ 布迪厄等：《文化资本与社会炼金术——布迪厄访谈录》，上海人民出版社，1997，第 36～40 页。

⑦ 〔美〕科尔曼：《社会理论的基础》，邓方译，社会科学文献出版社，1999，第 685～762 页。

⑧ 张其仔：《社会资本论——社会资本与经济增长》，社会科学文献出版社，1999，第 33～34 页。

生溢出效应，促进资源节约和配置效率的提高，比如，诚实合作和集体主义行为有助于社会资源配置效率的提高和促进经济发展，这是对传统经济学的一个重要突破，传统经济学家用“公有地悲剧”来证明公有财产的无效率，但社会资本理论却认为，良好的人际关系和合作可以把“公有地悲剧”变为“公有地繁荣”；第二，社会资本理论把体现个人主义的利己动机与体现集体主义的利他动机有机地结合起来，使个人理性与社会理性、个人利益与社会利益能有机统一，有效地体现了公平与效率的均衡关系；第三，提高社会资本水平有助于促进人们之间的合作和市场经济体制的完善。①

二　社区体育组织社会资本生成机制研究

社会资本研究的经典学者认为，“嵌入”和“互动”是社会组织生成社会资本的两个基本路径。但他们对社会组织“嵌入”生成社会资本的机制（即社会组织如何“嵌入”生成社会资本）并未进行较为详尽的解析。国内外有关社会组织内部成员个体之间“互动”生成社会资本方面的研究仅仅停留在“互动”这个较为笼统的解释层面，没有从交换、合作、竞争等各种具体的“互动”形式进行较为深入具体的解释。伦敦经济学院跨学科管理学研究所所长彼得·阿贝尔（Peter Abell）认为：“一个理论要达到有效，就得有理有据地推论一种多少有些潜在的机制，以期说明令人难解的‘经验’事件或关系。”② 2004～2005年曾任美国政治学会主席、斯坦福大学行为科学高级研究中心（CASBS）主任的“玛格丽特·列维（Margaret Levi）尽管并没有拒绝社会资本的观念，但她要求对社会资本形成的机制做出更好的详细论述”。③ 本研究以社区体育组织这种社会组织为例，尝试从“嵌入”“互动”两个路径来解析社会资本的生成机制。

---

① 吕立志、李宗植：《社会资本与和谐社会》，《光明日报》2007年11月13日。

② 〔英〕彼得·阿贝尔：《社会学理论与理性选择理论》，布莱恩·S. 特纳编《社会理论指南》（第二版），李康译，上海人民出版社，2003，第276页。

③ 〔美〕约翰·布雷姆、温迪·拉恩：《社会资本的成因及后果在个人层面的证据》，陈路、和军译，《国外理论动态》2012年第12期。

（一）社区体育组织社会资本概念

社会资本的定义林林总总，针对部分定义中将社会资本的结果作为社会资本本质属性进行界定的现象，美国学者迈克尔·武考克认为："社会资本的定义应该首先集中在其来源而不是其结果。"① 也就是说，社会资本定义的重点应放在其如何生成方面，在参考以上社会资本经典定义的基础上，结合社区体育组织社会资本的本质属性，将社区体育组织社会资本界定为：社区体育组织成员以体育运动为媒介，通过组织制度、关系网络嵌入、组织成员互动等路径生成的，可以促进互惠行动和合作的社会关系网络、规范及信任关系，它有助于解决集体行动的困境。

社区体育组织社会资本并不是一种特殊的社会资本形式，它因社区体育组织特性及社会资本构建手段而显示出其特殊性。因社会资本研究经典学者主要是从信任、规范和网络等角度进行研究的，因而，我们可以分别称其为信任社会资本、规范社会资本和网络社会资本。②

（二）社区体育组织社会资本嵌入生成机制解析

1. "嵌入（性）"与社会资本

"嵌"是把较小的东西卡进较大东西上面的凹处（多指美术品的装饰）（《现代汉语词典》）；与"镶嵌"（把一物体嵌入另一物体内，《现代汉语词典》）同义。"嵌入"或"嵌入性"就字义来说，是指一事物内生于或根植于其他事物的一种现象，是一事物与其他事物的联系以及联系的密切程度。我们将英文的"embed"一词译为"把……嵌入（插入）"。将"embed"的过去分词加上"－ness"后缀构成的"embeddedness"（注：在英语词典中直接查不到此词）译为"嵌入性""镶嵌""嵌入"，它是新经济社会学研究中的一个重要概念。"嵌入性"概念最早是由政治经济学家卡尔·波兰尼（Karl Polanyi）在《大转型：我们时代的政治与经济起源》（*The Great Transformation：The Political and*

---

① 〔美〕迈克尔·武考克：《社会资本与经济发展：一种理论综合与政策构架》，李惠斌、杨雪冬主编《社会资本与社会发展》，社会科学文献出版社，2000，第297页。

② 周结友、裴立新：《社会资本：全民健身运动功能的一个研究视角》，《体育科学》2008年第5期。

Economic Origins of Our Time，1944）中提出，并将此概念用于经济理论分析。

1985年经济社会学家马克·格兰诺维特在 *American Journal of Sociology* 发表的《经济行为和社会结构：嵌入性问题》（Economic Action and Social Structure：The Problem of Embeddedness，该文被引23782次）中对“嵌入性”进行了重新阐述。格兰诺维特以“嵌入性”的观点批判了社会学和经济学中关于人类行为的“过度社会化”（Over-socialized，人对于其他人的舆论具有压倒一切的敏感性，因而服从发展起来的共同规范和价值观系统的指令，通过社会化而将其内化，所以服从并不被视为一种负担[①]）和“低度社会化”（Under-socialized，这些理论的论点不接受任何关于社会结构和社会关系会影响生产、分配和消费的假设。在竞争性市场上，没有生产者和消费者能够明显地影响总供应或总需求，从而影响到价格和交易的其他方面[②]）的理论解释倾向。文中提出市场中的经济行动必定嵌入社会结构（社会结构被视作持续运转的人际网络）的观点。“将人看作是嵌入具体的、持续运转的社会关系之中的行动者。”[③]“人们大部分的行动是深深嵌入在人际关系网络之中的。”[④]“强调社会网络结构对人们行为的制约作用。”[⑤]格兰诺维特的嵌入性思想的要旨在于，“将人看作是嵌入于具体的、持续运转的社会关系之中的行动者，并假设建立在亲属或朋友关系、信任或其他友好关系之上的社会网络维持着经济关系和经济制度”。[⑥]格兰诺维特将“嵌入性”分析框架分为“关系嵌入性”（Relational Embeddedness）和“结构嵌入性”（Structural Embeddedness），前者是指行动者总是嵌入其所在的关系网络之中，并深受网络其他成员的影响；后者是指在更宏大层面上，行动者所在的网络嵌入社会文化传统、价值规范等结构之中，并受其影

---

① Mark Granovetter. Economic Action and Social Structure：The Problem of Embeddedness. *American Journal of Sociology*. Volume 91 Number 3（November 1985）：483。

② Mark Granovetter. Economic Action and Social Structure：The Problem of Embeddedness. *American Journal of Sociology*. Volume 91 Number 3（November 1985）：483，484。

③ 符平：《“嵌入性”：两种取向及其分歧》，《社会学研究》2009年第5期。

④ Mark Granovetter. Economic Action and Social Structure：The Problem of Embeddedness. *American Journal of Sociology*. Volume 91 Number 3（November 1985）：481－510.

⑤ 周雪光：《组织社会学十讲》，社会科学文献出版社，2003，第119页。

⑥ 符平：《“嵌入性”：两种取向及其分歧》，《社会学研究》2009年第5期。

响、塑造。

本研究的目的不是要研究“嵌入性”理论，而是由于研究对象之间关系的相似性，因而受“嵌入性”理论启发，希望借助嵌入概念和嵌入性思想去解释和说明社区体育组织社会资本的生成机制。在此笔者做的是“理论的迁移，即将用于解释某一对象的概念和理论用于解释另外的事物”。①

实际上，在社会资本研究领域，视具体语境对“嵌入”有两种解释：一种是前文马克·格兰诺维特所解释的“嵌入（性）”，具体到本研究是指社区体育组织中的制度、关系对人的影响（见下面的“制度嵌入、关系嵌入部分”）；另一种是林南在“社会资本”概念界定中所使用的“嵌入”（“社会资本由嵌入在个人的网络和联系中的资源组成”②），可解释为“内生于或根植于”，也就是说，社会资本是内生于或根植于个人的人际关系网络中的资源，人们可以利用人际关系网络中涵载的资源达到“办成事”的目的。

亚历山大德罗·波茨（Alejandro Portes）认为：“社会资本是嵌入的结果。”③ 亚历山大德罗·波茨将社会资本的起源分为“理性嵌入”（理性嵌入表述的是双方互惠的预期，这种预期建立在双边关系中取得强迫对方承认的预期能力的基础上④）和“结构嵌入”［当双方是更宽泛网络的一部分时（因而是结构嵌入），信任就会因为相互预期而增加，更加宽泛的社群会强制推行各种约束因素⑤］。社区体育组织“嵌入（性）”生成社会资本，是指社会资本内生于或根植于社区体育组织的一种现象，是社会资本与社区体育组织之间存在的密切联系。这一点已经被诸多学者

① 王思斌：《中国社会工作的嵌入性发展》，《社会科学战线》2011 年第 2 期。

② 〔美〕林南：《社会资本——关于社会结构与行动的理论》，张磊译，上海人民出版社，2005，第 24 页。

③ Alejandro Portes. Economic Sociology and the Sociology of Immigration：A Conceptual Overview. *The Economic Sociology of Immigration*：*Essays on Networks*，*Ethnicity*，*and Entrepreneurship*，edited by Alejandro Portes，New York：Russell Sage Foundation，1995，pp. 12 – 13.

④ Alejandro Portes. Economic Sociology and the Sociology of Immigration：A Conceptual Overview. *The Economic Sociology of Immigration*：*Essays on Networks*，*Ethnicity*，*and Entrepreneurship*，edited by Alejandro Portes，New York：Russell Sage Foundation，1995，p. 14.

⑤ Alejandro Portes. Economic Sociology and the Sociology of Immigration：A Conceptual Overview. *The Economic Sociology of Immigration*：*Essays on Networks*，*Ethnicity*，*and Entrepreneurship*，edited by Alejandro Portes，New York：Russell Sage Foundation，1995，p. 14.

研究证实。如从事社会资本研究的经典学者罗伯特·D. 普特南认为："社会资本是指社会组织的特征，诸如信任、规范以及网络，它们能够通过促进合作行为来提高社会的效率。"[①] 并且其在代表作 *Making Democracy Work——Civic Traditions in Modern Italy*（《使民主运转起来——现代意大利的公民传统》）中，将体育社团和体育俱乐部数量作为社会资本的重要测量指标。美国著名社会学家詹姆斯·S. 科尔曼认为："社会组织构成社会资本，社会资本为人们实现特定目标提供便利。"[②] 诺贝尔经济学奖得主约瑟夫·E. 斯蒂格里茨认为："可以将社会资本看作关系网的集合，是社会学家过去经常称为人们被社会化或者希望被社会化的'社会组织'。"[③] 这些学者都是将"社会组织"作为一个整体进行研究的，而社区体育组织作为"社会组织"的一种，自然也包括在其中。普特南将"社区"视为"社会资本"概念上的"亲戚"。普特南实际上强调"公民参与网络"，他研究的"社会组织"很多都是基层社区的社会组织，如体育俱乐部、体育协会、保龄球社团、合唱团，等等。但从现有研究成果来看，并没有学者对社会组织"嵌入（性）"生成社会资本进行系统、详尽的分析与解释。本研究认为社区体育组织主要是通过制度嵌入和关系嵌入两条路径生成社会资本。本研究主要是探究社区体育组织内社会资本的嵌入，不研究社区体育组织外部在更大层面上对行动者的影响。

2. 社区体育组织制度嵌入（性）生成社会资本

"制度是一个社会的博弈规则，或者更规范地说，它们是一些人为设计的、型塑人们互动关系的约束。"[④] "在信息与计算能力有限的情况下，

---

① 〔美〕罗伯特·D. 普特南：《使民主运转起来——现代意大利的公民传统》，王列、赖海榕译，江西人民出版社，2001，第 195 页。

② 〔美〕詹姆斯·S. 科尔曼：《社会理论的基础（上）》，邓方译，社会科学文献出版社，2008，第 281 页。

③ 〔美〕约瑟夫·E. 斯蒂格里茨：《正规的与非正规的制度》，帕萨·达斯古普特、伊斯梅尔·撒拉格尔丁编《社会资本——一个多角度的观点》，张慧东、姚莉等译，中国人民大学出版社，2005，第 76 页。

④ 〔美〕道格拉斯·C. 诺思：《制度、制度变迁与经济绩效》，杭行译，格致出版社，2009，第 3 页。

比之无制度的世界，约束降低了人类互动的成本。”[①] “制度在社会中的主要作用，是通过建立一个人们互动的稳定结构来减少不确定性。”[②] “制度构成了关键的社会资本。可以说，它们是导引人际关系和社会发展的‘软件’，实际上，我们正在发现，软件通常要比硬件（有形实物，如物质资本）更重要。”[③] 社区体育组织中存在的制度分为外在制度（“外在制度是外在地设计出来并靠政治行动由上面强加于社会的规则”[④]）和内在制度（“内在制度是群体内随经验而演化的规则”[⑤]）两种。外在制度是指人们有意识地设计出来，并通过国家正式颁布实施的有关全民健身与社区体育组织相关的系列成文规则（包括《中华人民共和国体育法》《全民健身条例》《全民健身计划（2011－2015年）》《社会团体登记管理条例》等）。内在制度是指由社区体育组织中的组织成员制定，用来约束成员之间互动关系的成文规则（主要是社区体育组织章程），以及成员在长期社区体育组织内互动中逐步形成的，并得到社区体育组织成员广泛认可和遵守的一系列共享准则。美国著名社会学家詹姆斯·S. 科尔曼认为：“当一个准则存在并发挥作用时，它构成了强大的（尽管有时是脆弱的）社会资本类型之一。”[⑥]“有效准则能够构成社会资本的有效类型。”[⑦] 当然，很多草根社区体育组织［如一些健身团队（也称晨晚练点）等］并没有“组织章程”之类的成文规则，其主要依靠组织成员在组织内长期互动中形成的系列规范（社会学家把人们在特定环境下被要求如何行动、如何思考、如何体验

---

① 〔美〕道格拉斯·C. 诺思：《制度、制度变迁与经济绩效》，杭行译，格致出版社，2009，第50页。

② 〔美〕道格拉斯·C. 诺思：《制度、制度变迁与经济绩效》，杭行译，格致出版社，2009，第7页。

③ 〔德〕柯武刚、史漫飞：《制度经济学——社会秩序与公共政策》，韩朝华译，商务印书馆，2004，第7页。

④ 〔德〕柯武刚、史漫飞：《制度经济学——社会秩序与公共政策》，韩朝华译，商务印书馆，2004，第119页。

⑤ 〔德〕柯武刚、史漫飞：《制度经济学——社会秩序与公共政策》，韩朝华译，商务印书馆，2004，第119页。

⑥ 〔美〕詹姆斯·S. 科尔曼：《人力资本创造中的社会资本》，帕萨·达斯古普特、伊斯梅尔·撒拉格尔丁编《社会资本——一个多角度的观点》，张慧东、姚莉等译，中国人民大学出版社，2005，第27、28页。

⑦ 〔美〕詹姆斯·S. 科尔曼：《人力资本创造中的社会资本》，帕萨·达斯古普特、伊斯梅尔·撒拉格尔丁编《社会资本——一个多角度的观点》，张慧东、姚莉等译，中国人民大学出版社，2005，第28页。

的期望称为规范。[①] 美国科学院院士、著名的行为分析及博弈专家罗伯特·阿克塞尔罗德认为："规范存在于人们按照某种方式行动的社会环境中，当他们偏离此种行为方式时将受到惩罚。"[②]）来维持组织的运行，这些规范尽管是不成文的，但这是全体社区体育组织成员的心声。当有组织成员遵从或违反这些默认的规范时，同样会接受相应的赞许或批评。因此，不论是成文的还是不成文的，社区体育组织制度对组织成员同样具有指引、规范和约束作用。

"制度嵌入"是指行动者加入社区体育组织后，社区体育组织中的制度将对其行动产生影响，这些影响能够生成社会资本。

首先，社区体育组织中的制度易于被组织成员内化和遵守。对社区体育组织成员产生约束作用的主要是内在制度，这些内在制度都是社区体育组织成员参与的产物，或者是成员商讨制定的成文规范（主要是社区体育组织章程），或者是在成员互动基础上形成并得到成员广泛认可和遵循的不成文规范。在社区体育组织成员广泛参与下形成的内在制度有利于成员对其的内化和服从。首位诺贝尔经济学奖的女性获得者、美国政治经济学家埃莉诺·奥斯特罗姆认为："当团体中的个人遵守一些规则时，集体行动变得更有可能且更为成功，而这些规则是他们通过共同协商，而不是通过暴力和强权达成的。在团体成员中存在规则的内在化，这有助于服从。根据这一观点，当团体成员参加规则的制定过程时，对规则的接受和服从得到了加强。"[③]

其次，社区体育组织中的制度能够限制不可预见行为和机会主义行为，使成员产生制度信任。"人类的相互交往，包括经济生活中的相互交往，都依赖于某种信任。信任以一种秩序为基础。而要维护这种秩序，就要依靠各种禁止不可预见行为和机会主义行为的规则。我们称这些规则为'制度'。"[④]正因为社区体育组织中的制度使组织成员的行为变得较可预见，为成员间社会互动提供一种确定的结构，才使他们产生

① 〔美〕戴维·波谱诺：《社会学》（第十版），李强等译，中国人民大学出版社，1999，第132页。

② Robert Axelrod. *The Complexity of Cooperation*. Princeton：Princeton University Press. 1997. p. 47.

③ C. 格鲁特尔特、T. 范·贝斯特纳尔编《社会资本在发展中的作用》，黄载曦、杜卓君、黄治康译，西南财经大学出版社，2004，第157页。

④ 〔德〕柯武刚、史漫飞：《制度经济学——社会秩序与公共政策》，韩朝华译，商务印书馆，2004，第3页。

了制度信任。德国著名社会学家尼克拉斯·卢曼（Niklas Luhmann）“从社会学的视角出发将信任区分为人际信任和制度信任，前者以人与人交往中建立起的情感联系为基础，后者以人与人交往中所受到的规范准则、法纪制度的管束制约为基础”，[①] 因而，培育了信任社会资本和规范社会资本。

再次，社区体育组织中的制度使惩罚与激励容易实施，且实施成本低。“没有惩罚的制度是无用的。只有运用惩罚，才能使个人的行为变得较可预见。带有惩罚的规则创立起一定程度的秩序，将人类的行为导入可合理预期的轨道。”[②] 社区体育组织一般规模较小，成员之间关系密切，联系频繁而便捷，当发现违反规范的行为时，这方面的信息很容易传播，当组织成员就传播的信息达成共识之后，像冷落、疏远、排除在社会圈子之外的惩罚措施很容易实施，实施成本很小，且能马上对违规者产生直接的各方面负面影响。“在这样相对稳定而封闭的社会网中，口碑容易流传，声誉可以相互验证，从而产生声誉机制，而如果有较强的非正式规范存在，则封闭社会网内的有效监督可以使成员的行为具有‘确定性’（Assurance；Yamagishi et al.，1998），它也是建立信任机制的重要基础。”[③] 这种信息传播方式及产生作用的机制有点类似于传统乡村社会，“在传统的乡村社会里，人们之间的信任机制可能还是通过闲言碎语起作用”。[④] 这就是说“社会规范通过多中心分散惩罚的方式强化了自身的权威并被行动者内化为个人信念”。[⑤] 这样，打算违规的组织成员在考虑到违规后果（代价）时，他就会产生惧怕，也就可能会打消违规念头。亚历山大德罗·波茨认为，“互惠预期与可强制推行的信任两者都是借助于对约束

---

① 〔德〕尼克拉斯·卢曼：《信任——一个社会复杂性的简化机制》，瞿铁鹏、李强译，上海人民出版社，2005。

② 〔德〕柯武刚、史漫飞：《制度经济学——社会秩序与公共政策》，韩朝华译，商务印书馆，2004，第32页。

③ 罗家德、方震平：《社区社会资本的衡量——一个引入社会网观点的衡量方法》，《江苏社会科学》2014年第1期。

④ Merry, Sally Engle, Rethinking Gossip and Scandal, in Donald Black (ed.). *Toward a General Theory of Social Control*, New York: Academic Press. 1984. 转引自张维迎、柯荣住《信任及其解释：来自中国的跨省调查分析》，《经济研究》2002年第10期。

⑤ 高春芽：《规范网络与集体行动的社会逻辑》，《武汉大学学报》（哲学社会科学版）2012年第5期。

因素的惧怕这一手段而推行的”。[①] 同理，在社区体育组织中尊重、感激、服从、赞同、声望等激励措施也容易实施，且对“模范人物”能产生直接的正面影响。可见，正是社区体育组织的制度在对组织成员产生指引、规范和激励作用过程中，生成了信任、规范、互惠等形式的社会资本。

最后，社区体育组织的制度保证了组织成员之间“博弈”的重复进行，产生“合作解”。“在重复博弈模型中，经济学家得出人们追求长期利益会导致信任的结论。”[②] 因为“不管什么时候，只要人们之间发生了某些事情，就意味着一种博弈”,[③] 所以我们可以将社区体育组织单个成员与其他成员之间发生的事情设想成一种博弈。在加入社区体育组织之前（见图3－1，假设A为行动者，B、C、D为社区体育组织成员），如果在行动者跟其他社区体育组织成员相互不认识的情况下，那么A与B、C、D没有任何联系，B、C、D之间形成了相互联系的关系网络，若是行动者A与社区体育组织成员B、C、D任何一个人博弈（发生事情）的话，一般情况下都会产生“囚徒困境”（Prisoner's Dilemma，在非合作条件下双方寻求自身利益的结果使得两者境况均变得更糟的一种情况[④]），也就是说行动者A与社区体育组织成员任何一方都会选择不合作（即图3－2中的背叛对方）方式，尽管不合作的结果对双方都不利，但是，对个人来说，不合作（背叛）仍然是一种理性的选择。

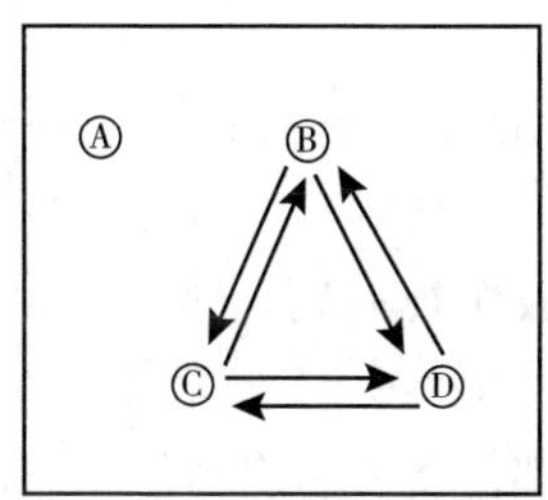

图3－1　行动者A加入社区体育组织前关系网络

---

① Alejandro Portes. Economic Sociology and the Sociology of Immigration：A Conceptual Overview. *The Economic Sociology of Immigration：Essays on Networks，Ethnicity，and Entrepreneurship*，edited by Alejandro Portes，New York：Russell Sage Foundation，1995，p. 14.

② 张维迎：《法律制度的信誉基础》，《经济研究》2002年第1期。

③ 〔英〕肯·宾默尔：《博弈论教程》，谢识予等译，格致出版社，2012，第1页。

④ 曹荣湘选编《社会资本术语》，上海三联书店，2003，第298页。

在图3-2中，莫利和纳克尔兹是同案犯，律师分别会见他们说道："我有足够的把握让你们俩都在监狱里只关1年。但是我要告诉你们：如果你们中间只有一个人坦白的话，则坦白者只被判3个月徒刑，而你的搭档却会被判10年。而如果你们俩都坦白的话，则你们将都会被判5年。"①尽管合作对双方是有利的，但是"在经典性的囚徒困境和其他的集体行动困境中，对每一方来说，背叛都是一种稳定的均衡策略"。②

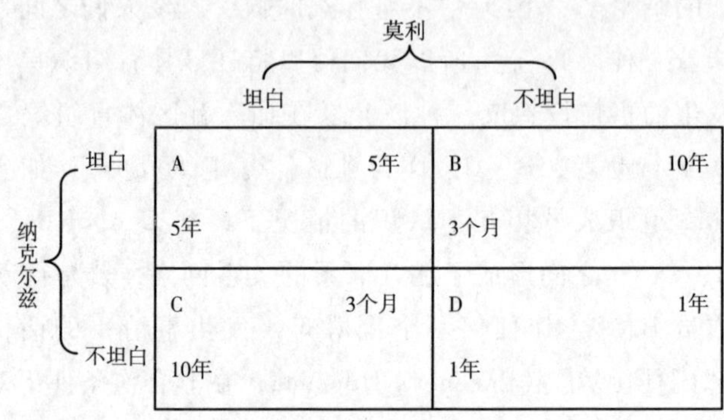

图3-2　囚徒困境

注：图中的坦白即背叛对方，不坦白即与对方合作。

资料来源：〔美〕保罗·萨缪尔森、威廉·诺德豪斯：《经济学》（第18版），萧琛主译，人民邮电出版社，2009，第189页。

"组织的价值就在于保证个体在可持续的基础上互动，从而创造出合作得以发展的要件之一——重复博弈。同样，恰恰是组织的存在表明了其成员已经在某种程度上克服短视问题，愿意让短期收益服从长远目标。"③组织之所以能够创造合作的根本条件"重复博弈"，其根本在于组织的制度，因为"人际合作通常都需要有制度框架。制度框架能增加逃避义务的风险，增强互利合作的习惯，达到抑制这种本能性机会主义的目的"。④重

① 〔美〕保罗·萨缪尔森、威廉·诺德豪斯：《经济学》（第18版），萧琛主译，人民邮电出版社，2009，第189页。

② 〔美〕罗伯特·D. 普特南：《使民主运转起来——现代意大利的公民传统》，王列、赖海榕译，江西人民出版社，2001，第193页。

③ 〔英〕保罗·F. 怀特利：《社会资本的起源》，李惠斌、杨雪冬主编《社会资本与社会发展》，社会科学文献出版社，2000，第51页。

④ 〔德〕柯武刚、史漫飞：《制度经济学——社会秩序与公共政策》，韩朝华译，商务印书馆，2004，第111页。

复博弈能够生成社会资本的机理为：博弈如果被重复地进行，那么每个参与人都有机会去“惩罚”另一个参与人前一回合的背叛行为。此时，背叛的动机通常会被受到惩罚的威胁所抑制，所以，合作经常会作为均衡的结果出现。社区体育组织中的制度具有指引、规范、约束和激励作用，保证了组织成员之间博弈的重复进行，从而生成社会资本。因此，当行动者 A 加入社区体育组织后，A 与 B、C、D 任何一个人之间博弈的话，就由先前的“单次博弈”转化为“重复博弈”。在“重复博弈”生成社会资本方面已有很多研究成果。如“在重复博弈模型中，人们追求长期利益会导致相互之间的信任（Kreps D. M.，1986；Fudenberg D. and Tirole J.，1992；张维迎，2002）”。[①] 弗兰西斯·福山认为：“社会资本是重复的囚徒困境博弈的自然产物。一次性囚徒困境博弈不会产生合作解（Co-operative Outcome），因为背信使博弈双方之间形成了一个纳什均衡（纳什均衡是一个在其他博弈者的策略给定时，没有一方还能改善自己的获利的境况。也就是说，在博弈者 A 的策略已经给定的时候，博弈者 B 不可能做得更好，反之亦然[②]）。然而，倘若博弈是重复的，博弈双方就可能采取一种简单的‘一报还一报’战略（以合作求合作，以背信还背信），从而产生了合作解。”[③] 经济学家格里高利·曼昆（N. Gregory Mankiw）认为：“在多次进行的囚徒困境博弈中，两个参与者可能达到合作的结果。”[④] 密歇根大学阿克塞罗德（Axelrod）教授通过实验得出如下结论：“在多次博弈过程中，博弈各方的行为就会趋同，即逐渐在博弈中采取合作这一策略。”[⑤] 他还以第一次世界大战时欧洲战场上法、德两国的士兵之间的“壕沟战”为例，证明了“只要博弈的次数足够多，即使是敌对的双方也会走向合作”[⑥] 的结论。

---

① 叶初升、孙永平：《信任问题经济学研究的最新进展与实践启示》，《国外社会科学》2005 年第 3 期。

② 〔美〕保罗·萨缪尔森、威廉·诺德豪斯：《经济学》（第 18 版），萧琛主译，人民邮电出版社，2009，第 188 页。

③ 〔美〕弗兰西斯·福山：《公民社会与发展》，曹荣湘选编《走出囚徒困境——社会资本与制度分析》，上海三联书店，2003，第 86 页。

④ 〔美〕曼昆：《经济学原理》（微观经济学分册，第 4 版），梁小民译，北京大学出版社，2006，第 347 页。

⑤ 赵鼎新：《集体行动、搭便车理论与形式社会学方法》，《社会学研究》2006 年第 1 期。

⑥ 赵鼎新：《集体行动、搭便车理论与形式社会学方法》，《社会学研究》2006 年第 1 期。

3. 社区体育组织关系（网络）嵌入（性）生成社会资本

“关系（网络）嵌入”是指行动者加入社区体育组织后，社区体育组织中的人际关系网络对其行动产生影响，而这些影响能够生成社会资本。“社会资本可以被想象为一系列的网络，社会学家过去称此为‘社会群体’，一个人进入这种群体后被社会化或者希望被社会化。”[①] “经济资本体现在人们的银行账户上，人力资本存在于人们的头脑中，而社会资本内生于人们关系的结构中。”[②] 普林斯顿大学的亚历山大德罗·波茨通过对一些学者“社会资本”概念界定的回顾，认为“在这些文献中有关‘社会资本代表行动者通过在社会网络或其他社会结构中的成员身份来确保收益的能力’的这方面共识正在不断增强”。[③] 社会心理学研究表明：“群体的成员资格有助于建立积极的社会认同，有利于形成一体化的自我感觉。”[④]

当行动者加入社区体育组织之后，他就变成社区体育组织中的成员，“网络内的成员身份使一个人可以接近大量的具有可信任性互动关系的潜在伙伴，因而增加了社会资本的价值”。[⑤] 这样他与其他社区体育组织成员之间的关系也就发生了改变，在格兰诺维特看来，“每个人所处的关系不一样，他的行为也不一样”。[⑥] 因组织保证了“博弈”的重复进行，行动者 A 与社区体育组织成员 B、C、D 之间由于在同一组织内而经常产生互动，自然他们之间会建立起关系网络（见图 3－3），“社会资本是嵌入在关系网络中的资源”[⑦]。可见成员身份使行动者自然嵌入组织网络，由成员资格带来的人际关系网络中的资源就是社会资本。那么这些社会资本通过

---

① 〔美〕J. 斯蒂格利茨：《正式和非正式的制度》，曹荣湘选编《走出囚徒困境——社会资本与制度分析》，上海三联书店，2003，第 117 页。

② 〔美〕亚历山大德罗·波茨：《社会资本：在现代社会学中的缘起和应用》，李惠斌、杨雪冬主编《社会资本与社会发展》，社会科学文献出版社，2000，第 126 页。

③ Alejandro Portes. Social Capital：Its Origins and Applications in Modern Sociology. Annu. Rev. *Sociol*. 1998. 24：1.

④ 俞国良：《社会心理学》（第二版），北京师范大学出版社，2013，第 420 页。

⑤ 〔西〕杰森特·乔丹纳：《集体行动理论和社会资本的分析》，李惠斌、杨雪冬主编《社会资本与社会发展》，社会科学文献出版社，2000，第 344 页。

⑥ 周雪光：《组织社会学十讲》，社会科学文献出版社，2003，第 121 页。

⑦ 〔美〕林南：《社会资本——关于社会结构与行动的理论》，张磊译，上海人民出版社，2005，第 42 页。

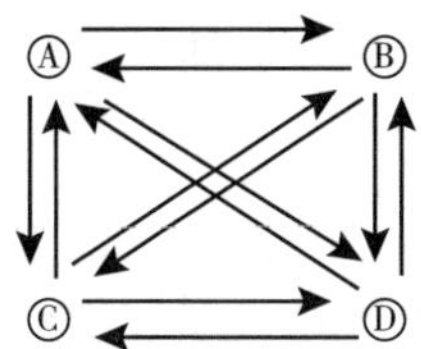

图 3－3　行动者 A 加入社区体育组织后的关系网络

哪些具体形式表现出来呢？或者说我们怎样才能够感觉到生成的社会资本呢？

美国社会关系学家、西北大学 Brian Uzzi 教授“把关系嵌入概念化成增进信任、信息分享与共同解决问题三种主要机制”。[①] 也就是说，网络关系将从增进信任、信息分享与共同解决问题三个方面对被嵌入者产生影响。具体到社区体育组织，就是社区体育组织关系网络将增进社区体育组织加入者与其他社区体育组织成员之间的信任，推动他们进行信息分享和共同解决问题（见图 3－4）。

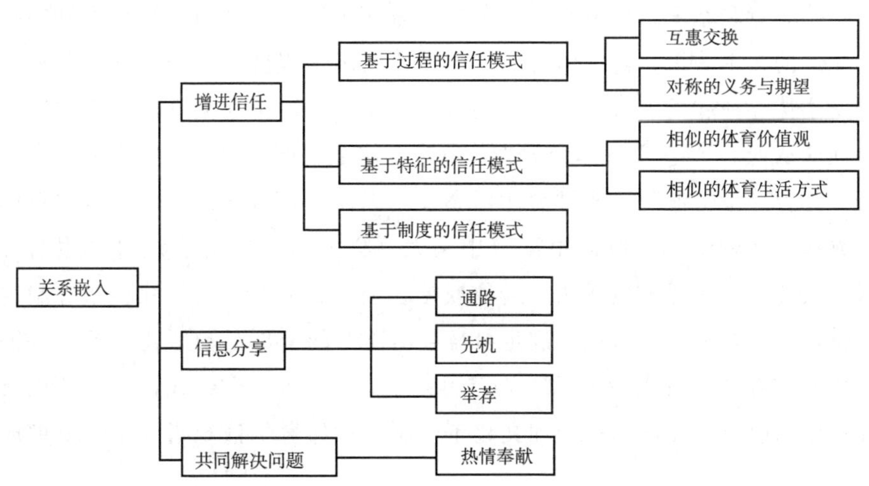

图 3－4　关系嵌入生成社会资本机制及路径

（1）增进信任

社区体育组织成员间的信任是怎样形成的？美国社会学家、加利福尼

① Brian Uzzi. Social Structure and Competition in Interfirm Network：the Paradox of Embeddedness. *Administrative Science Quarterly*，42（1997）：35－67.

亚大学洛杉矶分校的祖克尔教授对信任产生机制进行了具有经典意义的概括和分类。她划分了三种产生机制：基于过程的信任模式，基于特征的信任模式，基于制度的信任模式。[①]

基于过程的信任模式依赖于过去交往的经验，根据对一个人过去的行为和声誉的了解而决定能否被信任。[②]“互惠是这个过程的核心。如果长期平衡出现，不间断的交换活动创生出体制，推广互尽义务的社会规范以及享受公平待遇的预期（马林洛夫斯基，1922；茹克尔，1986）。”[③] 社区体育组织成员之间发生的长期、稳定的互惠交换行为、义务和期望（科尔曼界定的社会资本形式）处于对称状态，能培育出成员之间的信任（参考互动部分的交换分析）。

“基于特征的信任是一种由社会相似性而产生的信任，如根据他人与自己在家庭背景、种族、价值观念等方面的相似性的多少，来决定是否给予信任。一般而言，相似性越多，信任度越高。”[④] 社区体育组织成员的体育价值观［“体育价值观是对体育价值及体育价值关系的整体的、根本的看法、观点和态度，也就是对体育与主体（个体、社会和人类）发展的特定关系的根本认识，包括体育对主体需要的满足程度的认识，同时，还包括对主体存在和发展所具有的功能属性以及主客体相互关系的特定效应等方面的认识。”[⑤] 它包括体育健康价值观、体育精神价值观、体育社会价值观、体育经济价值观］和体育生活方式（因体育生活方式是生活方式在体育领域的体现形式，所以根据《中国大百科全书·社会学》对“生活方式”的界定——不同的个人、群体或社会全体成员在一定的社会条件制约和价值观指导下，所形成的满足自身生活需要的全部活动形式与行为特征的体系。将“体育生活方式”界定为：不同的个人、群体或社会全体成员在一定的政治、经济、社会和文化条件制约和体育价值观指导下，所形成

---

① Lynne G. Zucker. Production of Trust: Institutional Sources of Economic Structure, 1840 - 1920, *Research in Organisational Behaviour*, Vol 8, 1986: 53 - 111.

② Lynne G. Zucker. Production of Trust: Institutional Sources of Economic Structure, 1840 - 1920, *Research in Organisational Behaviour*, Vol 8, 1986: 53.

③ 道格拉斯·里德、雷蒙得·E. 米尔斯：《组织中的信任》，管兵、刘穗琴等译，中国城市出版社，2003，第 23 页。

④ Lynne G. Zucker. Production of Trust: Institutional Sources of Economic Structure, 1840 - 1920, *Research in Organisational Behaviour*, Vol 8, 1986: 53 - 111.

⑤ 陈琦、杨文轩等：《我国当代体育价值观的研究》，《体育科学》2006 年第 8 期。

的满足自身体育需求的全部体育活动形式与体育行为特征的体系）具有较大的相似性。因而随着社区体育组织成员的加入，在社区组织成员之间其他方面不变的情况下，增加体育价值观和体育生活方式方面的相似性，就可以增进成员之间的信任。同时由于“高互动频率与互动强度反过来促进了相似态度与生活方式的形成”,[①] 社区体育组织成员之间的经常性互动又能反过来增进成员间体育价值观和体育生活方式的相似性。

“基于制度的信任模式，此模式基于非个人的社会规章制度。”[②] 从基于制度的信任产生机制来看，社区体育组织中的各种制度培育了信任社会资本。

（2）信息分享

“社会网络研究已经确定了两个主要的解释模式，通过它们可以将具体的社会关系与个人的行动和态度联系起来。其中一个模式意味着将关系视为信息借以在个体间传达的纽带。”[③] “社会关系构成一种社会资本，利用这种社会资本可以获得信息，为行动提供便利。”[④] “社会资本的一种主要的形式是存在于社会关系内部的信息网络。”[⑤] 行动者加入了社区体育组织，与其他成员之间建立起关系网络后，对行动者而言就是新建了一些信息渠道（美国著名社会学家詹姆斯·S. 科尔曼将社会资本区分为三种不同形式：“义务与期望、信息渠道和社会规范”[⑥]），或者说他与其他成员之间搭建了“社会桥”[⑦]（Social Bridge，即社会网络中两个个体行动者之间的联系），这样他可以在与其他成员的互动中源源不断地接收到各种信息，同时他自己也会把获得的认为对方不知道的信息输送出去，进行信息分

① 〔美〕林南：《社会资本——关于社会结构与行动的理论》，张磊译，上海人民出版社，2005，第 234 页。

② Lynne G. Zucker. Production of Trust：Institutional Sources of Economic Structure，1840 - 1920，*Research in Organisational Behaviour*，Vol 8，1986：53.

③ 〔美〕爱德华·劳曼：《通过抽样测量社会网络——网络分析与调查研究相关吗?》，冯钢编选《社会学基础文献选读》，浙江大学出版社，2008，第 521 页。

④ 〔美〕詹姆斯·S. 科尔曼：《社会理论的基础（上）》，邓方译，社会科学文献出版社，2008，第 287 页。

⑤ 〔美〕詹姆斯·S. 科尔曼：《社会理论的基础（上）》，邓方译，社会科学文献出版社，2008，第 286、287 页。

⑥ J. S. Coleman. Social Capital in the Creation of Human Capital. *American Journal of Sociology*. 1988：95 - 120.

⑦ 〔美〕林南：《社会资本——关于社会结构与行动的理论》，张磊译，上海人民出版社，2005，第 68 页。

享。“信息利益（Information Benefits）以三种形式存在：通路（Access），先机（Timing）和举荐（Referrals）。”① “通路是指获得一条有价值的信息，并且知道谁能够利用它。”② “先机” 是指个人的现存社会关系使你比一般人更早一步获得重要信息。“举荐” 是指个人现存社会关系 “在合适的时间、合适的地点提及你的名字，由此将机会展现在你的面前”。③ 如我们经常在招聘时听到这样的话：我不认识这个人，但是我的几个认识他的朋友都说他人不错。这句话就起到了很好的 “举荐” 作用。日本学者林雄二郎认为：“信息是伴随着可能性的选择指定作用的情况的告知。”④ “只有告知对人的决策发生影响时，才是信息。” “信息在为行动提供基础方面十分重要。”⑤ “不同的网络或不同的网络地位为两个人提供了不同的信息，对他们的思维判断产生了不同的限制和影响。从结构角度去讲，网络限制一个人的信息，而信息决定了人的思考和行为。”⑥ 可见，信息作为一种资源能够为思考相关问题、进行相关行动提供参考。同时，获取信息需要成本，“获取信息需要付出代价，最起码的条件是需要集中注意力，而这往往是人们没有条件实现的。利用业已存在的社会关系是获取信息的重要手段”。⑦

（3）共同解决问题

古希腊哲学家亚里士多德指出：“许多人对公有的东西总是关心太少，因为所有人对自己东西的关心都大于对与其他人共同拥有的东西的关心。”⑧ “除非一个集团中的人数很少，或者除非存在强制或其他某些特殊

---

① 〔美〕罗纳德·伯特：《结构洞——竞争的社会结构》，任敏、李璐、林虹译，格致出版社，2008，第14页。

② 〔美〕罗纳德·伯特：《结构洞——竞争的社会结构》，任敏、李璐、林虹译，格致出版社，2008，第14页。

③ 〔美〕罗纳德·伯特：《结构洞——竞争的社会结构》，任敏、李璐、林虹译，格致出版社，2008，第15页。

④ 〔日〕林雄二郎：《信息社会》，张国良主编《20世纪传播学经典文本》，复旦大学出本社，2005，第395页。

⑤ 〔美〕詹姆斯·S. 科尔曼：《社会理论的基础（上）》，邓方译，社会科学文献出版社，2008，第286、287页。

⑥ 周雪光：《组织社会学十讲》，社会科学文献出版社，2003，第121页。

⑦ 〔美〕詹姆斯·S. 科尔曼：《社会理论的基础（上）》，邓方译，社会科学文献出版社，2008，第286、287页。

⑧ 〔美〕曼昆：《经济学原理》（微观经济学分册，第4版），梁小民译，北京大学出版社，2006，第227页。

手段以使个人按照他们的共同利益行事，有理性的、寻求自我利益的个人不会采取行动以实现他们共同的或集团的利益。”[①] “哈丁的‘公地悲剧’‘囚徒困境’以及奥尔森的‘集体行动的逻辑’，三个模型都表明理性人在集体利益、公共利益和合作行动中往往是非理性的，在现实中表现为集体利益无人关注，公共产品无人提供。”[②] 这就是由个人理性导致集体非理性的“集体行动困境”。然而，在体育运动领域，在很多场合不难发现自利的行动者能够打破集体行动困境达成合作的共识，进而在集体行动中表现出高度热情（科尔曼称之为“热情奉献”）。“根据理论预测应该出现搭便车问题，可实际上出现了热情行动的领域，是体育竞赛中的集体项目。根据搭便车的逻辑，既然荣誉与功劳属于全体队员，本该没有人愿为集体的胜利去拼搏的。事实上，无论在练习场还是比赛中，集体项目的运动员比个人项目（田径）参加者表现得更为刻苦。尽管从总体上看，集体项目中行动懈怠的运动员在数量上超过个人项目中类似的运动员，但就努力的平均水平而言，集体项目运动员高于个人项目参加者。”[③] 社区体育组织中的集体行动之所以能够克服集体行动的困境，促使大家共同解决问题，是因为社区体育组织中的下列因素能够较好地防止“搭便车”行为［“搭便车”，即得到了由其他小组成员共同创造的集体公共品的利益，而避开为此付费的行为。[④] “搭便车者是指得到一种物品的利益但避开为此付费的人”[⑤]］。

第一，通常情况下，社区体育组织规模较小，人数较少。“在任何一种情况下，规模是决定从个体利益出发、理性的追求是否会导致有利于集团的行动的决定性因素。比起大集团来，小集团能够更好地增进其共同利

① 〔美〕曼瑟尔·奥尔森：《集体行动的逻辑》，陈郁、郭宇峰、李崇新译，格致出版社，2012，第2页。

② 吴光芸、杨龙：《超越集体行动的困境：社会资本与制度分析》，《东南学术》2006年第3期。

③ 〔美〕詹姆斯·S. 科尔曼：《社会理论的基础（上）》，邓方译，社会科学文献出版社，2008，第252～253页。

④ Gerald Marwell，Pamela E. Oliver. Social Networks and Collective Action：A Theory of the Critical Mass. III. *American Journal of Sociology*. 1988，94（3）：504.

⑤ 〔美〕曼昆：《经济学原理》（微观经济学分册，第4版），梁小民译，北京大学出版社，2006，第222页。

益。”[①] 在社区体育组织这样的小群体中，每个个体在一次集体行动中能做出的相对贡献较大，所以更容易激发其责任感与自豪感。同时，成员不参与集体行动，想“搭便车”，很容易被发现，如果“搭便车”被发现，那么他就不能获得该组织或网络向那些积极参加集体行动的人提供的种种奖励，甚至其很可能在组织中被孤立或边缘化。

第二，社区体育组织中的网络强度较高，使用网络的成本较低。“较高的网络强度和较低的网络使用成本有利于集体行动的顺利开展，其中社会网络的集中度发挥最为关键的作用。”[②] 社会网络的强度指群体范围内社会连带（Social Ties）的数量和互动频率。[③] 社会网络的集中度指社会连带在群体范围内的结构性分布，[④] 它衡量的是某一网络围绕一个或少数几个行动者发生连接的程度。[⑤] 社会网络的成本是指为了达成一定目标而运用社会关系所支付的费用，如叫某人参加一次集体行动的费用。[⑥]

第三，组织制度保证了“博弈”的重复进行，因而为促进成员之间的合作及共同解决问题提供了基础。

（三）社区体育组织社会资本互动生成机制研究

1. 社区体育组织及成员的社会互动特征有助于生成社会资本

社会互动（Social Interaction）也称社会相互作用或社会交往，“指人们以相互的或交换的方式对别人采取行动，或对别人的行动作出回应，它是人类存在的重要方式”。[⑦] “社会资本起源的主导解释模型认为，社会资

---

① 〔美〕曼瑟尔·奥尔森：《集体行动的逻辑》，陈郁、郭宇峰、李崇新译，格致出版社，2012，第42页。

② 高春芽：《规范网络与集体行动的社会逻辑》，《武汉大学学报》（哲学社会科学版）2012年第5期。

③ Gerald Marwell, Pamela E. Oliver. Social Networks and Collective Action: A Theory of the Critical Mass. Ⅲ. *American Journal of Sociology*. 1988, 94 (3): 505, 506.

④ Gerald Marwell, Pamela E. Oliver. Social Networks and Collective Action: A Theory of the Critical Mass. Ⅲ. *American Journal of Sociology*. 1988, 94 (3): 506, 507.

⑤ 〔美〕马汀·奇达夫、蔡文彬：《社会网络与组织》，王凤彬、朱超威等译，中国人民大学出版社，2008，第35页。

⑥ Gerald Marwell, Pamela E. Oliver. Social Networks and Collective Action: A Theory of the Critical Mass. Ⅲ. *American Journal of Sociology*. 1988, 94 (3): 507.

⑦ 〔美〕戴维·波普诺：《社会学》（第十版），李强等译，中国人民大学出版社，2003，第138页。

本产生于志愿性社团内部个体之间的互动。这种社团被认为是推动公民之间的合作的关键机制，并且提供了培养信任的框架（普特南，1993、1995；福山，1995；科尔曼，1988，1990）。"①经济学家、牛津大学保罗·科利尔（Paul. Colier）教授"将社会性相互作用的持续性作为组成社会资本的要素。无论是组成成分的持续还是结构的持续，如果社会性相互作用数量将在长期中发生变化，那么，这会导致社会资本存量的增加"。②"社会性相互作用可以产生三类外部性。其中两类是知识外部性，即有关其他行为人行为的知识和有关非行为环境的共享知识。对其他行为人行为的共享知识，减少了产生机会主义行为的风险，因此降低了交易成本。有关非行为环境的共享知识（比如有关价格和技术方面的知识）是产生新的经济增长的要素。第三类外部性是克服'搭便车'的集体行动所带来的收益。"③社区体育组织作为一种服务类社团（"社团组织，又称志愿性社团、第三部门、非政府组织、非营利组织等"④），其内部成员之间的互动自然能够生成社会资本。社区体育组织生成社会资本是由社区体育组织的性质及组织成员互动的基本特征决定的。

社区体育组织及组织成员互动的以下特征有助于社会资本的生成。

第一，社区体育组织是一种因"运动趣缘"而产生的自由结社，是公民社会的一种形式。

"结社是指人们为了某种共同的目的组成一定的社会组织。"⑤"自由结社是社会资本和有效率的民主制度的基础的观念，是一个非常古老的观念。"⑥法国历史学家、社会学家托克维尔在其1835年出版的《论美国的民主》中写道："世界没有哪个国家拥有比美国使用得更加成功，应用对

① 〔英〕保罗·F. 怀特利：《社会资本的起源》，李惠斌、杨雪冬主编《社会资本与社会发展》，社会科学文献出版社，2000，第45页。

② 〔英〕保罗·科利尔：《社会资本与贫困：一个微观经济学的视角》，C. 格鲁特尔特、T. 范·贝斯特纳尔编《社会资本在发展中的作用》，黄载曦、杜卓君、黄治康译，西南财经大学出版社，2004，第31页。

③ 〔英〕保罗·科利尔：《社会资本与贫困：一个微观经济学的视角》，C. 格鲁特尔特、T. 范·贝斯特纳尔编《社会资本在发展中的作用》，黄载曦、杜卓君、黄治康译，西南财经大学出版社，2004，第33页。

④ 龚咏梅：《联合的艺术：社团组织与政府的关系》，《探索》2002年第2期。

⑤ 王名、刘培峰等：《民间组织通论》，时事出版社，2004，第57页。

⑥ 〔英〕保罗·F. 怀特利：《社会资本的起源》，李惠斌、杨雪冬主编《社会资本与社会发展》，社会科学文献出版社，2000，第46页。

象更广的结社原则。除了依据法律以乡镇、城市和国家名义成立的永久性社团外，还有大量依靠无官无职的个人的能动性来形成和维持的其他社团。"[①] 托克维尔认为，自由结社与热情参与[②]是美国公民社会的显著特征，是现代民主政治的必要条件。

社区体育组织是一种因"运动趣缘"而产生的自由结社，是一种"运动趣缘群体"[③]。它是具有体育运动兴趣的人的集合，他们属于"同类相聚"，选择加入社区体育组织，他们便找到了在对待体育运动的兴趣、态度、价值观等方面具有相似性的人。社会心理学研究结果表明："提升关系所需的'燃料'就是相似性（Similarity）——我们和他人在兴趣、态度、价值观、背景或是人格因素上的匹配程度。"[④] 因而，正是对待体育运动的兴趣、态度、价值观等方面的相似性使成员之间容易产生好感、友谊及相互信任。"基于趣缘关系而生成趣缘型社会资本目前也较为普遍。"[⑤] 同时，相似性还扮演了另外一个角色：随着时间的推移，同一个组织内的成员分享了更多相同的经验，因而，在成员之间新的相似性被创造和发现，转而进一步促进了友谊。[⑥]

"公民社会强调自由结社，社会组织的多元竞争，独立于国家之外的社会领域，能够保证公民社会的这些基本属性的政治秩序是自由民主政体。在国家与社会的权力分配格局中，社会占据主导地位。"[⑦] "公民社会有不同的定义。最常见的是，该术语指在个人和国家之间存在的各种形式

---

① 〔法〕托克维尔：《论美国的民主》，董果良译，商务印书馆，1989。

② Engagement，热情参与，指个人参与社会、个人关系网络、社区事务的机会，能加强对个人关系网络的认同和归属感，参与其中有助于加强内部沟通、网络联系和凝聚力。社会资本体现在参与中，更重要的是，社会资本的扩展是在参与中实现的，因此，参与在社会资本理论中占据核心的地位。曹荣湘选编《走出囚徒困境——社会资本与制度分析》，上海三联书店，2003，第301页。

③ 基于成员间兴趣、爱好、志向等的相同或相近而形成的群体叫趣缘群体，包括通常人们所说的各种业余爱好群体，具体形式如登山协会、桥牌协会以及一些志愿者团体等。郑杭生主编《社会学概论新修》（第三版），中国人民大学出版社，2003，第151页。

④ 〔美〕埃略特·阿伦森、提摩太·D. 威尔逊、罗宾·M. 埃克特：《社会心理学》（第7版），侯玉波等译，世界图书出版公司，2012，第343页。

⑤ 颜烨：《转型中国社会资本生成条件和机制初探》，中共中央党校硕士学位论文，2002，第16页。

⑥ 〔美〕埃略特·阿伦森、提摩太·D. 威尔逊、罗宾·M. 埃克特：《社会心理学》（第7版），侯玉波等译，世界图书出版公司，2012，第345页。

⑦ 邓正来主编《国家与市民社会：中国视角》，格致出版社，2011，第75页。

的社会组织。公民社会形式无限多样，从体育俱乐部到政党。”① “社会学家韦德尔（Wedel）认为：‘当个人和团体能够自由地组织起来，而这些组织又能够独立地发挥作用并调解公民与国家间冲突时，公民社会就产生了’。因此，在大多数场合，人们把公民社会等同于自愿或非政府的组织。”② “公民社会被科恩和阿拉托（Cohen and Arato）等学者描述为处于市场和国家之外的第三部门。”③ 可见，社区体育组织是公民社会的一种表现形式，而“社会资本和公民社会理论是具有同源性的”。④ “在公民社会中，社会资本能得到积累。”⑤

第二，社区体育组织具有组织规模的小型性、成员之间互动的频繁性，且其互动通常是面对面的。

“自奥尔森以来，我们知道哪些存在着习惯性的面对面互动的小型群体能更容易战胜自发性的集体行动的困难。”⑥ 社区体育组织的规模一般较小，“社会资本在规模小的地方或者单位（小的学校、小的社区、小镇）更容易形成”。⑦ 究其原因主要为以下几个方面。

首先，像社区体育组织这类小规模组织，其成员间互动频繁。很多运动项目，尤其是足球、篮球等团体性运动是结构性地嵌入了互动。因而，社区体育组织成员在参与活动时会发生频繁的互动。社会心理学研究成果表明：“一般说来，人们之间交往频率越高，刺激对方的机会越多，‘重复呈现’的次数越多，越容易形成较亲密的关系。交往频率增多，容易形成共同的经验，有共同的话题和共同的兴趣、共同的感觉。”⑧

---

① 〔美〕戴维·斯基德莫尔：《公民社会、社会资本和经济发展》，何增科、包雅钧主编《公民社会与治理》，社会科学文献出版社，2011，第251页。

② 曹荣湘选编《走出囚徒困境——社会资本与制度分析》，上海三联书店，2003，第296页。

③ 〔印〕因德拉吉·罗伊：《公民社会与善治之关系的再思考》，何增科、包雅钧主编《公民社会与治理》，社会科学文献出版社，2011，第359页。

④ 〔英〕肯尼思·牛顿：《政治支持：社会资本、公民社会和政治经济绩效》，何增科、包雅钧主编《公民社会与治理》，社会科学文献出版社，2011，第297页。

⑤ 〔澳〕布莱特·波顿：《公民社会、国家以及全球公民社会的局限》，何增科、包雅钧主编《公民社会与治理》，社会科学文献出版社，2011，第101页。

⑥ 〔西〕杰森特·乔丹纳：《集体行动理论和社会资本分析》，李惠斌、杨雪冬主编《社会资本与社会发展》，社会科学文献出版社，2000，第338页。

⑦ 夏建中：《社会为中心的社会资本理论及其测量》，《教学与研究》2007年第9期。

⑧ 俞国良：《社会心理学》（第2版），北京师范大学出版社，2013，第307页。

美国著名社会学家林南认为："互动常常增进情感和共享资源，反之亦然。"[①] 美国著名社会学家兰德尔·柯林斯（Randall Collins）亦认为："重复际遇中的互动与交谈着的人们，倾向于产生积极的情感与感情。"[②] 这样组织成员之间由于频繁互动，而会更容易相互了解，更容易建立互信关系。正如普特南所言："邻里组织、合唱队、合作社、体育俱乐部等等，这些……公民参与网络，都属于密切的横向互动。这些网络是社会资本的基本组成部分。在一个共同体中，此类网络越密，其公民就越有可能为了共同利益合作。"[③] 而"在一些群体特别是规模较大的群体内部，往往存在着等级、劳动分工及地位和功能差异等。虽然这些群体可能是出于共同的利益或情感而建立起来的，但是其个体成员在相互信任基础上参与集体行动的程度却由他们在群体中的相对位置来决定"。[④] 福山以美国退修人员协会（AARP）为例来说明这种群体，该协会拥有 3300 万名成员，从成员数量来看仅次于天主教会。但该群体中的大多数成员每年所做的事只是上缴会费和获取一份时事通信。一般成员之间的合作仅限于跟养老金和医疗保险相关的方面，其他方面基本没有合作。福山认为，这种群体中的实际信任范围是非常小的，它只限于那些在全国总部从事专职工作的人。我国也存在同样情况，如全国性、全省（自治区、直辖市）性等层级较高的单项体育协会、老年人体育协会等体育社会组织，尽管绝大多数在其协会章程中明确规定接收个人会员，但是这些组织提供给普通会员的互动机会非常少。其经常性的互动只限于在全国或省级管理机构中从事专职或兼职工作的管理服务人员，因而，这样的体育社会组织中实际信任范围是非常小的，其培育社会资本的能力也非常有限。

其次，社区体育组织成员之间的互动是面对面的互动。诸多学者及研究成果发现，信任等形式的社会资本产生于人们之间面对面的互动。如剑桥大学的学者帕萨·达斯古普特认为："人们之间相互信任的程度部分取

---

① 〔美〕林南：《社会资本——关于社会结构与行动的理论》，张磊译，上海人民出版社，2005，第 48 页。

② 〔美〕乔纳森·H. 特纳：《社会学理论的结构》（第 7 版），邱泽奇、张茂元等译，华夏出版社，2006，第 144 页。

③ 〔美〕罗伯特·D. 普特南：《使民主运转起来——现代意大利的公民传统》，王列、赖海榕译，江西人民出版社，2001，第 203 页。

④ 〔美〕弗兰西斯·福山：《公民社会与发展》，曹荣湘选编《走出囚徒困境——社会资本与制度分析》，上海三联书店，2003，第 82 页。

决于行为的可观察程度。"① "信任建立在声誉基础上，声誉是在长时间行为被别人观察的基础上获得的。"② 美国密歇根大学韦恩·贝克教授通过研究企业组织认为："信任和生产力能随着超越地域的认同感的发展、人们的熟悉感的增加以及关于非工作的（如私人的）事物的交流的增多而提高。产生这些效果的，是面对面的交流，而不是电子邮件或者短信息。"③ 英国学者肯尼思·纽顿认为："正式组织化了的志愿性组织中的面对面互动，对于社会资本规范的产生是必不可少的，虽然核心家庭之外的社会接触远不如初民社会（Primordial Society）那样具有内聚性和包容性（All-embracing），但次级社团和志愿性组织具有重要的内部和外部效应。从内部来说，公民们学到了信任、谦虚、中庸、互惠的公民道德与进行民主式争论和组织的技能。从外部来说，多种多样的相互交叠的群体创造出相互交叠和相互连锁的社会联系，而这种社会联系能在其内部自身发生分化的环境下把社会捆绑在一起。"④ 美国经济学家和社会学家曼瑟尔·奥尔森认为："组织中面对面互动上的各种交往将不可避免地产生情感并使用其他交换媒介，诸如忠诚、友谊和社会认同。这些必须在人力资本之间建立与组织目标一致且支持规则和权威制度的承诺。如果它能促生一种价值极高的共享产品（例如社会和谐、友好以及认同）配合其成员的话，这种关系的'非正规制度'尤其有效，因为成员们将会以降低使用（而且使用时成本高昂）正规权威制度必要性的方式监督和惩罚搭便车行为（奥尔森，1965；赫克特，1987）。"⑤ 而密歇根大学阿克塞罗德（Axelrod）的理论"其实是在告诉我们，在'抬头不见低头见'的场合下与他人合作非

---

① 〔英〕帕萨·达斯古普特：《经济发展与社会资本观》，帕萨·达斯古普特、伊斯梅尔·撒拉格尔丁编《社会资本——一个多角度的观点》，张慧东、姚莉等译，中国人民大学出版社，2005，第420页。

② 〔英〕帕萨·达斯古普特：《经济发展与社会资本观》，帕萨·达斯古普特、伊斯梅尔·撒拉格尔丁编《社会资本——一个多角度的观点》，张慧东、姚莉等译，中国人民大学出版社，2005，第420页。

③ 〔美〕韦恩·贝克：《新型社会资本及其投资》，曹荣湘选编《走出囚徒困境——社会资本与制度分析》，上海三联书店，2003，第20页。

④ 〔英〕肯尼思·纽顿：《社会资本与现代欧洲民主》，李惠斌、杨雪冬主编《社会资本与社会发展》，社会科学文献出版社，2000，第400、401页。

⑤ 〔美〕乔纳森·H. 特纳：《社会资本的形成》，帕萨·达斯古普特、伊斯梅尔·撒拉格尔丁编《社会资本——一个多角度的观点》，张慧东、姚莉等译，中国人民大学出版社，2005，第154页。

常重要。”[①]

再次，在社区体育组织这类小规模组织中，社会压力和社会激励更容易发挥作用。美国经济学家和社会学家曼瑟尔·奥尔森认为：“社会压力和社会激励只有在较小的集团中才起作用。这些集团很小，成员间有着面对面的接触。”[②] 亚历山大德罗·波茨认为：“互惠预期与可强制推行的信任两者都是借助于对约束因素的惧怕这一手段而推行的。”[③]

最后，由于社区体育组织成员之间频繁地面对面互动，社区体育组织内部会形成很多高密度网络。科尔曼发现组织内部联系比较多的高密度网络（Dense Network）具有两项优点：“一是可以使网络内信息流动更顺畅，减少信息失真的情况，二是使网络中的人们彼此信任的风险降低，更容易相互认可。”[④] 因而，组织成员的相关真实信息很容易得到，且信息传播速度快，成员之间由于相互了解而易于产生信任。

第三，社区体育组织具有组织成员身份的平等性、成员间空间地理位置的临近性。

社区体育组织成员在组织中的身份是平等的。法国著名学者托克维尔在其《论美国的民主》中写道：“我在合众国逗留期间见到一些新鲜事物，其中最引我注意的，莫过于身份平等。我没有费力就发现这件大事对社会的进展发生的重大影响。”[⑤] “随着我研究美国社会的逐步深入，我越发认为身份平等是一件根本大事，而所有的个别事物则好像是由它产生的。”[⑥] 从构建社会关系网络方面来看，行动者身份平等也是十分重要的，因为身份平等才可能构建起“水平型社会关系网络”，这些“水平型社会关系网络”就是社会资本。而“垂直的网络，无论多么密集，无论对其参与者多么重要，都无法维系社会信任和合作。信息的垂直流动，常常不如水平流动可靠，其原因部分在于，下属为了免受剥削而对信息有所保留，更为重

① 赵鼎新：《集体行动、搭便车理论与形式社会学方法》，《社会学研究》2006 年第 1 期。

② 〔美〕曼瑟尔·奥尔森：《集体行动的逻辑》，陈郁、郭宇峰、李崇新译，格致出版社，2012，第 71 页。

③ Alejandro Portes. Economic Sociology and the Sociology of Immigration：A Conceptual Overview. *The Economic Sociology of Immigration：Essays on Networks，Ethnicity，and Entrepreneurship*，edited by Alejandro Portes，New York：Russell Sage Foundation，1995. p. 14.

④ J. S. Coleman. Social Capital in the Creation of Human Capital. *American Journal of Sociology*. 1988：95 - 120.

⑤ 〔法〕托克维尔：《论美国的民主》（上卷），董果良译，商务印书馆，1989，第 1 页。

⑥ 〔法〕托克维尔：《论美国的民主》（上卷），董果良译，商务印书馆，1989，第 1 页。

要的是，那些支撑互惠规范的惩罚手段，不太可能向上实施，即使实施了，也不太可能被接受”。①

成员间空间地理位置较近。社区体育组织基本上是以社区居民为成员建立起来的，从空间地理距离而言，他们相距很近，社会心理学研究表明：“人们交往的次数与距离的远近成反比关系，两人住得越近，越容易成为朋友。”② “两个人能否成为朋友？接近性（Proximity）是一个强有力的预测源。……接近性更容易产生喜欢。”③ “为什么邻近性能产生喜欢？西方社会心理学家最简单的解释认为‘离得近的人会比离得远的人更有用’。因为离得近，接触交往的机会多，刺激频率高，选择朋友就比较容易。一个人和我们住得越近，我们就越能了解他，也就越能成为朋友。”④再加上他们经常互动，因此，社区体育组织是一个“熟人社会”，当然，它跟我国传统的“熟人社会”存在很大差异，由于传统“熟人社会具有长久性与非选择性的特点。长久性是指祖祖辈辈‘生于斯死于斯’的时间稳定性，非选择性则是社会关系‘先我而在’、流动性极低的空间稳定性”。⑤这里的“熟人社会”主要是指社区体育组织成员由于相互之间地理位置的接近性，并且经常性互动，而相互了解、熟悉，组织成员之间构建起相互沟通交往的网络，在社区体育组织内构建起一个相对独立的“熟人”网络体系。

依照英国学者肯尼思·纽顿的观点，传统的“熟人社会”创造出来的是“深度信任”，而社区体育组织这样的“熟人社会”创造出来的是“浅度信任”。肯尼思·纽顿认为，“深度”信任（Thick Trust）是迪尔凯姆（亦译涂尔干、杜尔克姆）“机械团结”［根据无机物分子之间所存在的联系（分子都是相同的，而且纯粹是机械的联系），迪尔凯姆将出现在不发达和古代的社会中的那种团结称为机械团结。他认为，这种团结是建立在个人相似性和社会同质性基础上的，当这种团结主宰社会时，个人之间还没有

① 〔美〕罗伯特·D. 普特南：《使民主运转起来——现代意大利的公民传统》，王列、赖海榕译，江西人民出版社，2001，第204、205页。

② 俞国良：《社会心理学》（第2版），北京师范大学出版社，2013，第306页。

③ 〔美〕戴维·迈尔斯：《社会心理学》（第8版），侯玉波、乐国安、张智勇等译，人民邮电出版社，2013，第310页。

④ 俞国良：《社会心理学》（第2版），北京师范大学出版社，2013，第307页。

⑤ 王德福：《论熟人社会的交往逻辑》，《云南师范大学学报》（哲学社会科学版）2013年第3期。

分化，他们具有同样的生活方式、心理情感、道德准则和宗教信仰，人与人之间彼此相近或相似。在这种社会里，人的行动受群体意志支配，个性湮没在集体意识中[①]］的基本组成部分。他将托克维尔模型（“托克维尔模型的核心是这样一种思想：正式组织的成员身份创造出了节制、合作、信任和互惠的公民道德”[②]）称之为“浅度”信任模型。“现代社会创造的不是机械团结的‘深度’信任，而是有机团结（‘现代发达的社会就像一个具有各种器官的有机体一样，其中每个人都按照社会分工执行着某种专门的职能，因此迪尔凯姆把这种社会中所出现的新的团结形式称之为有机团结’[③]‘有机团结是一种建立在社会成员异质性和相互依赖基础上的社会连接组带’[④]）的‘浅度’信任。浅度信任是弱关系（Weak Ties）的产物。”[⑤] 格兰诺维特认为，“弱关系为现代大规模社会中的整合奠定了强大而持久的基础。”[⑥]

同时，社区体育组织成员间不但交流健身方面的信息，而且会交流工作、生活等方面的信息，这样其成员可以很容易了解到其他成员的各方面信息，大大降低获取组织其他成员相关信息的成本。荷兰乌特勒支大学的布斯肯斯教授研究认为：“如果行动者经常交流其他行动者的可信任性，那么，行动者会限制不信任方式的行动；更重要的是，如果行动者经常了解到其他行动者的信任行为，那么信任将在行动者之间发展出来。正是通过这些机制，社会网络促进了社会信任的生成。”[⑦] 因而，在组织范围内较易形成信任与合作，生成社会资本。所以，当行动者加入社区体育组织后，行动者嵌入的是一种横向互动、平等、互惠的人际关系网络结构。社区体育组织中的这种横向互动、平等、互惠的人际关系网络结构生成社会资本。

---

① 侯钧生主编《西方社会学理论教程》（第三版），南开大学出版社，2011，第45页。

② Tocqueville, Alexis de. *Democracy in American*. New York: Vintage Books. London: Fontana. 1968: 355 - 359.

③ 侯钧生主编《西方社会学理论教程》（第三版），南开大学出版社，2011，第45、46页。

④ 贾春增主编《外国社会学史》（修订本），中国人民大学出版社，2000，第140、141页。

⑤ 〔英〕肯尼思·纽顿：《社会资本与现代欧洲民主》，李惠斌、杨雪冬主编《社会资本与社会发展》，社会科学文献出版社，2000，第400页。

⑥ Mark S. Granovetter. The Strength of Weak Ties. *American Journal of Sociology*, Volume 78, Issue 6 (May, 1973) 1360 - 1380.

⑦ Vincent Buskens. The Social Structure of Trust. *Social Networks*. Volume 20, Issue 3, July 1998, pp. 265 - 289.

第四，组织成员的互动具有在“利己”过程中实现“利他”的动力机制，是一种互惠行为。

“个人为了自己的私利而行动是人类行为的一个基本前提。”[①] 原则上，有三种途径能使人们为他人利益而努力，其中之一是：“他们按其自己的自由意志行动，但出于明智的自利动机，因为他们预期能获得充分的回报。那样，他们自己为别人做的事会产生对自己有利的副效应。”[②] 如“半夜起身去看一个患病儿童的医生是为钱而这么做。但其利己行为的有益副效应是那个孩子的病痛得以缓解”。[③] 因此，我们可以说社区体育组织中成员互动的动力机制是“自利”，他们参与体育活动中的互动（交换、合作、竞争），是出于每个成员明智的自利动机，因为他们在参与互动之前预期能够得到充分的回报（包括休闲娱乐，缓解生活、工作压力，增进身心健康，构建人际关系网络，增进人与人之间的信任等），但每个成员得到回报的同时，其自利行为的有益“副效应”使互动对方也实现了自利动机，得到了回报。也就是说，在“利己”行为中也达成了“利他”目的。通常情况下，社区体育组织中成员的互动常常可以看作互为对方利益而努力的互惠行为。经济学家保罗·科利尔将这种互动形式称为“互惠的相互作用（Reciprocal Interaction）”。[④]

2. 社区体育组织成员交换、合作、竞争型互动生成社会资本

在我们的社会生活中最为突出的互动形式有“交换、合作、竞争、冲突、强制和顺从”。[⑤] 现有的有关互动生成社会资本方面的研究基本停留在互动层次，没有从各种具体互动形式的视角来研究社会资本生成，即没有

---

① 〔德〕柯武刚、史漫飞：《制度经济学——社会秩序与公共政策》，韩朝华译，商务印书馆，2004，第72页。

② K. E. Boulding. Economics as a Moral Science. *American Economic Review*, vol, 59, 1－12. 转引自〔德〕柯武刚、史漫飞《制度经济学——社会秩序与公共政策》，韩朝华译，商务印书馆，2004，第73页。

③ 〔德〕柯武刚、史漫飞：《制度经济学——社会秩序与公共政策》，韩朝华译，商务印书馆，2004，第74页。

④ 〔英〕保罗·科利尔：《社会资本与贫困：一个微观经济学的视角》，C. 格鲁特尔特、T. 范·贝斯特纳尔编《社会资本在发展中的作用》，黄载曦、杜卓君、黄治康译，西南财经大学出版社，2004，第32页。

⑤ 〔美〕戴维·波普诺：《社会学》（第十版），李强等译，中国人民大学出版社，2003，第131～133页。

再往具体的“实践”层面深入。在社区体育组织中人们之间最为常见的互动形式是交换、合作、竞争。

(1) 社区体育组织成员交换型互动生成社会资本

“个人或群体采取某种方式彼此交往，这种交往旨在获得报酬或回报，这样形成的关系就是交换关系。”① 古罗马哲学家、政治家西塞罗说：“没有任何义务比回报好意更为必要。”美国社会学家阿尔文·W. 古尔德纳指出：“为了继续获得利益，需要对已获得的利益进行回报，这种需要是社会互动和群体结构的‘启动机制’。”② “回报并不一定是有形的。许多社会交换关系提供的是情感回报，就像人们只是为了接受感谢而对别人做出某种行为一样。与目的明确的行动相比，人们更多的是无意识地期待别人的感激（布劳，1964，1987）。”③ “人们对其他人的肯定性情感和评价，比如爱慕、赞同和尊敬，是具有一定价格的报酬，它们可以进入交换交易，但是它们不需要明显地在交换中交易，以免它们作为真诚的情感或判断的价值受到损害。”④ “社会交换的交换客体涉及物品、金钱、信息、权力、服务、赞同、尊重、服从、陪伴、荣誉、声望等。”⑤ 美国社会学家、社会交换论的代表人物彼得·M. 布劳认为，在对社会交换产生影响的社会规范中，“最基本的有两种：互惠规范和公平规范。互惠规范是指一旦发生社会交换，受惠一方就必须承担和履行义务。公平规范是对既定的交换关系中报酬与代价的比例所做的社会规定，它直接制约人们对报酬的期待程度。在整个交换过程中，一旦违背了互惠规范或公平规范，都会导致交换过程终止或冲突的产生”。⑥ 实际上，这里的互惠规范和公平规范中就存在詹姆斯·S. 科尔曼所称的两种社会资本形式——“义务与期望”“规范”。从一定程度来说，“义务与期望”这种形式的社会资本是科尔曼站在利益接受方、利益给予方两个角度，对信任社会资本的具体表述。社会交

① 〔美〕戴维·波普诺：《社会学》（第十版），李强等译，中国人民大学出版社，2003，第131页。

② Alvin W. Gouldner. The Norms of Reciprocity. *American Sociological Review*. 1960 (25), 161 - 178.

③ 〔美〕戴维·波普诺：《社会学》（第十版），李强等译，中国人民大学出版社，2003，第131页。

④ 〔美〕彼得·M. 布劳：《社会生活中的交换与权力》，李国武译，商务印书馆，2012，第183页。

⑤ 周长城主编《经济社会学》（第二版），中国人民大学出版社，2011，第153页。

⑥ 谢立中主编《西方社会学名著提要》，江西人民出版社，2003，第277、278页。

换的持续进行既是交换者遵循互惠规范和公平规范的结果，同时，也在此过程中培育了信任社会资本、规范社会资本。“社会交换和经济交换还是有很多区别。货币是经济交换中衡量一切价值的媒介，而在社会交换中，没有一个统一的衡量标准，报酬具有相对性、模糊性。同一报酬的价值因人、因时、因地、因不同的交换场合而有所变化。”[①] 因此，社会交换中遵循的公平规范具有相对性，它通常是行动者“比较”得出的主观感觉。一方面，行动者对自己现在与过去所得到的“报酬”与“付出”之间的比例进行比较；另一方面，对自己与认同的比较群体所得到的“报酬”与“付出”之间的比例进行比较。布劳认为：“互惠是交换固有的特性。”[②] “互惠规范贯穿于整个交换过程的始终，制约着人们的行为和互动。”[③] 互惠规范在社会交换中之所以重要，因为一方面“互惠规范为首先出让自己的有价资源的人保持信心提供了很好的现实基础，使他相信自己将会得到回报”[④]；另一方面“互惠规范是一个具体且特殊的机制，有利于任何稳定的社会系统的维持”[⑤]。哈佛大学从事生物学和数学研究的马丁 · A. 诺瓦克（Martin A. Nowak）教授（他致力于进化过程的数学描述，包括合作和人类语言的进化）在 2006 年 *Science* 上发表的《合作演化的五条规则》（Five Rules for the Evolution of Cooperation）一文中，将“互惠”分为直接互惠（Direct Reciprocity）和间接互惠（Indirect Reciprocity）。并且他认为：“直接互惠就像是在直接物品交换基础上的实物交换经济，而间接互惠类似于金钱的发明。‘点燃’间接互惠‘发动机’的‘金钱’是‘声誉’。”[⑥] “据推测，间接互惠的选择和人类的语言在人类智力的进化过程中起着决定性作用。间接互惠也导致了道德及社会规范的形成。”[⑦] 社区体育组织中的交换关系

---

① 〔美〕彼得 · M. 布劳：《社会生活中的交换与权力》，谢立中主编《西方社会学名著提要》，江西人民出版社，2003，第 277 页。

② 侯钧生主编《西方社会学理论教程》（第三版），南开大学出版社，2011，第 233 页。

③ 侯钧生主编《西方社会学理论教程》（第三版），南开大学出版社，2011，第 232 页。

④ 〔美〕阿尔文 · W. 古尔德纳：《互惠规范：一个初步的陈述》，冯钢编选《社会学基础文献选读》，浙江大学出版社，2008，第 364 页。

⑤ 〔美〕阿尔文 · W. 古尔德纳：《互惠规范：一个初步的陈述》，冯钢编选《社会学基础文献选读》，浙江大学出版社，2008，第 359 页。

⑥ Martin A. Nowak. Five Rules for the Evolution of Cooperation. *Science*. 8 December 2006 Vol. 314. pp. 1560 – 1563.

⑦ Martin A. Nowak. Five Rules for the Evolution of Cooperation. *Science*. 8 December 2006 Vol. 314. pp. 1560 – 1563.

主要有以下几种形式。

第一种形式：个体成员与社区体育组织之间的交换关系。个体成员之所以加入社区体育组织，履行组织成员义务，是因为对于普通个体成员而言，他们期望在社区体育组织中获得体育知识、技能的提升，借此增强体质，结识更多具有相同体育兴趣的爱好者，扩大人际关系网络，享受会员的权利以及获取多方面信息等回报。而对于具有体育特长的成员（即体育指导者）来说，其能够展现自己的健身知识技能，实现自我价值，同时也获得了普通个体成员除了提高健身知识技能之外的回报。对于社区体育组织而言，通过为会员提供各种体育服务，获得成员对组织的认同、组织自身的发展壮大、组织目标的达成等方面的回报。

第二种形式：普通个体成员之间的交换关系。他们之间的交换媒介主要是健身服务、健身技能、知识、各种信息等。

第三种形式：体育指导者（社会体育指导员及具有体育特长的运动员、裁判、教练等）与普通个体成员之间的交换关系。体育指导者的交往回报主要来自普通个体成员的感激、服从、赞同、尊重，政府、其他组织或本组织给予的荣誉、奖励、多方面的信息，以及这些成员、政府和组织帮助他们树立的良好声誉［“帮助某人树立起良好的声誉(Reputation，名声、口碑)，这将从其他人那里得到‘报酬’（报答）。当我们决定如何行动时，我们会考虑行动可能会给我们自己的声誉造成的后果。我们强烈地感受到直接影响我们的事件，不过我们对其他人的事情也抱有浓厚的兴趣，就像由流言蜚语的内容所证实的。”[①]］。普通个体成员交往的回报是获得健身知识、运动技能及多方面的信息等。在以上各种交换形式中，他们之间一方的付出正是另一方获得的回报（见图3－5)。

以上交换过程中，在网络社会资本培育方面，组织成员以“运动趣缘”为“媒介”，在共享组织资源、参与共同的组织活动的经历中，构建了人际关系网络，社会网络也可以在其他共享资源或经历的基础上形成(例如桥牌与保龄球俱乐部、健身俱乐部等)，[②] 同时“向他人提供利益可

① Martin A. Nowak. Five Rules for the Evolution of Cooperation. *Science*. 8 December 2006 Vol. 314. pp. 1560－1563.

② 〔美〕林南：《社会资本——关于社会结构与行动的理论》，张磊译，上海人民出版社，2005，第192页。

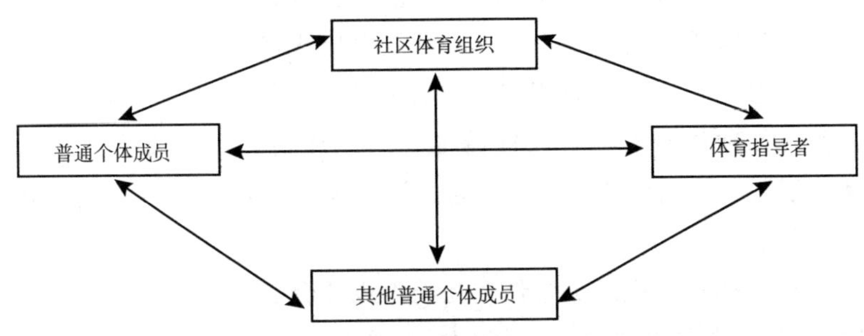

图 3－5 社区体育组织中的交换关系

注：图中“←→”表示双向之间的交换，所有交换遵循互惠与公平规范。

能导致和他们形成伙伴关系的纽带的形成，或者导致优越于他们的地位”。[①] 这样作为利益提供者的体育指导者与普通个体成员之间也容易形成关系纽带，生成网络社会资本。在规范社会资本培育方面，社区体育组织结构相对松散，成员来去自由。既然社区体育组织成员能够积极参与社区体育组织的活动，组织自身能够存在和发展，它就证明了在社区体育组织中的交换遵循了公平规范、互惠规范，培育了公平规范、互惠规范社会资本。在信任社会资本培育方面，根据祖克尔对信任产生机制具有经典意义的概括和分类，她划分了三种产生机制：基于过程的信任模式，基于特征的信任模式，基于制度的信任模式。[②] 从基于过程的信任产生机制来看，“互惠是这个过程的核心。如果长期平衡出现，不间断的交换活动创生出体制，推广互尽义务的社会规范以及享受公平待遇的预期（马林洛夫斯基，1922；茹克尔，1986）。”[③] 社区体育组织成员之间发生的长期、稳定的互惠交换行为，促使义务和期望（科尔曼界定的社会资本形式）处于对称状态，培育出成员之间的信任。从基于特征的信任产生机制来看，“来源于特征的信任……能够借仪式之程序、具有象征意义的行为

---

① 〔美〕彼得·M. 布劳：《社会生活中的交换与权力》，李国武译，商务印书馆，2012，第184、185页。

② Lynne G. Zucker, Production of Trust: Institutional Sources of Economic Structure, 1840－1920, *Research in Organisational Behaviour*, Vol 8, 1986, p. 53.

③ 道格拉斯·里德、雷蒙得·E. 米尔斯：《组织中的信任》，罗德里克·M. 克雷默、汤姆·R. 泰勒编《组织中的信任》，管兵、刘穗琴等译，中国城市出版社，2003，第23页。

加以巩固，两种行为都强调普遍成员资格和相似性。共同的特征可能催生信任，又因为信任培植信任的缘故，可能引出积极的互动，并实现互动过程的自我巩固。”① 社区体育组织中所有成员的成员资格、喜爱体育运动以及经常参与各种健身运动等共同特征在组织成员之间培育了信任社会资本。从基于制度的信任产生机制来看，社区体育组织中的各种制度培育了信任社会资本。

（2）社区体育组织成员合作型互动生成社会资本

“国家建立在强迫之上，市场建立在竞争之上，而公民社会则有赖于合作。”② “合作是指这样一种互动形式，即由于有些共同的利益或目标对于单独的个人或群体来说很难或不可能达到，于是人们或群体就联合起来一致行动。” ③马丁·A. 诺瓦克教授认为：“合作是进化过程开放性背后的秘密。也许进化的最显著方面是它在竞争的世界中产生合作的能力。因此，我们可能会将人的‘自然合作’作为除突变和自然选择之外的进化的第三个基本原则。” ④社区体育组织成员之间的合作源于运动项目本身的结构设置，许多运动项目只有在两人或多人合作的情况下才能开展，可以说“合作”是“嵌入”在这些运动项目中的，亦可说培养自己的团队合作精神是人们设计发明这些体育运动项目的原因之一。在这些运动项目中“合作”方式主要有两种形式：①与运动“对手”的合作，如乒乓球、网球、羽毛球等运动，常规状况下，是一个人完成不了的，或者说会因此而大大降低其参与乐趣和运动效果，因此，需两个人配合起来进行该项体育运动，达到两个人参与运动的预期健身效果；②运动团体内部的合作，在社区体育组织中开展的足球赛、篮球赛、排球赛、棒球赛等团体性活动，为了使参与者在整个团队中发挥自己的作用，每一个运动项目都按照参与者在整个团队中的位置和作用进行了命

---

① 道格拉斯·里德、雷蒙得·E. 米尔斯：《组织中的信任》，罗德里克·M. 克雷默、汤姆·R. 泰勒编《组织中的信任》，管兵、刘穗琴等译，中国城市出版社，2003，第24页。

② Norman Uphoff. Grassroots Organizations and NGOs in Rural Development: Opportunities with Diminishing States and Expanding Markets. *World Development*, Vol. 21, NO. 4 (1993). pp. 607－622.

③ 〔美〕戴维·波普诺：《社会学》（第十版），李强等译，中国人民大学出版社，2003，第132页。

④ Martin A. Nowak. Five Rules for the Evolution of Cooperation. *Science*. 8 December 2006 Vol. 314. pp. 1560－1563.

名（如足球场上的前锋、中场、后卫、守门员）。参与者要认识到自己的位置在整个团队中的作用，较好地扮演自己的角色，与球队中其他队员好好合作。同一个组的队员之间必须精诚合作，与对手进行智力与体力上的“比拼”，这样才可能在比赛中战胜对方，取得优异的运动成绩。美国社会学家、符号互动论的创始人乔治·赫伯特·米德（George Herbert Mead）认为，“一个杰出的棒球手要打好球，就要与自己的队友配合好，他要努力为自己一方打球。”[①]2002 年已故的钱伟长先生在参加南京大学百年庆典接受南京大学记者采访时说：“体育运动培养一个团队精神，比如球队，球队要的是合作，光靠个人奋斗是不行的，不光是球队，其他方面也是这样。”当然，团体性运动也存在与“对手”团队之间的合作。

人们选择需要合作的体育运动项目，并且在参与过程中积极合作，从理性选择理论（理性选择可以概括为最优化或效用最大化，即理性行动者趋向于采取最优策略，以最小代价取得最大收益[②]）的视角可以做如下解释：人们选择参与这些体育运动项目，是他们对参与这些运动项目的“代价”和“收益”经过理性计算的结果。他们知道相对“代价”而言，他们每个人能够在体育运动合作中获得更多的收益，因此他们选择需要“合作”才能进行的体育运动项目。可见，运动项目中的合作是一种正和博弈（正和博弈亦称为合作博弈，是指博弈双方的利益都有所增加，或者至少是一方的利益增加，而另一方的利益不受损害，因而整个社会的利益有所增加），每次博弈都能使博弈双方的收益增加。很多时候，如何对合作博弈得到的收益进行分配是一个问题，因为利益分配不公平容易导致冲突。然而，在这些运动项目的合作博弈中尽管存在收益，但博弈过后不存在收益分配问题，因为在社区体育组织中开展的这些活动极少存在外部物质性收益，其内部收益（包括休闲娱乐、缓解生活和工作压力、增进身心健康、构建人际关系网络、增进人与人之间的信任等）一般在博弈过程中就已经分配给合作各方。并且是依照各个参与者的合作精神、努力程度、技能水平等方面进行公平的分配。

---

① 〔美〕杰弗里·亚历山大：《社会学二十讲：二战以来的理论发展》，贾春增、董天民等译，华夏出版社，2002，第 154 页。

② 丘海雄、张应祥：《理性选择理论述评》，《中山大学学报》（社会科学版）1998 年第 1 期。

“常识（和博弈论）证明，合作在进行合作的人中往往是互利的；事实上，与争胜相比，合作常常为参与者们创造出更多的可取结果。”[①] 在合作过程中，从网络社会资本的生成来看，通过参与互惠性合作能够较好地建构人际关系网络，培育网络社会资本。从信任社会资本生成来看，“当人们共享诚实和互惠标准而因此能够与他人合作的时候，信任就产生了。”[②] “在一个共同体中，信任水平越高，合作的可能性就越大。而且，合作本身会带来信任。”[③] 可见，合作既是信任产生的原因，同时又是信任的结果。信任与合作互为因果关系。因而，组织成员在体育运动合作中培育了信任社会资本。从规范社会资本生成来看，一方面，体育运动中的合作是互惠性合作，参与者自然遵循了互惠规范；另一方面，体育运动中的合作是遵守体育运动规则下的合作，从中培育了规范社会资本。

（3）社区体育组织成员竞争型互动生成社会资本

“竞争是遵循某些规则的一种合作性冲突，在这种形式的互动中，达到所追求的目标要比打败对手更重要。”[④] 英国哲学家、历史学家、经济学家大卫·休谟（David Hume）认为：“高尚的竞争是一切卓越才能的源泉。”“体育运动观念是竞争和信任导向的。”[⑤] 体育运动崇尚“竞争”，“竞争”是“嵌入”在体育运动项目中的，只要“入局”（参与运动项目）就自然参与竞争，培养人们的竞争意识是体育运动的一项重要功能。体育运动中竞争的基本形式有两种：团体性竞争，如篮球赛、足球赛、拔河赛、排球赛等团体对抗性运动项目；个体性竞争，如羽毛球、网球、乒乓球、台球等个体对抗性运动项目。社区体育组织成员通过体育运动中的竞争来努力施展各自的体育技能，从而达到各自的增进健康、休闲娱乐、展示技能、结交朋友等目的。正是基于这种既非物质利

---

① D. C. North. *Institutions, Institutional Change and Economic Performance.* Cambridge University Press. 1990：12－16.

② 〔美〕弗兰西斯·福山：《信任——社会道德与繁荣的创造》，李宛蓉译，远方出版社，1998。

③ 〔美〕罗伯特·D. 普特南：《使民主运转起来——现代意大利的公民传统》，王列、赖海榕译，江西人民出版社，2001，第200页。

④ 〔美〕戴维·波谱诺：《社会学》（第十版），李强等译，中国人民大学出版社，2003，第133页。

⑤ 〔法〕阿兰·佩雷菲特：《信任社会》，邱海婴译，商务印书馆，2005，第660页。

益，也非荣誉排名的目的，其较好地诠释了“达到所追求的目标要比打败对手更重要”的“竞争”本质内涵。可以说在参与社区体育组织活动的竞争中只有“赢家”没有“输家”，真正实现了“双赢”！因为在社区体育组织活动的竞争中，“胜”也好，“输”也罢，只要你参与了，你就是真正的“赢家”！赢在哪？赢在参与健身运动中健康的增进；赢在参与健身运动中体验到的愉悦；赢在参与健身运动中社区“活力”的增强；赢在体育运动文化得到广泛的宣扬……相对这点而言，它与职业竞技体育赛场上那种激烈而残酷的竞争是大不相同的。职业竞技体育的参与以对奖牌、荣誉等资源的争夺为目标，奖牌、荣誉等资源的稀缺性，自然导致运动员以打败对手为终极目标。从而在竞技体育赛场上，经常会有一些运动员、裁判员为“战胜”对手而不择手段，践踏“公平规则”。尽管现代奥林匹克之父顾拜旦曾说过：“在奥林匹克比赛中，最重要的不是输赢，而是参与。”但现实世界却“异化”了奥林匹克精神，很多国家（地区、团体等）以金牌为目标，运动员以打败对手、赢得比赛为目的。尽管社区体育组织开展的比赛中极少出现这种现象，但是作为社区体育组织内或组织间比赛的组织者也应将功利性、锦标主义等会导致矛盾产生的因素考虑进去，避免社区体育比赛中出现这些“恶性竞争”。

竞争与合作是相辅相成的，合作是竞争的基础，竞争中包含合作（竞争过程中合作生成社会资本功能见“合作”部分的分析），另外，竞争过程中，在网络社会资本方面，“团体之间的竞争有利于团体内建立和谐的人际关系以及成员创造性的发挥”。[①] 因而，社区体育组织团体之间的竞争会加强团体内部队员之间的联系，促进人际关系和谐，生成信任、网络社会资本。同时，在上文“竞争”定义中就强调要遵循规则，社区体育组织活动中的“竞争”是“合规”的竞争，这个“规”就是体育运动场上的各项“游戏规则”。因为社区体育组织所开展体育运动中的“竞争”，通常情况下，不存在对资源、利益的争夺，是重健身性、趣味性、娱乐性、参与性，而淡竞技性、利益性的。因此，人们都会较自觉地遵守“游戏规则”，从而能够培养规范社会资本。

---

① 时蓉华：《新编社会心理学概论》，东方出版社，1988，第382页。

（四）社区体育组织社会资本生成路径图

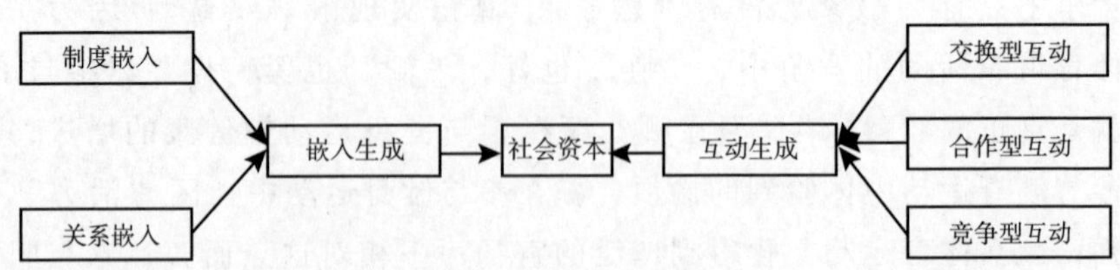

图 3－6　社区体育组织社会资本生成路径

三　本章小结

本章首先阐释了本研究的理论基础，基于社会资本理论，联系社区体育组织制度及其成员互动特征，对“社区体育组织社会资本”概念进行了界定。接下来从“嵌入”和“社会互动”两条基本路径解析了社区体育组织社会资本的生成机制。其中“嵌入”又分为“制度嵌入”和“关系嵌入”，从四个方面对“制度嵌入”进行了阐释，并从增进信任、信息分享、共同解决问题三个方面对“关系嵌入”进行了研究。然后，从四个方面分析了社区体育组织及成员的社会互动特征有助于社会资本生成。最后将社区体育组织成员之间的互动分为交换型互动、合作型互动、竞争型互动三种类型，并分别解析了交换型互动生成社会资本、合作型互动生成社会资本、竞争型互动生成社会资本。

第四章 社区体育组织社会资本测量指标体系构建

一 测量与社会资本测量

“所谓测量就是根据一定的法则，将某种物体或现象所具有的属性或特征用数字或符号表示出来的过程。测量的主要作用，在于确定一个特定分析单位的特定属性的类别或水平。它不仅可以对事物的属性做定量的说明（即确定特定属性的水平），同时，它也能对事物的属性做定性的说明（即确定特定属性的类别）。”① “测量是社会研究的重要环节，实证研究实际上是对社会现象进行观察与测量。”②

首位诺贝尔经济学奖女性获得者、美国著名政治经济学家埃莉诺·奥斯特罗姆（Elinor Ostrom）认为：“与物质资本不同的是，社会资本不容易被发现、观察和度量。”③ 前世界银行社会发展部首席经济学家 C. 格鲁特尔特认为：“社会资本和人力资本一样，直接测量即使不是不可能的，但也将是非常困难的。所以，为了进行实证研究，需要使用各种替代性指标（Proxy Indicators）……在对社会资本的研究中，还没有找到能够得到大家一致认可的指标。因此，寻找最具代表性的替代指标工作还在继续。”④ 同时，他又在该书的结论部分表明：“从本书得出的一个最重要结论是测量社会资本及其作用是可行的。”⑤ 所以，为了测量社会资本，

---

① 风笑天：《社会学研究方法》，中国人民大学出版社，2001，第 89 页。

② 袁方主编《社会研究方法教程》，北京大学出版社，1997，第 165 页。

③ 〔美〕A. 奥斯特罗姆：《流行的狂热抑或基本概念》，曹荣湘选编《走出囚徒困境——社会资本与制度分析》，上海三联书店，2003，第 32 页。

④ C. 格鲁特尔特、T. 范·贝斯特纳尔编《社会资本在发展中的作用》，黄载曦、杜卓君、黄治康译，西南财经大学出版社，2004，第 8、9 页。

⑤ C. 格鲁特尔特、T. 范·贝斯特纳尔编《社会资本在发展中的作用》，黄载曦、杜卓君、黄治康译，西南财经大学出版社，2004，第 461 页。

必须找到与社会资本具有较强内在相关性的替代性指标，然后利用这些指标对其进行测量。

随着社会资本测量研究的深入，“越来越多的实证证据表明，利用多种定性和定量的工具，社会资本是可以很好地被测量的。”① 经过诸多相关学者的长期研究，关于社会资本方面已经研制出一些认同度较高的测量方法，如“测量‘接触的社会资本’可以有两种方法，即定名法（Name Generators）和定位法（Position Generators）”。② 定名法的“一般技巧就是向个体自我提出一个或多个问题，询问其与交往者的一些情况：角色关系（如邻里关系、工作关系）、交往内容（如工作事务、家务杂事）或者亲密程度（如相互信任、非常亲密等）”。③ 定位法“先是对社会中常见的结构性地位（职业、权威、工作单位、阶级或部门）进行抽样，然后请回答者指出每一个地位中（譬如跟自己熟悉）的交往者（如果有的话）。另外还要确定每一个地位上个体自我与交往者的关系”。④

通过文献回顾发现（“国内外社会资本测量研究成果回顾”详见本研究的“文献综述”部分），社区体育组织社会资本测量属于开拓性工作，没有现成的测量指标体系可以使用或借鉴，因而为了较准确地测度社区体育组织社会资本，必须找到一些与社区体育组织社会资本具有较强内在相关性的观察指标，编制成指标体系，然后实施测量。

二 社区体育组织社会资本测量指标体系

“根据现有的理论和实证的方法，我们建议使用问卷调查，并采用主成分分析法，作为最适当的方法应用于社会资本测量。”⑤ 因此，本研究先编制社区体育组织社会资本测量指标体系，进行问卷调查，然后采用因子

---

① Christiaan Grootaert and Thierry van Bastelaer. *Understanding and Measuring Social Capital——A Multidisciplinary Tool for Practitioners*. 2002. Washington，D. C. World Bank：9.

② 〔美〕林南：《社会网络与地位获得》，曹荣湘选编《走出囚徒困境——社会资本与制度分析》，上海三联书店，2003，第 165 页。

③ 〔美〕林南：《社会网络与地位获得》，曹荣湘选编《走出囚徒困境——社会资本与制度分析》，上海三联书店，2003，第 165 页。

④ 〔美〕林南：《社会网络与地位获得》，曹荣湘选编《走出囚徒困境——社会资本与制度分析》，上海三联书店，2003，第 166 页。

⑤ Lene Hjøllund，Gert Tinggaard Svendsen. Social Capital：A Standard Method of Measurement. Working Papers 00 - 9，Aarhus School of Business，*Department of Economics*. 2000.

分析法进行探索与验证，实际上，“在问卷设计中主成分分析是作为因子分析的一个中间过程，在 SPSS 中没有将主成分分析作为一个独立统计分析方法列出，而是和因子分析同在一个模块之中”[①]。“因子分析是主成分分析的推广。”[②]

（一）社区体育组织社会资本测量指标体系编制规则

在研制社区体育组织社会资本测量指标或维度的过程中，笔者重点考虑了以下几点编制规则。

第一，根据本研究需要，尽量选用一些国际常用的社会资本测量指标，必要时进行改编。

第二，将社区体育组织与其成员结合起来综合考虑。“正如科尔曼（1990）、Nahapiet 和 Ghoshal（1998）所指出的，社会资本是一种共同拥有的资源，而不是由任何个人或实体控制的资源。因而，我们的组织社会资本模型必须包括这种观点（和兴趣），既将组织作为一个整体，又要考虑到其个体成员，这样，包含了社会资本模型的私人产品方面以及公共产品的方法。”[③]

第三，因社区体育组织包含在组织、社区组织之中，组织是社区组织和社区体育组织的上位概念，社区组织又是社区体育组织的上位概念，从理论上而言，下位概念具有上位概念的属性，所以，社区体育组织社会资本测量维度及具体指标的选取，应注重参考组织社会资本和社区组织社会资本测量方面的文献。

第四，由于社区体育组织是社区的有机组成部分，普特南最早测量社会资本时，就是将体育团体和体育运动俱乐部等社区体育组织作为一项测量地区社会资本的重要指标。从构成群体来看，在社区中既有初级群体又有次级群体（“社区是进行一定的社会活动、具有某种互动关系和共同文化维系力的人类群体及其活动区域”[④]）。社区体育组织中既有 30 人以下、成员之间关系亲密的草根社区体育组织（从群体划分而言，它们属于“初

---

① 杜智敏编著《抽样调查与 SPSS 应用》，电子工业出版社，2010，第 714 页。

② 杜智敏编著《抽样调查与 SPSS 应用》，电子工业出版社，2010，第 710 页。

③ Carrie R. Leana，Harry J. Van Buren Ⅲ. Organizational Social Capital and Employment Practices. *Academy of Management Review*. 1999，Vol. 24，No. 3，538－555.

④ 郑杭生主编《社会学概论新修》（第三版），中国人民大学出版社，2003，第 272 页。

级群体”。“所谓初级群体，又叫直接群体、基本群体或首属群体，指的是其成员相互熟悉、了解，以感情为基础结成亲密关系的社会群体。”[①]“初级群体一般是指2到30人的小群体。因为，只有在小的群体中，人们之间才可能进行比较深的交往，建立比较密切的感情联系。人数过多，就必然产生次级关系，而失去初级群体的特征”[②]），又有人数较多的正式社区体育组织（从群体划分而言，它们属于“次级群体”。“所谓次级群体，又叫间接群体或次属群体，指的是其成员为了某种特定的目标集合在一起，通过明确的规章制度结成正规关系的社会群体”[③]）。从活动区域来看，社区体育组织的活动区域通常是在社区范围内的。可见社区和社区体育组织具有很多相似之处，“社区社会资本指涉的是一个小集体，是由与自己有着共同特征的个体所组成的网络，主要由个人的社会连带组成，成员之间不是直接认识就是两步距离可达的间接关系，人数有限，所以信息流通容易，成员间知根知底，不易产生信息不对称问题”[④]。因而在选取社区体育组织社会资本的测量维度及具体指标方面，研究者应把“社区社会资本测量”方面的文献作为重点参考。

（二）社区体育组织社会资本测量指标体系（初版）

在对社会资本测量文献进行回顾梳理并遵循以上几点编制规则后，将社区体育组织社会资本的测量确定为5个维度：信任、参与及社会关系网络、志愿精神、规范、归属感（其中前4个维度是社会资本测量领域已基本达成共识的维度，第5个“归属感”维度是测量社区、社区组织或组织社会资本的常用维度）。研究者根据现有文献中有关各个维度提出的具体测量指标，结合我国社区体育组织实际，编制了一个较为完整的“社区体育组织社会资本测量指标体系”，该体系中的部分指标是一些国际常用指标（如社会上的大多数人是可以信任的吗?），其信度与效度通过了来自其他国家与地区的数据的检验。该指标体系包括5个维度35项指标（见表4－1）。

① 郑杭生主编《社会学概论新修》（第三版），中国人民大学出版社，2003，第149页。

② 郑杭生主编《社会学概论新修》（第三版），中国人民大学出版社，2003，第159页。

③ 郑杭生主编《社会学概论新修》（第三版），中国人民大学出版社，2003，第149页。

④ 罗家德、方震平：《社区社会资本的衡量——一个引入社会网观点的衡量方法》，《江苏社会科学》2014年第1期。

表 4-1　社区体育组织社会资本测量指标体系

维度	题号	指标
参与及社会关系网络	q20	加入组织后,参与社区事务管理和投票选举方面的积极性
	q21	加入组织后,扩大了社会关系网络
	q22	与组织其他成员一起聊天
	q23	与关系较好的组织成员一起购物、聚餐
	q24	去关系较好的其他组织成员家串门
	q25	碰到社区体育组织成员跟对方打招呼
	q26	用手机、网络等方式与组织成员联系
	q27	组织成员之间的关系状况
	q28	从组织成员那里获得有价值的信息
志愿精神	q29	主动发动其他组织成员一起解决影响组织发展的问题
	q30	参与解决组织面临的问题
	q31	社区体育组织开展的活动不直接对己有利,是否会为此付出时间
	q32	社区体育组织开展的活动不直接对己有利,是否会为此付出金钱
	q33	加入组织后,参与社区志愿性活动方面的积极性
信任	q34	社会上大多数人的可信任情况
	q35	组织中大部分成员的可信任情况
	q36	在借出、借入方面,组织成员之间的信任情况
	q37	加入组织参加健身活动,增进成员之间的信任情况
	q38	出差,请组织中的朋友帮忙照看孩子
	q39	征求组织中朋友的意见
规范	q40	加入组织,有助于增强合作意识
	q41	成员为实现组织活动目标而团结协作
	q42	组织发展中遇到困难,成员能否团结起来解决困难
	q43	加入组织后,遵守规则和秩序意识是否有增强
	q44	组织成员做出有损组织的事情,组织其他成员是否会对他(她)采取像劝告、批评之类的措施
	q45	组织内大部分成员是否愿意互相帮助
	q46	自己遇到困难时,是否会求助于组织中的朋友
	q47	得到过社区体育组织中的朋友的帮忙
	q48	知道组织中的朋友有困难时,是否会主动提供帮助

续表

维度	题号	指标
归属感	q49	在社区体育组织是否有在家的感觉
	q50	是否喜欢所在的组织
	q51	为自己是社区体育组织的一员而感到自豪
	q52	对自己所在组织里所发生事情的关心情况
	q53	是否赞同自己是所在组织的一分子
	q54	出于搬迁等原因,不得不离开社区体育组织而感到遗憾

注：具体题项见《社区体育组织社会资本调查问卷（初稿）》。

（三）《社区体育组织社会资本调查问卷（初稿）》的试用与修改

《社区体育组织社会资本调查问卷（初稿）》的试用将“主观评价法”与“客观检验法”结合起来。

1. 主观评价法

邀请了7位从事体育社会科学研究的教授（其中教授5人、副教授2人，6人具有博士学位），请他们根据自己的经验和认识，从不同的角度直接对问卷初稿进行评论，指出问卷的缺陷或错误，提出修改意见，以使调查指标尽可能反映所测概念，然后，研究者整合他们的意见对问卷进行修改，保证问卷的内容效度。修改意见如下。

第一，参与社区事务管理和投票选举（q20）这是不同的两件事，应将其分开各设立一个指标。

第二，q22（与组织其他成员一起聊天）与q24（去关系较好的其他组织成员家串门）有些重复，建议合并。

第三，建议增加“加入社区体育组织后，对待社会生活中的人和事方面的公平意识改变”的题项。

第四，为了后续的统计分析，建议“社区体育组织社会资本”调查指标采用李克特量表。

因此，“社区体育组织社会资本”调查指标体系采用李克特5级量表（Likert Scaling）对每项指标的答案进行赋值，每项指标的答案都分为5个等级，5个等级的赋值分别为：1=根本不（可能），2=基本不（可能），

3 = 说不准，4 = 有些（可能），5 = 非常（可能）。问卷中根据不同的指标，答案会有一些变化。

2. 客观检验法

问卷的试测选取了天河区林和街的一个社区体育组织，发放问卷 50 份，回收 47 份，回收率 94%，其中 1 份问卷很多问题没有填答，3 份问卷胡乱填答，将其剔除，问卷的有效回收率为 86%。

通过问卷填答情况的分析以及与部分被调查者的交谈，发现问卷存在以下问题。

第一，q38（出差，请组织中的朋友帮忙照看孩子）基本上是不可能的事情，这不能测量社区体育组织中朋友的信任状况。尽管在国外这是一个经常用来测量组织中朋友的信任状况的指标。但国情不同，那时我国实行的是独生子女政策，一方面小孩养得非常金贵，另一方面家里能照看小孩的人较多（尤其是老年人）。因而将这项指标修改为"出差，请组织中的朋友帮忙接收邮政快递、网购商品等"。

第二，"社区体育组织开展的活动不直接对己有利，是否会为此付出金钱"（q32）这个问题有部分被调查者未做回答，跟他们交谈后才知道，他们认为这个问题涉及金钱，建议删除这项指标。

第三，问题偏多，尤其是"归属感"维度，一些被调查者建议对调查指标做一些删减。

第四，最后主观题 q55（发展社区体育组织方面好的建议）填答的人很少，建议删除。

（四）社区体育组织社会资本测量指标体系（修改版）

表 4-2　社区体育组织社会资本测量指标体系（修改版）

维度	题号	指标
参与及社会网络	Q18	加入组织后，参与社区事务管理方面的积极性
	Q19	加入组织后，参与投票选举方面的积极性
	Q20	加入组织后，扩大了社会关系网络
	Q21	去关系较好的组织成员家串门聊天
	Q22	用手机、网络等方式与组织成员联系
	Q23	与关系较好的组织成员一起购物、聚餐
	Q24	组织成员之间的关系状况
	Q25	从组织成员那里获得有价值的信息

续表

维度	题号	指标
志愿精神	Q26	主动发动其他组织成员一起解决影响组织发展的问题
	Q27	参与解决组织面临的问题
	Q28	加入组织后,参与社区志愿性活动方面的积极性
信任	Q29	社会上大多数人的可信任情况
	Q30	组织中大部分成员的可信任情况
	Q31	在借出、借入方面,组织成员之间的信任情况
	Q32	加入组织参加健身活动,增进成员之间的信任情况
	Q33	出差,请组织中的朋友帮忙接收邮政快递、网购商品等
	Q34	征求组织中朋友的意见
规范	Q35	加入组织,有助于增强合作意识
	Q36	成员为实现组织活动目标而团结协作
	Q37	组织发展中遇到困难,成员能否团结起来解决困难
	Q38	加入组织后,遵守规则和秩序意识是否有增强
	Q39	加入组织后,公平意识是否有增强
	Q40	组织成员做出有损组织的事情,组织其他成员是否会对他(她)采取像劝告、批评之类的措施
	Q41	组织内大部分成员是否愿意互相帮助
	Q42	自己遇到困难时,是否会求助于组织中的朋友
	Q43	知道组织中的朋友有困难时,是否会主动提供帮助
归属感	Q44	是否喜欢所在的组织
	Q45	对自己所在组织里所发生事情的关心情况
	Q46	是否赞同自己是所在组织的一分子

注：具体题项见《社区体育组织社会资本调查问卷（修改稿）》。

三 本章小结

本章首先基于国内外社会资本测量方面的研究成果，研制了“社区体育组织社会资本测量指标体系”，然后，以指标体系的内容为核心，编制了《社区体育组织社会资本调查问卷（初稿）》，最后采用主观评价法和客观检验法对初始问卷进行了试用与修改。

第五章　社区体育组织社会资本结构维度的探索与验证

一　调查对象的选取

本研究将立意抽样（也叫判断抽样）和简单随机抽样结合起来，采用立意抽样方法选取了广州市天河区、黄埔区、越秀区（其中越秀区为老中心城区，天河区为新兴中心城区。2014 年萝岗区与老黄浦区合并为新黄浦区，黄浦区代表边缘城区。同时，这三个区在社区体育组织建设发展相对较好和相对一般方面也具有代表性），然后采取简单随机抽样方法从每个区分别随机抽取 4 个街道办（天河区：林和街道、猎德街道、石牌街道、冼村街道；黄埔区：黄埔街道、荔联街道、东区街道、萝岗街道；越秀区：流花街道、光塔街道、白云街道、黄花岗街道），从每个街道办选取 2～5 个社区体育组织发放问卷 100 份（见表 5－1）。调研的社区体育组织主要是指社区体育健身俱乐部、社区体育协会和全民健身辅导站，由于不是每个社区都是各种类型的社区体育组织一应俱全，在调研分析的过程中没有进行分类。同时，根据本研究的需要，只抽取活动类社区体育组织进行调研。为客观真实地了解社区体育组织社会资本存量，同时考虑到问卷试测过程中发现，一些文化程度较低的老年人对问卷中的一些题项、词和符号不理解（如 QQ、微信、团队精神等），被调查者以所选定社区体育组织成员中文化程度较高的年轻人为主。共计发放问卷 1200 份，回收 1134 份，回收率为 94.5%，剔除无效问卷，无效问卷主要包括问卷未完成填答、胡乱填答、一些关键性问题未选等情况，有效问卷 1004 份，有效率为 88.5%。运用 SPSS16.0 统计软件进行探索性因子分析，运用 AMOS17.0 统计软件进行验证性因子分析。

表 5－1　问卷发放与回收情况一览

单位：份，%

发放区	发放份数	回收份数	回收率	有效份数	有效率
天河区	400	376	94.0	341	90.7
黄埔区	400	371	92.8	327	88.1
越秀区	400	387	96.8	336	86.8
总　计	1200	1134	94.5	1004	88.5

二　样本特征描述

（一）样本的人口学结构

样本中男性所占的比例为 54.1%，女性为 45.9%，男女性别比约为 1.18∶1（见表 5－2）。我国的男女性别比约为 1.05∶1（到 2013 年底，我国总人口中男性为 69728 万人，女性为 66344 万人，资料来源于国家统计局网站）。被调查者的性别比例大体能够反映我国的性别比例。

表 5－2　性别

单位：个，%

类别		频数	百分比	有效百分比	累计百分比
有效值	男	543	54.1	54.1	54.1
	女	461	45.9	45.9	100.0
	总计	1004	100.0	100.0	

从年龄结构来看，以 21～30 岁、31～40 岁两个年龄段为主，分别占到 38.2% 和 30.4%，这两个年龄段总计占被调查者的 68.6%。20 岁及以下最小的年龄段占 5.2%，70 岁以上年龄段占 0.9%（见表 5－3）。从调查的社区体育组织成员年龄结构来看，并没有出现我们经常说的“两端高、中间低的‘马鞍’形”结构。

（二）样本的社会学结构

从文化程度来看，以大学专科和大学本科为主，分别占 26.7% 和 26.6%，

表 5-3 年龄

单位：个，%

年龄段		频数	百分比	有效百分比	累计百分比
有效值	20 岁及以下	52	5.2	5.2	5.2
	21～30 岁	384	38.2	38.2	43.4
	31～40 岁	305	30.4	30.4	73.8
	41～50 岁	143	14.2	14.2	88.0
	51～60 岁	48	4.8	4.8	92.8
	61～70 岁	63	6.3	6.3	99.1
	70 岁以上	9	0.9	0.9	100.0
	总计	1004	100.0	100.0	

两种学历的被调查者占到 53.3%，超过了一半。学历最低的小学及以下被调查者占 1.3%，学历最高的研究生占 11.7%（见表 5-4）。

表 5-4 文化程度

单位：个，%

学历层次		频数	百分比	有效百分比	累计百分比
有效值	小学及以下	13	1.3	1.3	1.3
	初中	84	8.4	8.4	9.7
	高中	110	11.0	11.0	20.7
	中专、中技、职高	145	14.4	14.4	35.1
	大学专科	268	26.7	26.7	61.8
	大学本科	267	26.6	26.6	88.4
	研究生	117	11.7	11.7	100.1
	总计	1004	100.0	100.0	

社区体育组织成员从事的职业以专业技术人员，企业、事业单位中层及以上管理人员，党政机关企事业单位一般办事人员，个体户或私营企业主及商业服务业从业人员为主（见表 5-5）。

月收入在 2001～3000 元、3001～4000 元的组织成员最多，成员之间收入差距比较大，10000 元以上的占 10.8%（见表 5-6）。

被调查者在自己所在社区的居住时间以 2～5 年、6～10 年为主，分别占 30.7% 和 24.6%。1 年及以下的占 14.9%，20 年及以上的占 14.4%（见表 5-7）。

表 5－5 职业

单位：个，%

	职业类别	频数	百分比	有效百分比	累计百分比
有效值	党政机关科级及以上干部	28	2.8	2.8	2.8
	企业、事业单位中层及以上管理人员	155	15.4	15.4	18.2
	党政机关企事业单位一般办事人员	154	15.3	15.3	33.5
	专业技术人员（如科教文体卫工作者）	181	18.0	18.0	51.5
	个体户或私营企业主	113	11.3	11.3	62.8
	商业服务业从业人员	111	11.1	11.1	73.9
	工人	47	4.7	4.7	78.6
	农林牧渔劳动者	2	0.2	0.2	78.8
	学生	74	7.4	7.4	86.2
	离退休人员	85	8.5	8.5	94.6
	失业人员	34	3.4	3.4	98.0
	其他	20	2.0	2.0	100.0
	总 计	1004	100.0	100.0	

表 5－6 月收入

单位：个，%

	收入区间	频数	百分比	有效百分比	累计百分比
有效值	1000 元及以下	57	5.7	5.7	5.7
	1001～1500 元	26	2.6	2.6	8.3
	1501～2000 元	76	7.6	7.6	15.9
	2001～3000 元	194	19.3	19.3	35.2
	3001～4000 元	171	17.0	17.0	52.2
	4001～5000 元	83	8.3	8.3	60.5
	5001～6000 元	98	9.8	9.8	70.3
	6001～7000 元	71	7.1	7.1	77.4
	7001～8000 元	67	6.7	6.7	84.1
	8001～9000 元	37	3.7	3.7	87.8
	9001～10000 元	16	1.6	1.6	89.4
	10000 元以上	108	10.8	10.8	100.2
	总 计	1004	100.0	100.0	

表 5-7　社区居住时间

单位：个，%

居住时间		频数	百分比	有效百分比	累计百分比
有效值	1 年及以下	150	14.9	14.9	14.9
	2～5 年	308	30.7	30.7	45.6
	6～10 年	247	24.6	24.6	70.2
	11～15 年	119	11.9	11.9	82.1
	16～19 年	35	3.5	3.5	85.6
	20 年及以上	145	14.4	14.4	100.0
	总　计	1004	100.0	100.0	

（三）社区体育组织特征

被调查者所在的社区体育组织中，组织成员数量以 30 人及以下和31～50 人为主，分别占 40.1%、22.8%，组织成员人数在 100 人以上的社区体育组织较少（见表 5-8）。

表 5-8　组织成员数量

单位：个，%

成员数量		频数	百分比	有效百分比	累计百分比
有效值	30 人及以下	403	40.1	40.1	40.1
	31～50 人	229	22.8	22.8	62.9
	51～70 人	137	13.6	13.6	76.5
	71～100 人	116	11.6	11.6	88.1
	101～150 人	51	5.1	5.1	93.2
	150 人以上	68	6.8	6.8	100.0
	总　计	1004	100.0	100.0	

从固定活动场地来看，被调查者所在的社区体育组织大部分有固定的活动场地（见表 5-9）。

表 5-9　固定活动场所

单位：个，%

有无固定场所		频数	百分比	有效百分比	累计百分比
有效值	有	711	70.8	70.8	70.8
	没有	293	29.2	29.2	100.0
	总　计	1004	100.0	100.0	

社区体育组织经常开展的运动项目排在前5位的分别是羽毛球、篮球、乒乓球、广场舞和游泳。其中羽毛球是半数以上的社区体育组织经常开展的运动项目（见表5-10）。

表5-10　社区体育组织经常开展的活动项目（N=1004）

单位：个，%

项目名称	频数	所占百分比
羽毛球	560	55.8
篮球	317	31.6
乒乓球	280	27.9
广场舞	275	27.2
游泳	187	18.6
足球	186	18.5
健美操	119	11.9
太极拳（剑、扇）	108	10.8
网球	102	10.2
排球	61	6.0
排舞	56	5.6
毽球	54	5.4
健身气功	54	5.4
台球	48	4.8
（健身房）器械健身	37	3.7
扇子舞	26	2.6
木兰拳（扇）	18	1.8
高尔夫	15	1.5
秧歌	15	1.5
其他	14	1.4
保龄球	8	0.8

社区体育组织活动经费主要来自成员的会费，其次分别为政府拨款、企事业单位资助和组织经营收入（见表5-11）。

表5-11　组织活动经费来源（N=1004）

单位：个，%

活动经费来源	频数	百分比
成员会费	617	61.5
政府拨款	210	20.9
企事业单位资助	199	19.8
组织经营收入	102	10.2
其他	62	6.2

过去三年有一部分社区体育组织（35.8%）的运动器材设施得到了更新与改善（见表 5－12）。

表 5－12　运动器材设施状况

单位：个，%

设施状况		频数	百分比	有效百分比	累计百分比
有效值	得到了更新与改善	359	35.8	35.8	35.8
	维持原状	509	50.7	50.7	86.5
	变得更加糟糕	136	13.5	13.5	100.0
	总　计	1004	100.0	100.0	

成员加入社区体育组织的时间在 5 年以下的占比 80.2%，其中 1～3 年的人数最多（335 人），占 33.4%（见表 5－13）。

表 5－13　加入组织时间

单位：个，%

时间		频数	百分比	有效百分比	累计百分比
有效值	1 年以下	252	25.1	25.1	25.1
	1～3 年	335	33.4	33.4	58.5
	4～5 年	218	21.7	21.7	80.2
	6～7 年	122	12.2	12.2	92.3
	8～10 年	40	4.0	4.0	96.3
	10 年以上	37	3.7	3.7	100.0
	总　计	1004	100.0	100.0	

社区体育组织成员一起参加活动的频次在一周之内的，占 81.7%，其中 2～3 天组织开展一次活动的组织最多，占 26.5%（见表 5－14）。

表 5－14　成员一起参加活动的频次

单位：个，%

频次		频数	百分比	有效百分比	累计百分比
有效值	每天	107	10.7	10.7	10.7
	2～3 天	266	26.5	26.5	37.2
	4～5 天	226	22.5	22.5	59.7
	6～7 天	221	22.0	22.0	81.7
	8～9 天	22	2.2	2.2	83.9
	10～15 天	67	6.7	6.7	90.5
	15 天以上	95	9.5	9.5	100.0
	总　计	1004	100.0	100.0	

组织成员交往的目的以增进身心健康、结交朋友、促进人际关系和谐、学习健身知识为主（见表5－15）。

表5－15 成员交往互动的主要目的（N＝1004）

单位：个，%

主要目的	频数	百分比
学习健身知识	231	23.0
结交朋友	479	47.7
增进信任	152	15.1
增进身心健康	711	70.8
扩大社会关系网络	165	16.4
学习健身技能	132	13.1
促进人际关系和谐	239	23.8
治疗慢性疾病	71	7.1
其他	12	1.2

林南在《社会资本——关于社会结构与行动的理论》中提出："命题5：当首要群体之外的互动试图获得资源时，它们更多被用来获取社会资本而不是人力资本。"[①] 两位诺贝尔经济学奖的获得者，人力资本理论的创立者如是阐述和界定"人力资本"，"舒尔茨将'资本'分为人力资本和常规资本（或物质资本）两种形式，他认为通过教育、健康方面的投资，可以增强人的体力、智力和技能，使一般的人力资源转变为人力资本，即体现在人身上的技能与生产知识存量"[②]。加里·贝克尔（Gary S. Backer）将"人力资本"界定为个人知识、信息、观点、技能以及健康状况的集合。据此，如果将"学习健身知识、增进身心健康、学习健身技能、治疗慢性疾病"作为获取人力资本的手段，将"结交朋友、增进信任、扩大社会关系网络、促进人际关系和谐"作为获取社会资本的手段，从选择的频数来看，前者（1145个）高于后者（1035个），因此从社区体育组织成员之间的交往互动来看，林南提出的"命题5"是否成立，有待进一步求证。

① 〔美〕林南：《社会资本——关于社会结构与行动的理论》，张磊译，上海人民出版社，2001，第36页。

② 李燕萍主编《人力资源管理》，武汉大学出版社，2002，第44页。

社区体育组织的决定主要是在组织成员的参与下做出的，其中46.7%是在社区体育组织领导征求成员意见后做出决定，12.0%是社区体育组织成员展开讨论后集体决定（见表5-16）。由社区体育组织领导决定并通知其成员也占了很大的比例。在缺少组织成员参与的情况下做出的组织决定，一方面不利于决定内容的实施；另一方面，形式上而言，不利于社会资本的培育，因参与和互动是社会资本生成的关键性因素。

表5-16 组织决定的做出方式

单位：个，%

决定方式		频数	百分比	有效百分比	累计百分比
有效值	社区体育组织领导决定并通知组织其他成员	335	33.4	33.4	33.4
	社区体育组织领导征求成员意见然后做出决定	469	46.7	46.7	80.1
	社区体育组织成员展开讨论然后集体决定	120	12.0	12.0	92.1
	决定是由外部强加的	53	5.3	5.3	97.3
	其他	27	2.7	2.7	100.0
	总 计	1004	100.0	100.0	

共有77.8%的社区体育组织成员参加过本组织的活动组织与策划工作，其中经常参加与有时参加分别占23.1%、54.7%（见表5-17）。

表5-17 参加本组织的活动组织、策划工作

单位：个，%

参加程度		频数	百分比	有效百分比	累计百分比
有效值	经常参加	232	23.1	23.1	23.1
	有时参加	549	54.7	54.7	77.8
	从未参加	223	22.2	22.2	100.0
	总 计	1004	100.0	100.0	

社区体育组织领导主要由社区体育组织成员选举产生，也有一小部分是由政府部门委派工作人员兼任的（见表5-18）。

表 5-18　主要领导的产生方式

单位：个，%

领导产生方式		频数	百分比	有效百分比	累计百分比
有效值	由大部分社区体育组织成员选举产生	381	37.9	37.9	37.9
	由少部分社区体育组织成员选举产生	252	25.1	25.1	63.0
	由政府部门委派工作人员兼任	73	7.3	7.3	70.3
	由社区体育组织创始人担任	252	25.1	25.1	95.4
	其他	46	4.6	4.6	100.0
	总　计	1004	100.0	100.0	

三　社区体育组织社会资本结构的探索

（一）探索性因子分析与验证性因子分析

“检验问卷的结构效度最常用的方法是因子分析。”① “因素分析（Factor Analysis）可分为探索性因素分析（Exploratory Factor Analysis，简称：EFA）与验证性因素分析（Confirmatory Factor Analysis，简称：CFA）。”② “就 EFA 而言，测量变量的理论变量是因素分析后的产物，因素结构是由研究者从一组独立的测量指标或题项间，主观判断来决定一个具有计量合理性和理论适切性的结构，并以该结构来代表所测量的概念内容或构想特质，即理论架构地出现在 EFA 程序中是一个事后概念。”③ “CFA 的进行则必须有特定的理论观点或概念构架作为基础，然后借由数学程序来确认评估该理论观点所导出的计量模型是否适当、合理，因此理论构架对 CFA 的影响是在分析之前发生的，其计量模型具有先验性，理念是一种事前的概念。”④

① 杜智敏编著《抽样调查与 SPSS 应用》，电子工业出版社，2010，第 730 页。
② 吴明隆：《结构方程模型——AMOS 的操作与应用》，重庆大学出版社，2014，第 212 页。
③ 吴明隆：《结构方程模型——AMOS 的操作与应用》，重庆大学出版社，2014，第 212 页。
④ 吴明隆：《结构方程模型——AMOS 的操作与应用》，重庆大学出版社，2014，第 212 页。

（二）社区体育组织社会资本结构维度的探索

本研究将样本按照奇数、偶数分半，奇数部分用于进行探索性因子分析，偶数部分用于进行验证性因子分析。进行探索性因子分析和验证性因子分析的样本容量都为 502 个。

为了判断所设计的社区体育组织社会资本问卷的 29 个题项是否适合做探索性因子分析，在进行探索性因子分析之前，首先对变量数与样本容量之比进行了计算，变量数与样本容量之比为 1∶17.3（变量 29∶样本容量 502），样本容量达到因子分析的条件。因为“因子分析的可靠性不仅依赖于数据的准确性，还与样本容量有关。但到底应为多少，学者之间尚无一致的结论。多数人认为样本容量要比变量数目多。变量数与样本容量的比例最好为 1∶5，如果二者之间的比例达到 1∶10 以上，因子分析的效果会更好；总样本的容量要尽量大，不应少于 100”①。

然后对 29 个题项的数据进行了 KMO 检验和 Bartlett 球形检验。检验结果：KMO = 0.939，Bartlett 球形检验近似卡方值（Approx. Chi-Square）为 7.569E3（即 7.5%），自由度（df）为 406，P = 0.000（P < 0.01，差异极显著），表明 29 个题项有共同因素存在，适合进行因子分析（见表 5 - 19）。

表 5 - 19　KMO 和 Bartlett 检验（KMO and Bartlett's Test）A

Kaiser-Meyer-Olkin Measure of Sampling Adequacy.		.939
Bartlett's Test of Sphericity	Approx. Chi-Square	7.569E3
	df	406
	Sig.	.000

表 5 - 20 显示的是提取公共因子前后各变量的共同度，该指标用于衡量提取的公共因子相对重要程度，表中给出了 29 个原始变量的共同度，如表中第一行给出了变量 Q18 的共同度为 0.724，表明提取出的公共因子对变量 Q18 的方差做出了 72.4% 的贡献。所有变量共同度都在 45% 以上，表明提取的因子已包含原始变量的大部分信息，因子提取的效果较为理想。

① 杜智敏编著《抽样调查与 SPSS 应用》，电子工业出版社，2010，第 722 页。

表 5-20 变量共同度（Communalities）A

指标	变量	初始公因子方差(Initial)	提取后公因子方差(Extraction)
加入组织后，参与社区事务管理方面的积极性	Q18	1.000	.724
加入组织后，参与投票选举方面的积极性	Q19	1.000	.739
加入组织后，扩大了社会关系网络	Q20	1.000	.736
去关系较好的组织成员家串门聊天	Q21	1.000	.497
用手机、网络等方式与组织成员联系	Q22	1.000	.736
与关系较好的组织成员一起购物、聚餐	Q23	1.000	.684
组织成员之间的关系状况	Q24	1.000	.568
从组织成员那里获得有价值的信息	Q25	1.000	.654
主动发动其他组织成员一起解决影响组织发展的问题	Q26	1.000	.730
参与解决组织面临的问题	Q27	1.000	.758
加入组织后，参与社区志愿性活动方面的积极性	Q28	1.000	.466
社会上大多数人的可信任情况	Q29	1.000	.771
组织中大部分成员的可信任情况	Q30	1.000	.759
在借出、借入方面，组织成员之间的信任情况	Q31	1.000	.648
加入组织参加健身活动，增进成员之间的信任情况	Q32	1.000	.478
出差，请组织中的朋友帮忙接收邮政快递、网购商品等	Q33	1.000	.458
征求组织中朋友的意见	Q34	1.000	.621
加入组织，有助于增强合作意识	Q35	1.000	.587
成员为实现组织活动目标而团结协作	Q36	1.000	.561
组织发展中遇到困难，成员能否团结起来解决困难	Q37	1.000	.511
加入组织后，遵守规则和秩序意识是否有增强	Q38	1.000	.598
加入组织后，公平意识是否有增强	Q39	1.000	.570
组织成员做出有损组织的事情，组织其他成员是否会对他（她）采取像劝告、批评之类的措施	Q40	1.000	.614
组织内大部分成员是否愿意互相帮助	Q41	1.000	.572

续表

指标	变量	初始公因子方差 (Initial)	提取后公因子方差 (Extraction)
自己遇到困难时，是否会求助于组织中的朋友	Q42	1.000	.591
知道组织中的朋友有困难时，是否会主动提供帮助	Q43	1.000	.562
是否喜欢所在的组织	Q44	1.000	.651
对自己所在组织里所发生事情的关心情况	Q45	1.000	.720
是否赞同自己是所在组织的一分子	Q46	1.000	.703

注：提取方法：主成分分析。

“究竟应选取多少因子？常用的准则是：如果因子的特征值是小于 1 的，不予选用；如果因子所解释的平均方差小于 5%，不予选用；如果共量总值大于 90%，则不再继续抽取其余因子；如果因子数目达到研究员所要求的数目，就舍去其余因子。在分析时，可采用其中一项或多项的准则。”[①] 在此根据特征值（Eigenvalues）大于 1 的原则，确定因子数量（见表 5－21、图 5－1）。

表 5－21　总方差解释（Total Variance Explained）A

成分	初始特征值 (Initial Eigenvalues)			提取平方和载入 (Extraction Sums of Squared Loadings)			旋转平方和载入 (Rotation Sums of Squared Loadings)		
	合计	方差的百分比	累计百分比	合计	方差的百分比	累计百分比	合计	方差的百分比	累计百分比
1	10.993	37.906	37.906	10.993	37.906	37.906	4.575	15.777	15.777
2	2.820	9.724	47.631	2.820	9.724	47.631	4.361	15.036	30.814
3	1.266	4.365	51.995	1.266	4.365	51.995	4.075	14.053	44.866
4	1.098	3.787	55.782	1.098	3.787	55.782	2.186	7.539	52.405
5	1.072	3.698	59.480	1.072	3.698	59.480	1.890	6.517	58.923
6	1.017	3.508	62.988	1.017	3.508	62.988	1.179	4.066	62.988
7	.937	3.232	66.221						
8	.779	2.685	68.905						
9	.772	2.661	71.566						
10	.719	2.480	74.046						

① 李沛良：《社会研究的统计应用》，社会科学文献出版社，2002，第 340 页。

续表

成分	初始特征值 (Initial Eigenvalues)			提取平方和载入(Extraction Sums of Squared Loadings)			旋转平方和载入(Rotation Sums of Squared Loadings)		
	合计	方差的百分比	累计百分比	合计	方差的百分比	累计百分比	合计	方差的百分比	累计百分比
11	.631	2.177	76.223						
12	.609	2.099	78.322						
13	.525	1.809	80.131						
14	.510	1.760	81.891						
15	.490	1.689	83.580						
16	.456	1.573	85.153						
17	.451	1.554	86.707						
18	.429	1.479	88.186						
19	.394	1.359	89.545						
20	.382	1.316	90.862						
21	.360	1.242	92.104						
22	.344	1.187	93.291						
23	.323	1.115	94.406						
24	.306	1.055	95.461						
25	.295	1.018	96.479						
26	.284	.980	97.459						
27	.268	.926	98.385						
28	.246	.847	99.232						
29	.223	.768	100.000						

注：提取方法：主成分分析。

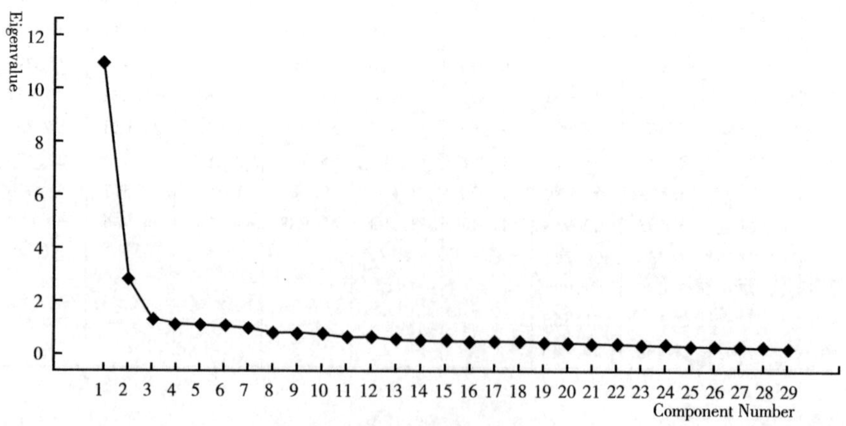

图 5－1　碎石图 A

从表5-22因子载荷矩阵可见，初始因子载荷矩阵中，后2个因子没有任何一个题项的因子荷载为最大值，为了更好地命名以及更好地解释提取的因子，采取正交旋转方式的方差最大法（Varimax）对初始因子负荷进行旋转，“正交旋转方式的方差最大法（Varimax），常用于社会学研究中。这种方法的特点是可以保证旋转以后的各个因子仍然是代表不同的方面。”① “它是在旋转时要尽量弄清楚在每个因子上的各个变项的因子负荷情况，也即使到因子矩阵中每一列a值尽可能变为1或0。这种做法的效用是突出每一个因子的性质，使我们清楚知道哪些变项是属于它的。”② 这样可以使因子负荷矩阵结构更加清晰，尽量使每个变项只负荷一个因子，因“旋转的准则是：尽量使得每个变项只负荷于一个因子上。”③

表5-22　因子载荷矩阵（Component Matrix[a]）A

指标	Component					
	1	2	3	4	5	6
加入组织后，参与社区事务管理方面的积极性	.511	.650	-.094	-.154	.051	.069
加入组织后，参与投票选举方面的积极性	.472	.587	-.166	-.159	.181	.293
加入组织后，扩大了社会关系网络	.462	.690	-.073	-.037	.069	.189
去关系较好的组织成员家串门聊天	.539	.428	.023	-.065	.113	-.079
用手机、网络等方式与组织成员联系	.569	.627	.095	.054	-.082	-.028
与关系较好的组织成员一起购物、聚餐	.605	.455	.204	.135	-.034	-.223
组织成员之间的关系状况	.625	.098	.032	.125	-.280	-.270
从组织成员那里获得有价值的信息	.619	.426	.153	.126	-.016	-.226
主动发动其他组织成员一起解决影响组织发展的问题	.587	-.155	.529	.184	.101	.195
参与解决组织面临的问题	.544	-.141	.609	.147	.022	.223
加入组织后，参与社区志愿性活动方面的积极性	.646	-.109	.148	.075	-.063	-.072
社会上大多数人的可信任情况	.525	-.132	-.334	.552	.075	.238
组织中大部分成员的可信任情况	.597	-.091	-.288	.514	-.013	.218
在借出、借入方面，组织成员之间的信任情况	.671	-.114	-.152	.296	.102	-.252

① 李沛良：《社会研究的统计应用》，社会科学文献出版社，2002，第342页。
② 李沛良：《社会研究的统计应用》，社会科学文献出版社，2002，第342页。
③ 李沛良：《社会研究的统计应用》，社会科学文献出版社，2002，第341页。

续表

指标	Component					
	1	2	3	4	5	6
加入组织参加健身活动，增进成员之间的信任情况	.657	-.054	.095	-.077	-.167	.023
出差，请组织中的朋友帮忙接收邮政快递、网购商品等	.604	-.007	-.214	-.018	.186	-.114
征求组织中朋友的意见	.658	-.249	-.019	-.004	.279	-.216
加入组织，有助于增强合作意识	.714	-.185	.019	-.110	-.157	-.082
成员为实现组织活动目标而团结协作	.687	-.190	-.052	-.087	-.182	-.099
组织发展中遇到困难，成员能否团结起来解决困难	.662	-.219	-.147	-.036	.025	-.047
加入组织后，遵守规则和秩序意识是否有增强	.665	-.194	-.223	-.177	.164	.097
加入组织后，公平意识是否有增强	.578	-.181	-.133	-.307	.238	.184
组织成员做出有损组织的事情，组织其他成员是否会对他（她）采取像劝告、批评之类的措施	.453	-.250	.276	-.077	.441	.265
组织内大部分成员是否愿意互相帮助	.658	-.221	-.068	-.048	.214	-.196
自己遇到困难时，是否会求助于组织中的朋友	.641	-.200	.003	-.155	.151	-.305
知道组织中的朋友有困难时，是否会主动提供帮助	.698	-.174	.034	-.194	-.021	-.077
是否喜欢所在的组织	.698	-.137	.030	-.130	-.331	.133
对自己所在组织里所发生事情的关心情况	.687	-.159	-.167	-.125	-.362	.217
是否赞同自己是所在组织的一分子	.694	-.170	-.033	-.137	-.342	.236

注：提取方法：主成分分析。

a. 提取 6 个因子。

第 7 个因子只有一个题项——组织成员之间的关系状况（由于进行因子分析时，所得因子的题项数量一般不能少于 3 个，少于 3 个题项的情况下要把该因子包含的题项全部删除，再重新进行因子分析，直到所有因子都包含 3 个及以上题项为止），因此将其删除。

因“加入组织后，参与社区志愿性活动方面的积极性”这项指标，因子负荷小于 0.4（一般情况下，因子负荷小于 0.4 的要删除，“如果样本较大，只要 a 值大于 0.3，就可以保留在因子矩阵中”[①]），且同时负荷于两个

① 李沛良：《社会研究的统计应用》，社会科学文献出版社，2002，第 339 页。

维度，负荷系数大小基本相当，这说明这项指标存在交叉负荷，所测量的潜在概念不清晰，本应将其删除，但考虑到这样又会有1个因子的题项不足3个，因而将其保留（见表5-23）。

表5-23　旋转后的因子载荷矩阵（Rotated Component Matrix[a]）A

指标	Component					
	1	2	3	4	5	6
加入组织后，参与社区事务管理方面的积极性	.122	.826	.156	-.028	.019	-.042
加入组织后，参与投票选举方面的积极性	.093	.785	.120	.011	.118	-.292
加入组织后，扩大了社会关系网络	.004	.839	.100	.032	.121	-.078
去关系较好的组织成员家串门聊天	.272	.627	.110	.100	.026	.087
用手机、网络等方式与组织成员联系	.063	.787	.187	.130	.080	.233
与关系较好的组织成员一起购物、聚餐	.220	.632	.134	.226	.067	.403
组织成员之间的关系状况	.285	.300	.406	.076	.149	.451
从组织成员那里获得有价值的信息	.260	.616	.142	.194	.089	.376
主动发动其他组织成员一起解决影响组织发展的问题	.208	.121	.238	.766	.149	.082
参与解决组织面临的问题	.119	.109	.280	.799	.075	.099
加入组织后，参与社区志愿性活动方面的积极性	.368	.167	.370	.317	.156	.203
社会上大多数人的可信任情况	.221	.099	.177	.113	.817	-.015
组织中大部分成员的可信任情况	.214	.158	.272	.131	.772	.044
在借出、借入方面，组织成员之间的信任情况	.564	.163	.179	.105	.427	.279
加入组织参加健身活动，增进成员之间的信任情况	.302	.231	.508	.242	.080	.104
出差，请组织中的朋友帮忙接收邮政快递、网购商品等	.543	.276	.191	.014	.224	-.008
征求组织中朋友的意见	.710	.084	.169	.225	.163	.063
加入组织，有助于增强合作意识	.454	.137	.552	.182	.086	.131
成员为实现组织活动目标而团结协作	.444	.117	.551	.109	.123	.141
组织发展中遇到困难，成员能否团结起来解决困难	.526	.103	.402	.103	.229	.006
加入组织后，遵守规则和秩序意识是否有增强	.564	.166	.383	.086	.202	-.239
加入组织后，公平意识是否有增强	.515	.163	.335	.150	.064	-.373

续表

指标	Component					
	1	2	3	4	5	6
组织成员做出有损组织的事情，组织其他成员是否会对他（她）采取像劝告、批评之类的措施	.402	.047	.061	.580	.071	-.324
组织内大部分成员是否愿意互相帮助	.676	.108	.229	.162	.149	.047
自己遇到困难时，是否会求助于组织中的朋友	.689	.112	.260	.141	-.011	.126
知道组织中的朋友有困难时，是否会主动提供帮助	.521	.161	.471	.204	.017	.035
是否喜欢所在的组织	.242	.172	.713	.201	.111	.049
对自己所在组织里所发生事情的关心情况	.224	.154	.767	.059	.226	-.054
是否赞同自己是所在组织的一分子	.210	.149	.757	.182	.167	-.046

注：提取方法：主成分分析。

旋转方法：Kaiser 方差最大正交旋转（Varimax with Kaiser Normalization）。

a. 经 7 次迭代收敛（Rotation converged in 7 iterations）。

“确定公共因子的个数的过程是一个反复探索的过程。”[①] 接下来将题项 Q24（组织成员之间的关系状况）删除，保留 28 个题项，重新进行因子分析。检验结果：KMO = 0.939，Bartlett 球形检验近似卡方值（Approx. Chi-Square）为 7.270E3，自由度（df）为 378，P = 0.000（P < 0.01，差异极显著），表明 28 个题项有共同因素存在，适合进行因子分析（见表 5 – 24）。

表 5 – 24　KMO 和 Bartlett 检验（KMO and Bartlett's Test）B

Kaiser-Meyer-Olkin Measure of Sampling Adequacy.		.939
Bartlett's Test of Sphericity	Approx. Chi-Square	7.270E3
	df	378
	Sig.	.000

表 5 – 25 是删除了题项 Q24 后再次进行因子分析后生成的，表中给出了 28 个原始变量的共同度，如表中第一行给出了变量 Q18 的共同度为 0.714，表明提取出的公共因子对变量 Q18 的方差做出了 71.4% 的贡献。

① 杜智敏编著《抽样调查与 SPSS 应用》，电子工业出版社，2010，第 724 页。

所有变量共同度都在40%以上，表明提取的因子已包含原始变量的大部分信息，因子提取的效果较为理想。因提取的公因子数目减少一个，总方差解释稍有降低，所以一些变量的共同度随之发生一些变化。

表5－25　变量共同度（Communalities）B

指标	变量	初始公因子方差(Initial)	提取后公因子方差(Extraction)
加入组织后，参与社区事务管理方面的积极性	Q18	1.000	.714
加入组织后，参与投票选举方面的积极性	Q19	1.000	.614
加入组织后，扩大了社会关系网络	Q20	1.000	.706
去关系较好的组织成员家串门聊天	Q21	1.000	.498
用手机、网络等方式与组织成员联系	Q22	1.000	.727
与关系较好的组织成员一起购物、聚餐	Q23	1.000	.619
从组织成员那里获得有价值的信息	Q25	1.000	.597
主动发动其他组织成员一起解决影响组织发展的问题	Q26	1.000	.703
参与解决组织面临的问题	Q27	1.000	.739
加入组织后，参与社区志愿性活动方面的积极性	Q28	1.000	.451
社会上大多数人的可信任情况	Q29	1.000	.753
组织中大部分成员的可信任情况	Q30	1.000	.753
在借出、借入方面，组织成员之间的信任情况	Q31	1.000	.595
加入组织参加健身活动，增进成员之间的信任情况	Q32	1.000	.478
出差，请组织中的朋友帮忙接收邮政快递、网购商品等	Q33	1.000	.457
征求组织中朋友的意见	Q34	1.000	.619
加入组织，有助于增强合作意识	Q35	1.000	.571
成员为实现组织活动目标而团结协作	Q36	1.000	.541
组织发展中遇到困难，成员能否团结起来解决困难	Q37	1.000	.509
加入组织后，遵守规则和秩序意识是否有增强	Q38	1.000	.569
加入组织后，公平意识是否有增强	Q39	1.000	.482
组织成员做出有损组织的事情，组织其他成员是否会对他（她）采取像劝告、批评之类的措施	Q40	1.000	.429

续表

指标	变量	初始公因子方差 (Initial)	提取后公因子方差 (Extraction)
组织内大部分成员是否愿意互相帮助	Q41	1.000	.562
自己遇到困难时，是否会求助于组织中的朋友	Q42	1.000	.539
知道组织中的朋友有困难时，是否会主动提供帮助	Q43	1.000	.558
是否喜欢所在的组织	Q44	1.000	.649
对自己所在组织里所发生事情的关心情况	Q45	1.000	.714
是否赞同自己是所在组织的一分子	Q46	1.000	.703

注：提取方法：主成分分析。

由表5-26可见，按照特征值大于1的原则提取的因子数为5个，可解释总方差的60.182%。

表5-26 总方差解释（Total Variance Explained）B

成分	初始特征值 (Initial Eigenvalues)			提取平方和载入(Extraction Sums of Squared Loadings)			旋转平方和载入(Rotation Sums of Squared Loadings)		
	合计	方差的百分比	累计百分比	合计	方差的百分比	累计百分比	合计	方差的百分比	累计百分比
1	10.625	37.948	37.948	10.625	37.948	37.948	4.545	16.231	16.231
2	2.812	10.044	47.992	2.812	10.044	47.992	4.400	15.714	31.944
3	1.265	4.519	52.511	1.265	4.519	52.511	3.689	13.175	45.119
4	1.096	3.913	56.425	1.096	3.913	56.425	2.250	8.036	53.155
5	1.052	3.757	60.182	1.052	3.757	60.182	1.967	7.027	60.182
6	.974	3.477	63.659						
7	.927	3.312	66.971						
8	.776	2.770	69.741						
9	.756	2.699	72.441						
10	.660	2.357	74.798						
11	.611	2.182	76.980						
12	.577	2.061	79.041						
13	.519	1.855	80.895						
14	.505	1.805	82.700						
15	.476	1.701	84.401						
16	.456	1.629	86.030						

续表

成分	初始特征值(Initial Eigenvalues)			提取平方和载入(Extraction Sums of Squared Loadings)			旋转平方和载入(Rotation Sums of Squared Loadings)		
	合计	方差的百分比	累计百分比	合计	方差的百分比	累计百分比	合计	方差的百分比	累计百分比
17	.430	1.537	87.567						
18	.396	1.416	88.983						
19	.388	1.386	90.369						
20	.376	1.344	91.713						
21	.346	1.236	92.948						
22	.323	1.155	94.104						
23	.316	1.128	95.231						
24	.298	1.066	96.297						
25	.284	1.015	97.312						
26	.271	.968	98.280						
27	.250	.893	99.173						
28	.232	.827	100.000						

注：提取方法：主成分分析。

从图5－2碎石图（Scree Plot）可见，在第5个因子处出现拐点，此后碎石图的坡度趋于平缓。“在因子分析中，碎石图则用于显示各个因子的重要程度，对应于前面坡度上的因子确定为公共因子，而坡度变缓之后的因子对应的特征值很小，所以可以不再考虑。”①

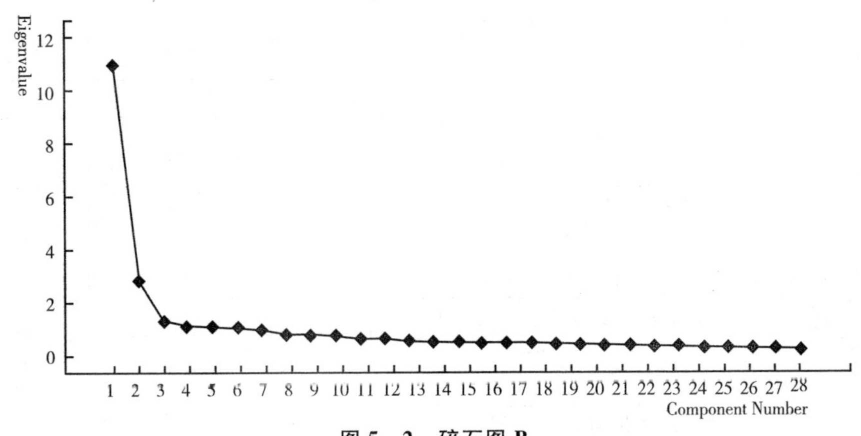

图5－2 碎石图B

① 杜智敏编著《抽样调查与SPSS应用》，电子工业出版社，2010，第723页。

表 5 - 27　因子载荷矩阵（Component Matrix[a]）B

指标	Component				
	1	2	3	4	5
加入组织后，参与社区事务管理方面的积极性	.509	.656	-.089	-.130	.027
加入组织后，参与投票选举方面的积极性	.475	.596	-.156	-.091	.033
加入组织后，扩大了社会关系网络	.463	.697	-.066	-.003	-.043
去关系较好的组织成员家串门聊天	.536	.431	.025	-.043	.151
用手机、网络等方式与组织成员联系	.563	.629	.094	.033	-.069
与关系较好的组织成员一起购物、聚餐	.597	.456	.200	.110	.051
从组织成员那里获得有价值的信息	.614	.428	.150	.107	.065
主动发动其他组织成员一起解决影响组织发展的问题	.590	-.149	.533	.217	-.044
参与解决组织面临的问题	.548	-.136	.612	.168	-.132
加入组织后，参与社区志愿性活动方面的积极性	.644	-.107	.146	.053	-.030
社会上大多数人的可信任情况	.527	-.127	-.333	.570	-.152
组织中大部分成员的可信任情况	.599	-.086	-.289	.511	-.207
在借出、借入方面，组织成员之间的信任情况	.669	-.112	-.155	.295	.156
加入组织参加健身活动，增进成员之间的信任情况	.658	-.049	.095	-.109	-.148
出差，请组织中的朋友帮忙接收邮政快递、网购商品等	.607	-.002	-.210	.019	.211
征求组织中朋友的意见	.660	-.245	-.017	.046	.348
加入组织，有助于增强合作意识	.714	-.181	.018	-.146	-.084
成员为实现组织活动目标而团结协作	.689	-.185	-.053	-.128	-.114
组织发展中遇到困难，成员能否团结起来解决困难	.661	-.216	-.147	-.034	.058
加入组织后，遵守规则和秩序意识是否有增强	.669	-.188	-.218	-.132	.145
加入组织后，公平意识是否有增强	.584	-.174	-.125	-.237	.197
组织成员做出有损组织的事情，组织其他成员是否会对他（她）采取像劝告、批评之类的措施	.458	-.243	.285	.042	.277
组织内大部分成员是否愿意互相帮助	.660	-.216	-.065	-.008	.275
自己遇到困难时，是否会求助于组织中的朋友	.648	-.192	.008	-.125	.259
知道组织中的朋友有困难时，是否会主动提供帮助	.701	-.168	.037	-.191	.024
是否喜欢所在的组织	.696	-.135	.028	-.194	-.328
对自己所在组织里所发生事情的关心情况	.686	-.156	-.169	-.192	-.391
是否赞同自己是所在组织的一分子	.696	-.165	-.034	-.194	-.390

注：提取方法：主成分分析。

a. 提取 5 个因子。

由以上使用方差最大法（Varimax）正交旋转后的因子载荷矩阵可见，因子负荷矩阵结构清晰，每个题项都在其中的一个公共因子上有较高的载荷值，同时对其他公共因子的载荷值较低，个别除外（见表5-28）。

表5-28 旋转后的因子载荷矩阵（Rotated Component Matrix[a]）B

指标	Component				
	1	2	3	4	5
加入组织后，参与社区事务管理方面的积极性	.126	.819	.157	-.055	.007
加入组织后，参与投票选举方面的积极性	.136	.749	.138	-.104	.063
加入组织后，扩大了社会关系网络	.010	.827	.114	-.014	.098
去关系较好的组织成员家串门聊天	.269	.636	.089	.111	.034
用手机、网络等方式与组织成员联系	.039	.808	.168	.182	.101
与关系较好的组织成员一起购物、聚餐	.169	.675	.099	.333	.121
从组织成员那里获得有价值的信息	.208	.658	.111	.297	.144
主动发动其他组织成员一起解决影响组织发展的问题	.230	.125	.223	.751	.147
参与解决组织面临的问题	.134	.114	.274	.792	.077
加入组织后，参与社区志愿性活动方面的积极性	.357	.192	.339	.369	.187
社会上大多数人的可信任情况	.211	.098	.184	.083	.811
组织中大部分成员的可信任情况	.203	.165	.272	.122	.772
在借出、借入方面，组织成员之间的信任情况	.483	.202	.146	.185	.515
加入组织参加健身活动，增进成员之间的信任情况	.301	.248	.492	.272	.100
出差，请组织中的朋友帮忙接收邮政快递、网购商品等	.536	.284	.178	.010	.240
征求组织中朋友的意见	.706	.099	.137	.237	.190
加入组织，有助于增强合作意识	.444	.162	.530	.229	.120
成员为实现组织活动目标而团结协作	.420	.144	.538	.165	.165
组织发展中遇到困难，成员能否团结起来解决困难	.534	.111	.379	.103	.240
加入组织后，遵守规则和秩序意识是否有增强	.620	.148	.366	.005	.171
加入组织后，公平意识是否有增强	.601	.129	.321	.022	.008
组织成员做出有损组织的事情，组织其他成员是否会对他（她）采取像劝告、批评之类的措施	.483	.006	.055	.439	.012
组织内大部分成员是否愿意互相帮助	.663	.123	.209	.176	.180
自己遇到困难时，是否会求助于组织中的朋友	.644	.142	.253	.195	.049
知道组织中的朋友有困难时，是否会主动提供帮助	.511	.175	.464	.222	.046

续表

指标	Component				
	1	2	3	4	5
是否喜欢所在的组织	.257	.182	.699	.217	.118
对自己所在组织里所发生事情的关心情况	.252	.154	.760	.047	.217
是否赞同自己是所在组织的一分子	.236	.151	.755	.169	.160

注：提取方法：主成分分析。

旋转方法：Kaiser 方差最大正交旋转（Varimax with Kaiser Normalization）。

a. 经 6 次迭代收敛（Rotation converged in 6 iterations）。

表 5-29　社区体育组织社会资本探索性因子分析结果

题项	因子 1	因子 2	因子 3	因子 4	因子 5
Q33	.536				
Q34	.706				
Q37	.534				
Q38	.620				
Q39	.601				
Q40	.483				
Q41	.663				
Q42	.644				
Q43	.511				
Q18		.819			
Q19		.749			
Q20		.827			
Q21		.636			
Q22		.808			
Q23		.675			
Q25		.658			
Q32			.492		
Q35			.530		
Q36			.538		
Q44			.699		
Q45			.760		
Q46			.755		
Q26				.751	
Q27				.792	
Q28				.369	
Q29					.811
Q30					.772
Q31					.515
特征值	10.625	2.812	1.265	1.096	1.052
解释方差(%)	16.231	15.714	13.175	8.036	7.027
累积解释方差(%)	16.231	32.944	45.119	53.155	60.182

第 1 个因子包括 9 个题项，分别是：Q33（出差，请组织中的朋友帮忙接收邮政快递、网购商品等）、Q34（征求组织中朋友的意见）、Q37（组织发展中遇到困难，成员能否团结起来解决困难）、Q38（加入组织后，遵守规则和秩序意识是否有增强）、Q39（加入组织后，公平意识是否有增强）、Q40［组织成员做出有损组织的事情，组织其他成员是否会对他（她）采取像劝告、批评之类的措施］、Q41（组织内大部分成员是否愿意互相帮助）、Q42（自己遇到困难时，是否会求助于组织中的朋友）、Q43（知道组织中的朋友有困难时，是否会主动提供帮助）。将其命名为“规范（包括互惠）因子”。

第 2 个因子包括 7 个题项，分别是：Q18（加入组织后，参与社区事务管理方面的积极性）、Q19（加入组织后，参与投票选举方面的积极性）、Q20（加入组织后，扩大了社会关系网络）、Q21（去关系较好的组织成员家串门聊天）、Q22（用手机、网络等方式与组织成员联系）、Q23（与关系较好的组织成员一起购物、聚餐）、Q25（从组织成员那里获得有价值的信息）。将其命名为“参与及社会网络因子”。

第 3 个因子包括 6 个题项，分别是：Q32（加入组织参加健身活动，增进成员之间的信任情况）、Q35（加入组织，有助于增强合作意识）、Q36（成员为实现组织活动目标而团结协作）、Q44（是否喜欢所在的组织）、Q45（对自己所在组织里所发生事情的关心情况）、Q46（是否赞同自己是所在组织的一分子）。将其命名为“组织凝聚力因子”。

第 4 个因子包括 3 个题项，分别是：Q26（主动发动其他组织成员一起解决影响组织发展的问题）、Q27（参与解决组织面临的问题）、Q28（加入组织后，参与社区志愿性活动方面的积极性）。将其命名为“志愿服务（精神）因子”。

第 5 个因子包括 3 个题项，分别是：Q29（社会上大多数人的可信任情况）、Q30（组织中大部分成员的可信任情况）、Q31（在借出、借入方面，组织成员之间的信任情况）。将其命名为“信任因子”。

比较前面设计的“社区体育组织社会资本测量指标体系”可见，第 2 个因子涵盖的变量与设计的参与及社会网络维度的变量相同，第 4 个因子涵盖的变量与设计的志愿服务（精神）维度的变量相同，第 5 个因子涵盖的变量与设计的信任维度的变量相同，但第 1 个因子涵盖的 Q33、Q34，在先前设计的“社区体育组织社会资本测量指标体系”中属于信任维度，认真思考后发现，实际上这 2 个变量更多表达的是互惠，属于规范范畴内的互惠规范。当然，这里面既有“理性互惠”的成分（如现在帮助别人是想到今后自己需要帮助的时候能得到别人的帮助），也有“非理性互惠”的成分（如帮助别人是出于传统的助人为乐美德）。“中国人的互惠规范主要体现在‘礼’与‘人情’中，同时也体现在各种形式的互助中。”[①] 第3个因子涵盖Q32、Q35、Q36，而在先前设计的“社区体育组织社会资本测量指标体系”中，Q32属于信任维度，Q35、Q36属于规范维度，实际上这3个变量主要测量的是加入社区体育组织后，社区体育组织对其成员的影响，偏重于组织凝聚力范畴。另外，第3个因子涵盖的Q44、Q45、Q46，在先前设计的“社区体育组织社会资本测量指标体系”中属于归属感维度，实际上归属感和凝聚力在这里所表达的意思是基本相同的，只不过归属感是站在社区体育组织成员的立场，而凝聚力是站在社区体育组织的立场，因本研究所测量的是社区体育组织的社会资本，所以该维度命名为凝聚力更恰当。

（三）因子得分表达式

表5-30 因子得分系数矩阵（Component Score Coefficient Matrix）

指标	变量	Component				
		1	2	3	4	5
加入组织后，参与社区事务管理方面的积极性	Q18	-.002	.234	.012	-.120	-.083
加入组织后，参与投票选举方面的积极性	Q19	.011	.213	.000	-.153	-.030
加入组织后，扩大了社会关系网络	Q20	-.079	.238	.000	-.069	.016
去关系较好的组织成员家串门聊天	Q21	.078	.169	-.093	-.007	-.072
用手机、网络等方式与组织成员联系	Q22	-.111	.218	.001	.061	.000
与关系较好的组织成员一起购物、聚餐	Q23	-.037	.169	-.101	.163	.004
从组织成员那里获得有价值的信息	Q25	-.016	.162	-.102	.129	.017
主动发动其他组织成员一起解决影响组织发展的问题	Q26	-.090	-.031	-.057	.460	.012
参与解决组织面临的问题	Q27	-.155	-.032	.012	.502	-.036
加入组织后，参与社区志愿性活动方面的积极性	Q28	.000	-.010	.028	.143	.018
社会上大多数人的可信任情况	Q29	-.096	-.043	-.070	-.037	.590
组织中大部分成员的可信任情况	Q30	-.130	-.029	-.013	-.022	.542
在借出、借入方面，组织成员之间的信任情况	Q31	.129	-.007	-.168	.000	.264
加入组织参加健身活动，增进成员之间的信任情况	Q32	-.051	.007	.170	.061	-.064

① 梁莹：《社会资本与公民文化的成长——公民文化成长与培育中的社会资本因素探析》，中国社会科学出版社，2011，第248页。

续表

指标	变量	Component				
		1	2	3	4	5
出差,请组织中的朋友帮忙接收邮政快递、网购商品等	Q33	.199	.036	-.101	-.128	.060
征求组织中朋友的意见	Q34	.290	-.031	-.194	.024	-.003
加入组织,有助于增强合作意识	Q35	.027	-.027	.162	.004	-.071
成员为实现组织活动目标而团结协作	Q36	.014	-.032	.179	-.040	-.028
组织发展中遇到困难,成员能否团结起来解决困难	Q37	.128	-.036	.037	-.082	.039
加入组织后,遵守规则和秩序意识是否有增强	Q38	.208	-.019	.022	-.164	-.028
加入组织后,公平意识是否有增强	Q39	.238	-.012	.018	-.135	-.152
组织成员做出有损组织的事情,组织其他成员是否会对他(她)采取像劝告、批评之类的措施	Q40	.188	-.043	-.178	.229	-.100
组织内大部分成员是否愿意互相帮助	Q41	.253	-.025	-.123	-.024	-.013
自己遇到困难时,是否会求助于组织中的朋友	Q42	.247	-.015	-.073	-.009	-.124
知道组织中的朋友有困难时,是否会主动提供帮助	Q43	.100	-.016	.107	.000	-.135
是否喜欢所在的组织	Q44	-.133	-.026	.336	.001	-.064
对自己所在组织里所发生事情的关心情况	Q45	-.143	-.037	.393	-.132	.018
是否赞同自己是所在组织的一分子	Q46	-.160	-.039	.384	-.038	-.029

注：提取方法：主成分分析。
旋转方法：Kaiser 方差最大正交旋转（Varimax with Kaiser Normalization）。
成分得分（Component Scores）。

据“因子得分系数矩阵”可写出旋转后因子得分表达式：

$$F_1 = -0.002Q18 + 0.011Q19 - 0.079Q20 + 0.078Q21 + \cdots + 0.100Q43 - 0.133Q44 - 0.143Q45 - 0.160Q46$$

$$F_2 = 0.234Q18 + 0.213Q19 + 0.238Q20 + 0.169Q21 + \cdots - 0.016Q43 - 0.026Q44 - 0.037Q45 - 0.039Q46$$

$$F_3 = 0.012Q18 + 0.000Q19 + 0.000Q20 - 0.093Q21 + \cdots + 0.107Q43 + 0.336Q44 + 0.393Q45 + 0.384Q46$$

$$F_4 = -0.120Q18 - 0.153Q19 - 0.069Q20 - 0.007Q21 + \cdots + 0.000Q43 + 0.001Q44 - 0.132Q45 - 0.038Q46$$

$$F_5 = -0.083Q18 - 0.030Q19 + 0.016Q20 - 0.072Q21 + \cdots - 0.135Q43 - 0.064Q44 + 0.018Q45 - 0.029Q46$$

（四）信度与效度检验

“在社会科学研究领域中，克朗巴哈 α 系数是目前计算李克特量表信度的最常用的方法。”[①] Crocker 和 Algina 曾经指出：“克朗巴哈 α 系数是估计信度的最低限度（Lower Bound），是所有可能的折半信度的平均数，估计内部一致性系数，用克朗巴哈 α 系数优于折半法，因为对于一个测验可以有许多不同的折半方式，不同的折半方式，就会有不同的信度估计值。”[②] 因此，本研究采用反映问卷内部一致性的克朗巴哈 α 系数（Cronbach's Alpha 或 Cronbach's α）作为问卷的信度指标，按照不同因子的题项归类，分别计算每个维度的克朗巴哈 α 系数（见表 5－31）。

表 5－31　信度系数汇总

指标	Cronbach's Alpha	题项数量
总指标体系	.932	28
规范(含互惠)	.858	9
参与及社会网络	.887	7
组织凝聚力	.867	6
志愿服务(精神)	.721	3
信任	.754	3

按照《SPSS 统计应用实务——问卷分析与应用统计》中所述：“一般的态度或心理知觉量表，一份信度系数好的量表或问卷，其总量表的信度系数最好在 0.8 以上，如果在 0.7 至 0.8 之间，还是可以接受的范围；如果是分量表，其信度系数最好在 0.7 以上，如果在 0.6 至 0.7 之间，还可以接受使用。”[③] 可见，“社区体育组织社会资本测量指标体系”具有较好的信度。

“利用因子分析考察问卷结构效度的基本思路是，将问卷或量表中的观察变量按相关性分成几类，将每一类变量归结为一个公共因子，也就是说，每一类中的变量与这个公共因子有高度的相关性。于是，这几个公共因子就代表了问卷或量表的基本结构。考察问卷的结构效度，就是考察通

① 杜志敏编著《抽样调查与 SPSS 应用》，电子工业出版社，2010，第 696 页。

② 吴明隆：《SPSS 统计应用实务——问卷分析与应用统计》，科学出版社，2003，第 107 页。

③ 吴明隆：《SPSS 统计应用实务——问卷分析与应用统计》，科学出版社，2003，第 109 页。

过因子分析所得出的结构与理论构想的结构是否相符。"[①] 由前面的分析可见，多数公共因子所涵盖的题项与研究者的理论构想相一致，这说明实际维度的含义与理论构想的维度基本符合，问卷（社区体育组织社会资本测量指标体系）对于测量"社区体育组织社会资本"概念具有较好的建构效度（Construct Validity）。至于建构效度的适切性与真实性，有待于通过新的样本，运用验证性因子分析进行检验。

四　修订的社区体育组织社会资本定义

根据以上探索性因子分析确定的社区体育组织社会资本的维度，为了使社区体育组织社会资本定义更好地揭示其本质属性，更便于观察、操作和实证测量，将该定义修订为：社区体育组织社会资本是社区体育组织成员以体育运动为媒介，通过组织制度、关系网络嵌入、组织成员互动等路径生成的，可以促进互惠行动和合作的社会关系网络、规范、志愿精神、组织凝聚力及信任关系，它有助于解决集体行动的困境。

五　社区体育组织社会资本结构的验证

（一）一阶验证性因素分析

为了检验社区体育组织社会资本五维因子结构模型是否与实际收集的数据契合，指标变量是否可以作为因素构念（潜在变量）的有效测量变量，本研究运用验证性因子分析（CFA）对另外一半样本进行模型的正式比较。"CFA 属于 SEM 的一种次模型，为 SEM 分析的一种特殊应用。由于 SEM 的模型界定能够处理潜在变量的估计与分析，具有高度的理论先验性，因而若是研究者对于潜在变量的内容和属性，能够提出适当的测量变量以组成测量模型，借由 SEM 的分析程序，便可以对潜在变量的结构或影响关系进行有效的分析（周子敬，2006）。"[②] "CFA 可以处理因素结构间斜交（因素构念间有相关）及直交的问题（因素构念间没有相关）

---

① 杜志敏编著《抽样调查与 SPSS 应用》，电子工业出版社，2010，第 719 页。

② 吴明隆：《SPSS 统计应用实务——问卷分析与应用统计》，科学出版社，2003，第 213 页。

(Spice, 2005)。"① 因本研究因素构念间有相关性，因而，首先选用一阶验证性因素分析多因素斜交模型，选用"最大似然估计"（Maximum Likelihood）来估计自由变化的因子载荷。

由图 5－3、图 5－4 可见，没有出现负的误差变异，模型界定没有问题。

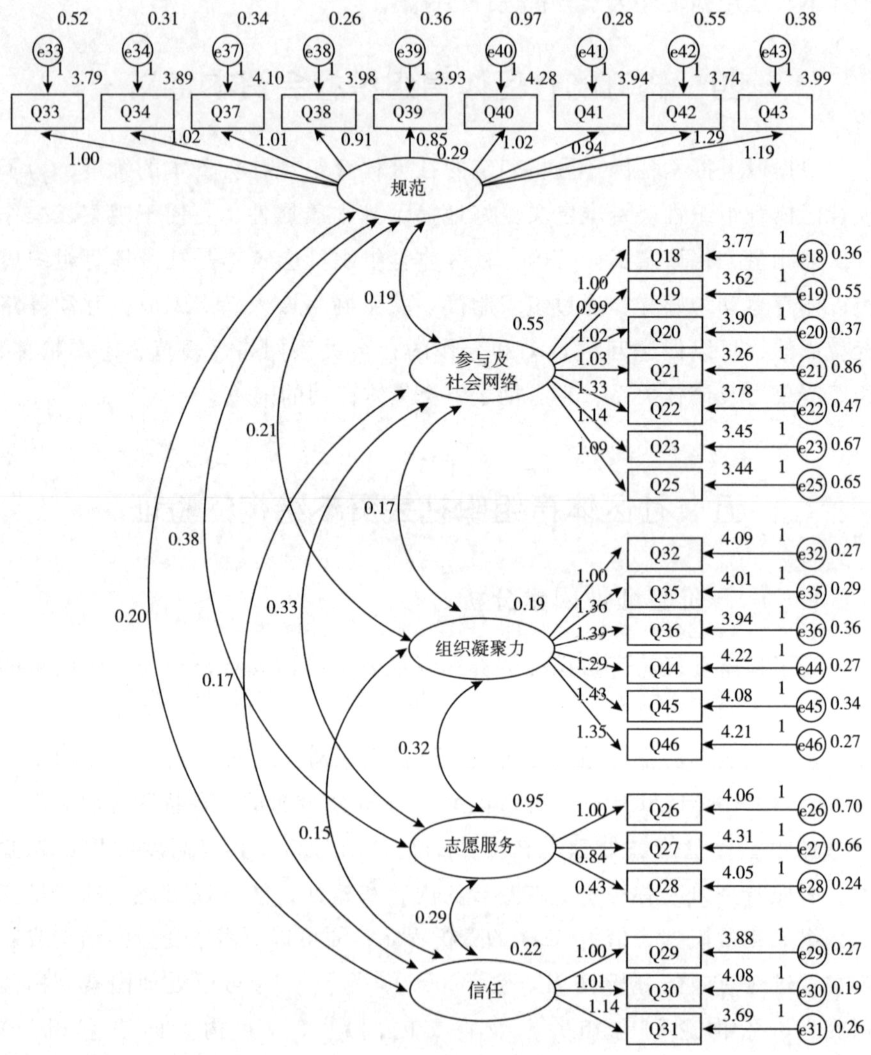

图 5－3　未标准化估计值模型

---

① 吴明隆：《SPSS 统计应用实务——问卷分析与应用统计》，科学出版社，2003，第 213 页。

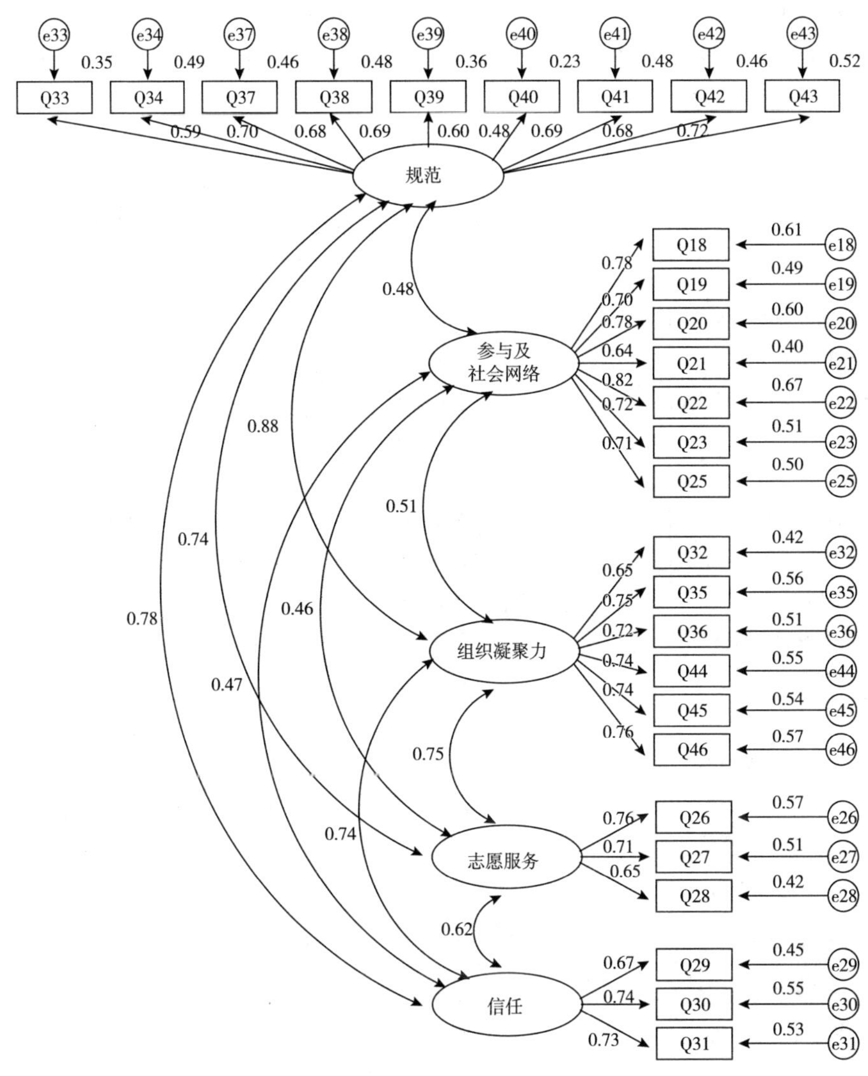

图 5－4　标准化的估计值模型

对于构建的结构方程模型需要用一些统计指标对其拟合度进行检验。吴明隆的《结构方程模型——AMOS 的操作与应用》一书将适配度（也就是拟合度）分为两人部分，一部分为基本适配度，该部分通过 3 个评价项目进行检验。由表 5－32、表 5－33、表 5－34 可见，估计参数中没有出现负的误差变异量且标准误估计值均较小（0.018～0.112）；表示模型的基本适配度良好，但是图 5－4 中题项 Q40 的因素负荷量为 0.48（小于

0.5)，其预测力为0.48 ×0.48 =0.2304，预测力较低，可见，Q40 指标不能有效反映其要测得的构念特质（潜在变量——规范），因此，将其删除，重建结构方程模型。

表 5 - 32　指标体系五维结构间相关系数 Correlations：(Group number 1 - Default model)

路径			相关系数 Estimate
参与及社会网络	< - - - >	组织凝聚力	.515
组织凝聚力	< - - - >	志愿服务	.747
信任	< - - - >	志愿服务	.623
规范	< - - - >	参与及社会网络	.478
信任	< - - - >	规范	.776
信任	< - - - >	参与及社会网络	.473
信任	< - - - >	组织凝聚力	.736
规范	< - - - >	志愿服务	.736
参与及社会网络	< - - - >	志愿服务	.456
规范	< - - - >	组织凝聚力	.882

表 5 - 33　方差 Variances：(Group number 1 - Default model)

指标	Estimate	S. E.	C. R.	P	Label
规范	.286	.041	7.026	***	par_62
参与及社会网络	.547	.055	9.921	***	par_63
组织凝聚力	.195	.025	7.768	***	par_64
志愿服务	.949	.112	8.497	***	par_65
信任	.223	.030	7.476	***	par_66
e33	.522	.035	14.911	***	par_67
e34	.310	.022	14.248	***	par_68
e37	.338	.023	14.440	***	par_69
e38	.263	.018	14.243	***	par_70
e39	.364	.025	14.826	***	par_71
e40	.969	.063	15.316	***	par_72
e41	.279	.019	14.307	***	par_73
e42	.546	.038	14.331	***	par_74
e43	.382	.027	14.005	***	par_75

续表

指标	Estimate	S. E.	C. R.	P	Label
e18	. 356	. 028	12. 640	***	par_76
e19	. 550	. 040	13. 726	***	par_77
e20	. 373	. 029	12. 822	***	par_78
e21	. 864	. 059	14. 605	***	par_79
e22	. 468	. 039	11. 999	***	par_80
e23	. 670	. 049	13. 702	***	par_81
e25	. 653	. 048	13. 738	***	par_82
e32	. 273	. 019	14. 589	***	par_83
e35	. 285	. 021	13. 592	***	par_84
e36	. 355	. 025	13. 957	***	par_85
e44	. 268	. 020	13. 666	***	par_86
e45	. 339	. 025	13. 632	***	par_87
e46	. 266	. 020	13. 382	***	par_88
e26	. 702	. 074	9. 448	***	par_89
e27	. 657	. 060	10. 950	***	par_90
e28	. 238	. 020	12. 057	***	par_91
e29	. 274	. 022	12. 203	***	par_92
e30	. 186	. 018	10. 392	***	par_93
e31	. 257	. 023	11. 065	***	par_94

表 5 －34　验证性因素分析基本适配度检验

评价项目	检验结果数据	模型适配判断
是否没有负的误差变项	均为正数	是
因素负荷是否介于 0. 5 ~0. 95	0. 48 ~0. 82	否
是否没有很大的标准误	0. 018 ~0. 112	是

由图 5 －5 可见，没有出现负的误差变异，模型界定没有问题。

由表 5 －35 与表 5 －32 对比可知，删除题项 Q40 以后，五维结构间的相关系数的变动情况是："信任" 与 "志愿服务" 之间的相关系数升高 0. 001，"规范" 与 "参与及社会网络" 之间的相关系数升高 0. 007，"信任" 与 "规范" 之间的相关系数升高 0. 005，"信任" 与 "组织凝聚力"

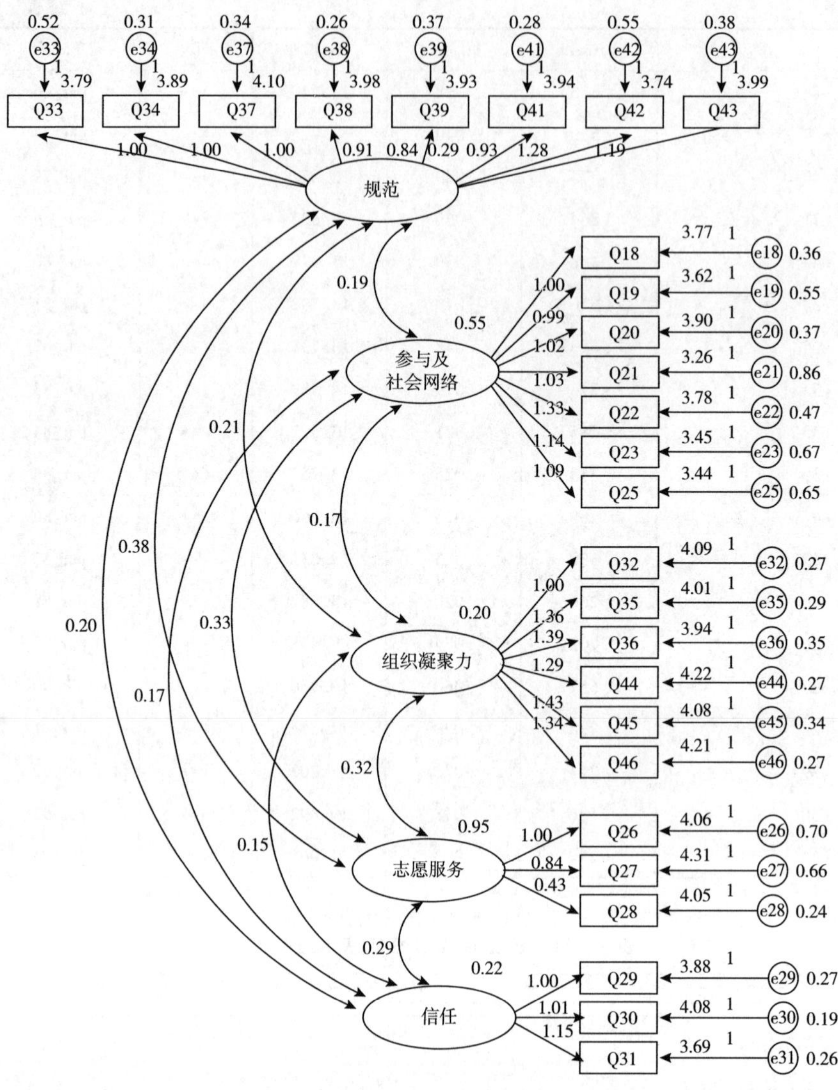

图5-5 未标准化的估计值模型

之间的相关系数升高0.001，"规范"与"组织凝聚力"之间升高0.005；"规范"与"志愿服务"之间降低0.013；"参与及社会网络"与"组织凝聚力"、"组织凝聚力"与"志愿服务"、"信任"与"参与及社会网络"之间的相关系数没有变化。

由图5-5和表5-36可见，估计参数中没有出现负的误差变异量

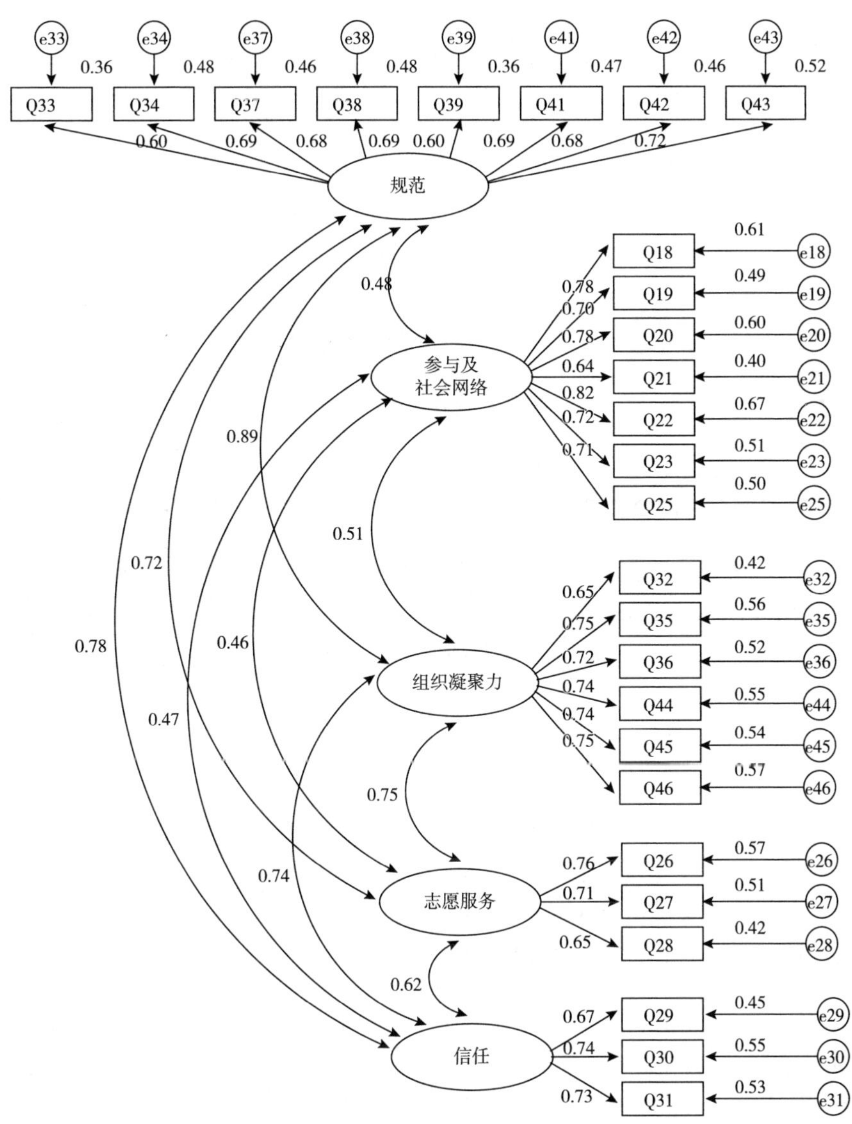

图 5－6　标准化的估计值模型

且标准误估计值均较小（0.018～0.112），表示模型的基本适配度良好，因素负荷值在 0.60 至 0.82 之间，因此，“社区体育组织社会资本测量指标体系”通过基本适配度 3 个评价项目的检验，模型的基本适配度良好。

表 5－35　指标体系五维结构间相关系数 Correlations：（Group number 1－Default model）

路径			相关系数 Estimate
参与及社会网络	<－－－>	组织凝聚力	.515
组织凝聚力	<－－－>	志愿服务	.747
信任	<－－－>	志愿服务	.624
规范	<－－－>	参与及社会网络	.485
信任	<－－－>	规范	.781
信任	<－－－>	参与及社会网络	.473
信任	<－－－>	组织凝聚力	.737
规范	<－－－>	志愿服务	.723
参与及社会网络	<－－－>	志愿服务	.457
规范	<－－－>	组织凝聚力	.887

表 5－36　方差 Variances：（Group number 1－Default model）

指标	Estimate	S. E.	C. R.	P	Label
规范	.289	.041	7.063	***	par_60
参与及社会网络	.547	.055	9.921	***	par_61
组织凝聚力	.196	.025	7.788	***	par_62
志愿服务	.949	.112	8.467	***	par_63
信任	.223	.030	7.466	***	par_64
e33	.519	.035	14.870	***	par_65
e34	.314	.022	14.248	***	par_66
e37	.339	.024	14.408	***	par_67
e38	.260	.018	14.161	***	par_68
e39	.366	.025	14.802	***	par_69
e41	.281	.020	14.290	***	par_70
e42	.546	.038	14.270	***	par_71
e43	.382	.027	13.945	***	par_72
e18	.356	.028	12.641	***	par_73
e19	.550	.040	13.728	***	par_74
e20	.373	.029	12.825	***	par_75
e21	.864	.059	14.603	***	par_76
e22	.468	.039	12.007	***	par_77
e23	.670	.049	13.700	***	par_78
e25	.652	.047	13.735	***	par_79
e32	.272	.019	14.590	***	par_80

续表

指标	Estimate	S. E.	C. R.	P	Label
e35	.286	.021	13.619	***	par_81
e36	.353	.025	13.952	***	par_82
e44	.269	.020	13.687	***	par_83
e45	.339	.025	13.646	***	par_84
e46	.267	.020	13.403	***	par_85
e26	.703	.075	9.389	***	par_86
e27	.657	.060	10.882	***	par_87
e28	.238	.020	11.965	***	par_88
e29	.274	.022	12.209	***	par_89
e30	.187	.018	10.431	***	par_90
e31	.255	.023	11.041	***	par_91

（二）二阶验证性因素分析

通过一阶验证性因素模型分析发现，一阶因素构念间有中高度的关联，且一阶验证性因素分析模型与样本数据可以适配。这具备了测量更高一级因素构念的基本条件。因此，本研究进一步假定5个一阶因素构念更高一阶的因素构念，即"原先的一阶因素构念均受一个较高阶潜在特质的影响，也可以说某一高阶结构可以解释所有的一阶因素构念"。① 具体到本研究中，就是说社区体育组织社会资本作为高阶结构可以解释所有的一阶因素构念，从而进行二阶验证性因素分析。

由图5-7可见，没有出现负的误差变异，模型界定没有问题。

以上构建的结构方程模型需要用一些统计指标对其拟合度进行检验。在检验指标的选取方面，相关研究存在一些差异。

吴明隆在《结构方程模型——AMOS的操作与应用》一书中将适配度（也就是拟合度）分为两大部分，一部分为基本适配度，该部分通过3个评价项目（即没有负的误差变异项，因素负荷量在0.5~0.95，没有很大的标准误）进行检验；另一部分为整体模型适配度，该部分通过3个方面的指数［绝对适配度指数：χ^2 值、RMR值、RMSEA值、GFI值、AGFI值；增值适配度指数：NFI值、RFI值、IFI值、TLI值（即NNFI值）、

① 吴明隆：《SPSS统计应用实务——问卷分析与应用统计》，科学出版社，2003，第246页。

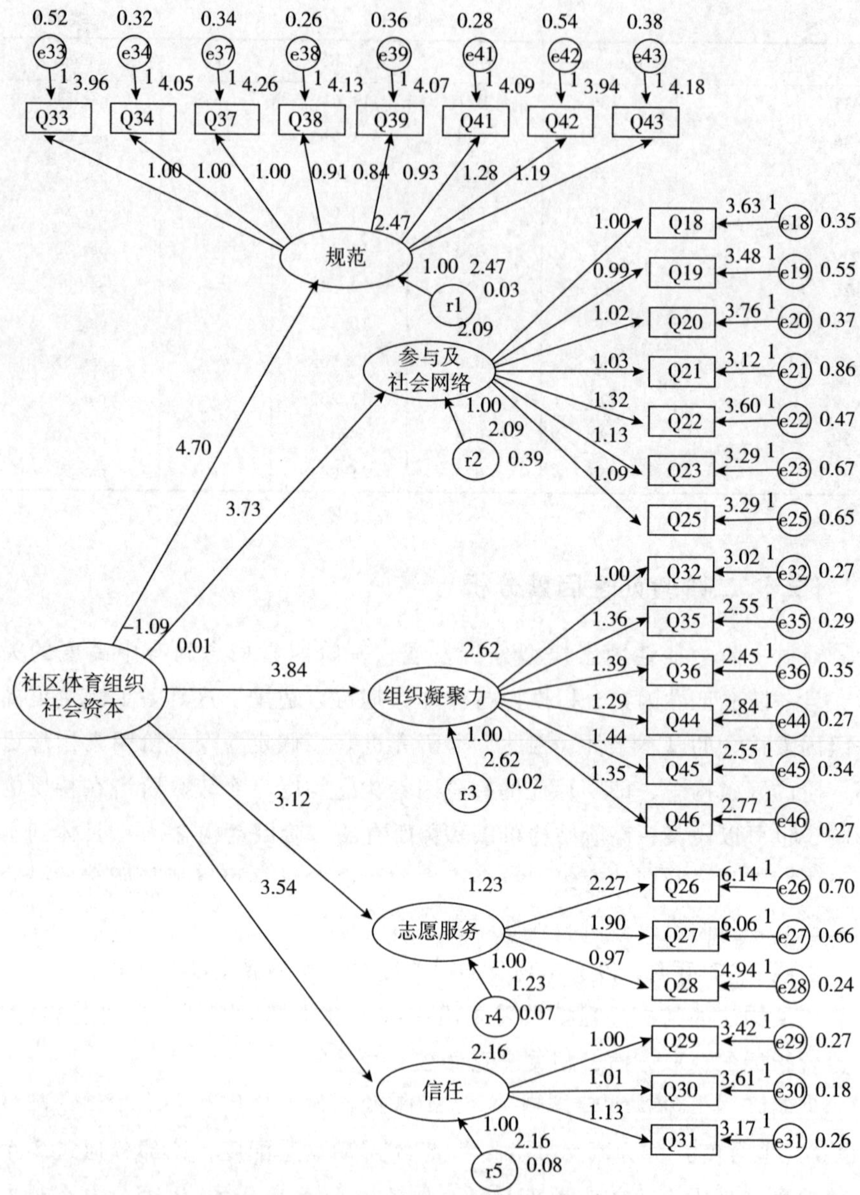

图 5-7 未标准化估计模型

CFI 值；简约适配度指数：PGFI 值、PNFI 值、PCFI 值、CN 值、χ^2 自由度比、AIC 值、CAIC 值］进行检验。

邱皓政与林碧芳在《结构方程模型的原理与应用》中，利用“χ^2 值、

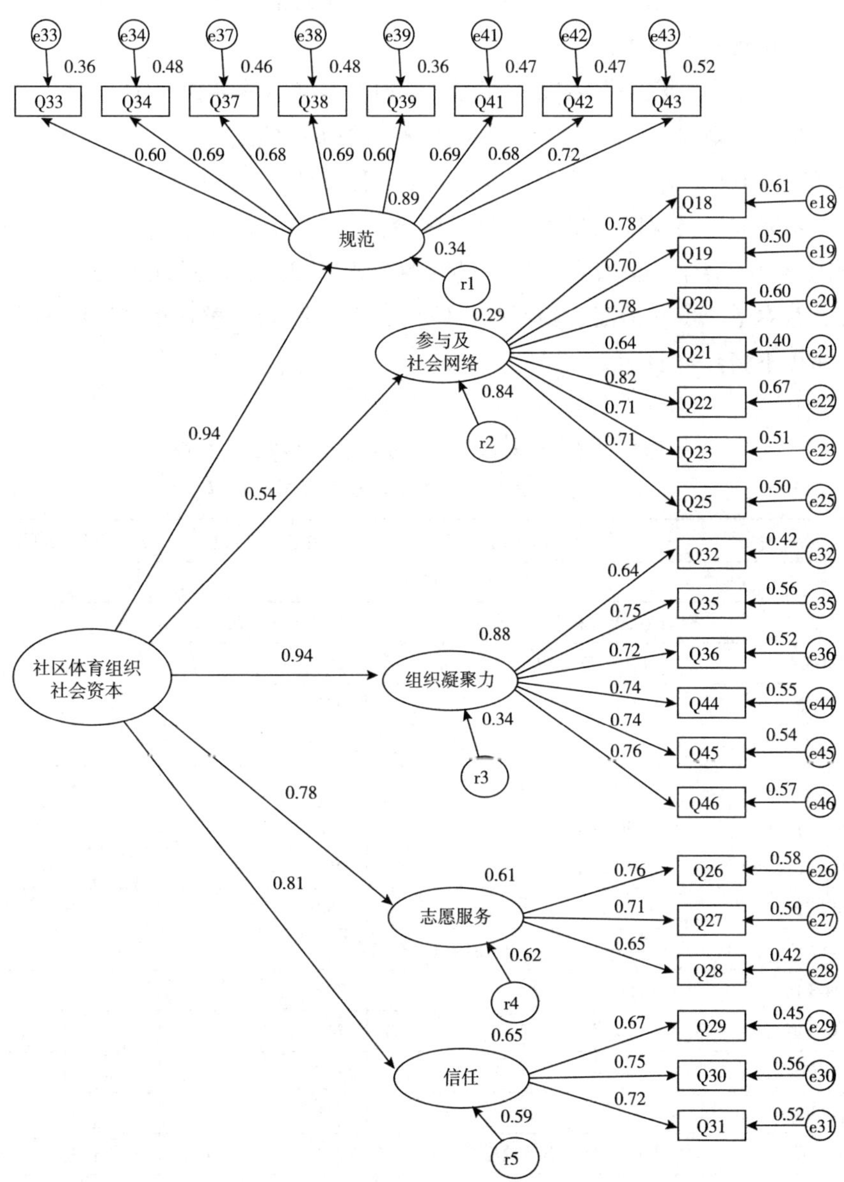

图 5－8　标准化的估计值模型

CMIN/DF、RMR、RMSEA、TLI（即 NNFI）、NFI、CFI、GFI”8 项指数分析 AMOS 验证性因素模型拟合度。比较可知，邱皓政与林碧芳分析 AMOS 验证性因素模型拟合度的指数均包含在吴明隆提出的指数中。但“NNFI

和 IFI 只是表达上的不同，其实质和运算原理完全一致”。[①] 因此，这两项指数只用选一项即可。

罗家德和方震平发表在《江苏社会科学》（2014 年第 1 期）的《社区社会资本的衡量——一个引入社会网观点的衡量方法》以“Chi-Square/df、RMSEA、GFI、TLI”4 项指数检验结构方程模型的适配度。

本研究以吴明隆列出的适配度检验指数为基础，结合心理学、医学、管理学、社会学及体育科学等学科的相关研究成果，将适配度分为两个部分，基本适配度在前面已经进行检验（见表 5 – 34），整体模型适配度检验选用以下指数（见表 5 – 37）。

表 5 – 37 “社区体育组织社会资本测量指标体系”验证性因素分析的整体模型适配度检验

统计检验量	适配的标准或临界值	检验结果数据	模型适配判断
绝对适配度指数			
χ^2 值	p > .05（未达显著水平）	929.215（p = .000）	否
RMSEA 值	<0.08（若 <.05 优良；<.08 良好）	.072	是
GFI 值	>.90 以上	.925	是
增值适配度指数			
NFI 值	>.90 以上	.942	是
RFI 值	>.90 以上	.913	是
TLI 值（NNFI 值）	>.90 以上	.957	是
CFI 值	>.90 以上	.980	是
简约适配度指数			
PNFI 值	>.50 以上	.709	是
PCFI 值	>.50 以上	.740	是
CN 值	>200	235.211	是
χ^2/df = CMIN/DF	<3	2.922	是
AIC 值	理论模型值小于独立模型值，	742.163 <7307.931	是
	且同时小于饱和模型值	742.163 <810.000	是

注：在 AMOS 的输出报表中的 CMIN 是指卡方值。

资料来源：邱皓政、林碧芳：《结构方程模型的原理与应用》，中国轻工业出版社，2009，第 163 页。

① 蒋勤峰、王重鸣、唐宁玉：《基于因子分析的创业策略之探索性研究》，《心理科学》2007 年第 5 期。

表5-37中的 χ^2 值较大，“在SEM中，由于卡方分布受到自由度的影响，自由度越大，卡方值越大。也就是说，当自由度越大时，所欲估计的参数数目越多，影响一个假设模型的因素就越多，造成假设模型拟合度不佳的可能性越大，此时卡方值越不能够用来表明理论模式是否能够表明观察数据的程度。”① “卡方值也与样本数有关。当样本越大，所累积的卡方值也就越大。大样本虽然提高了观察数据的稳定性，却也造成卡方值扩大的效果。虚无假设被拒绝的概率与自由度及样本数具有正比函数关系。因此，当利用卡方分布检验SEM模型时，会因为参与数目与样本数的技术特性影响假设模型的拟合度检验。这也是一般SEM使用者舍卡方就其他拟合指数的主要原因。”② “一些学者建议将 χ^2/df 作为指标，认为其值很接近t值。”③ 关于 χ^2/df 的值，吴明隆的《结构方程模型——AMOS的操作与应用》和邱皓政的《结构方程模型的原理与应用》中都认为其应小于3，亦有一些研究认为小于5即可，如“卡方检验（χ^2/df），一般的研究认为该值小于5时，可认为数据的拟合度较好，但该值受样本容量的影响非常显著”。④

经以上检验，社区体育组织社会资本结构模型与调查的数据拟合良好，适配指标达到验证性因素分析适配的标准，表明实际数据与构念结构可以契合。也就是说，社区体育组织社会资本的5个因素结构在经验数据的验证性因素分析中得到了支持，它们分别是规范、参与及社会网络、组织凝聚力、志愿服务、信任。即社区体育组织社会资本主要由规范社会资本、参与及社会网络社会资本、组织凝聚力社会资本、志愿服务社会资本、信任社会资本5个部分组成。社区体育组织社会资本是不可以直接测量的，其作为一个潜在变量，可以通过5个结构因素间接地表示出来。其中，社区体育组织社会资本与各结构构面的路径系数在0.54~0.94，各个结构构面与27项测量指标之间的路径系数在0.60~0.82。

① 邱皓政、林碧芳：《结构方程模型的原理与应用》，中国轻工业出版社，2009，第76页。
② 邱皓政、林碧芳：《结构方程模型的原理与应用》，中国轻工业出版社，2009，第76页。
③ 王重鸣：《心理学研究方法》，人民教育出版社，1991，第102~113页。
④ 唐东辉、陈庆果：《北京市青少年学生人体适应能力结构理论研究》，《北京体育大学学报》2010年第2期。

六　本章小结

本章首先介绍了调查对象的选取，从人口学结构、社会学结构和社区体育组织特征三个方面描述了样本的特征；然后运用探索性因子分析对社区体育组织社会资本结构维度进行了探索，根据“因子得分系数矩阵”写出了因子得分表达式，并进行了相应的信度和效度检验；最后运用一阶验证性因素分析和二阶验证性因素分析对社区体育组织社会资本结构模型进行检验。

第六章　社区体育组织社会资本的定量研究

为了研究的精细化和精确化，必须对社区体育组织社会资本进行分类，“分类的技术术语就是维度：概念的具体方面（Aspects）或层面（Facet）。”① “维度（Dimension）是概念的一个可指明的方面。”② 因此，根据因子分析结果的5个维度分别命名为规范社会资本、参与及社会网络社会资本、组织凝聚力社会资本、志愿服务社会资本、信任社会资本，5个维度所涵盖的题项分别为其测量指标。因为“认知性变量可以用测量个人态度与认知的心理量表加以测量，而且个体资料的加总平均就是集体的认知维度社会资本的水平”，③ 所以本研究将被调查者各项指标的加总平均作为其代表水平，对总体进行说明分析。下面运用SPSS16.0对样本中社区体育组织社会资本的相关数据进行统计分析。

一　社区体育组织各维度社会资本分析

（一）社区体育组织规范社会资本分析

社区体育组织规范社会资本的变量包括：Q33、Q34、Q37、Q38、Q39、Q41、Q42、Q43，这里的8个变量又可以根据规范的性质差异分为两类，即互惠规范社会资本（Q33、Q34、Q37、Q41、Q42、Q43）和伦理

① 〔美〕艾尔·巴比：《社会研究方法》（第10版），邱泽奇译，华夏出版社，2005，第121页。

② 〔美〕艾尔·巴比：《社会研究方法》（第10版），邱泽奇译，华夏出版社，2005，第121页。

③ 罗家德、方震平：《社区社会资本的衡量——一个引入社会网观点的衡量方法》，《江苏社会科学》2014年第1期。

道德规范社会资本（Q38、Q39）。互惠规范社会资本还可以分为“同时互惠社会资本”（即互惠在同一个时间发生）和“异时互惠社会资本”（即互惠在另一个时间发生）。

由表6-1可见，互惠规范社会资本6项统计指标的平均数均在3.7至4.2之间，其中Q42最低，Q37最高，且Q42的标准差为1.01，因此，该项指标平均数的代表性相对较差。

“出差，请组织中的朋友帮忙接收邮政快递、网购商品等”，“有些可能”与“非常可能”累计百分比为78.7%（见表6-2）；“征求组织中朋友的意见”，“有些可能”与“非常可能”累计百分比为84.6%（见表6-3）；“组织发展中遇到困难，成员能否团结起来解决困难”，“基本能够”与“完全能够”累计百分比为89.0%（见表6-4）；“组织内大部分成员是否愿意互相帮助”，“大体愿意”与“非常愿意”累计百分比为73.9%（见表6-5）；“自己遇到困难时，是否会求助于组织中的朋友”，“很可能会”和“肯定会”累计百分比为76.1%（见表6-6）；“知道组织中的朋友有困难时，是否会主动提供帮助”，“很可能会”和“肯定会”累计百分比为86.9%（见表6-7）。可见，被调查的社区体育组织互惠规范社会资本存量尚可，其中，“同时互惠”（Q37）与“愿意向组织成员提供帮助”明显高于“请求组织成员帮助”。

表6-1　统计

统计指标		Q33 出差，请组织中的朋友帮忙接收邮政快递、网购商品等	Q34 征求组织中朋友的意见	Q37 组织发展中遇到困难，成员能否团结起来解决困难	Q41 组织内大部分成员是否愿意互相帮助	Q42 自己遇到困难时，是否会求助于组织中的朋友	Q43 知道组织中的朋友有困难时，是否会主动提供帮助
样本量	有效值	1004	1004	1004	1004	1004	1004
	缺失值	0	0	0	0	0	0
均值		3.7948	3.8884	4.1016	3.9363	3.7351	3.9880
均值标准误差		0.02839	0.02456	0.02504	0.02307	0.03188	0.02804
标准差		0.89961	0.77826	0.79357	0.73097	1.01018	0.88853
最小值		1.00	1.00	1.00	2.00	1.00	1.00
最大值		5.00	5.00	5.00	5.00	5.00	5.00

表 6－2　出差，请组织中的朋友帮忙接收邮政快递、网购商品等（Q33）

单位：个，%

可能性		频数	百分比	有效百分比	累计百分比
有效值	根本不可能	4	0.4	0.4	0.4
	基本不可能	149	14.8	14.8	15.2
	说不准	61	6.1	6.1	21.3
	有些可能	626	62.4	62.4	83.7
	非常可能	164	16.3	16.3	100.0
	总　计	1004	100.0	100.0	

表 6－3　征求组织中朋友的意见（Q34）

单位：个，%

可能性		频数	百分比	有效百分比	累计百分比
有效值	根本不可能	5	0.5	0.5	0.5
	基本不可能	96	9.6	9.6	10.1
	说不准	53	5.3	5.3	15.4
	有些可能	705	70.2	70.2	85.6
	非常可能	145	14.4	14.4	100.0
	总　计	1004	100.0	100.0	

表 6－4　组织发展中遇到困难，成员能否团结起来解决困难（Q37）

单位：个，%

可能性		频数	百分比	有效百分比	累计百分比 t
有效值	根本不能	4	0.4	0.4	0.4
	基本不能	71	7.1	7.1	7.5
	说不准	36	3.6	3.6	11.1
	基本能够	604	60.2	60.2	71.2
	完全能够	289	28.8	28.8	100.0
	总　计	1004	100.0	100.0	

表 6－5　组织内大部分成员是否愿意互相帮助（Q41）

单位：个，%

愿意程度		频数	百分比	有效百分比	累计百分比
有效值	基本不愿意	20	2.0	2.0	2.0
	看交情深浅	242	24.1	24.1	26.1
	大体愿意	525	52.3	52.3	78.4
	非常愿意	217	21.6	21.6	100.0
	总　计	1004	100.0	100.0	

表 6－6　自己遇到困难时，是否会求助于组织中的朋友（Q42）

单位：个，%

	可能性	频数	百分比	有效百分比	累计百分比
有效值	肯定不会	17	1.7	1.7	1.7
	基本不会	186	18.5	18.5	20.2
	说不准	37	3.7	3.7	23.9
	很可能会	579	57.7	57.7	81.6
	肯定会	185	18.4	18.4	100.0
	总　计	1004	100.0	100.0	

表 6－7　知道组织中的朋友有困难时，是否会主动提供帮助（Q43）

单位：个，%

	可能性	频数	百分比	有效百分比	累计百分比
有效值	肯定不会	8	0.8	0.8	0.8
	基本不会	119	11.9	11.9	12.6
	说不准	5	0.5	0.5	13.1
	很可能会	623	62.1	62.1	75.2
	肯定会	249	24.8	24.8	100.0
	总　计	1004	100.0	100.0	

由表 6－8 可见，伦理道德规范社会资本 2 项统计指标的平均数均在 3.9 以上，接近答案的“有些增强”（4 分），由标准差可知，平均数有较好的代表性。

对于“加入组织后，遵守规则和秩序意识是否有增强”题项，被调查者回答“有些增强”（4 分）和“很大增强”（5 分）的累计百分比为 84.0%（见表 6－9）；对“加入组织后，公平意识是否有增强”被调查者回答“有些增强”与“很大增强”的累计百分比为 80.9%（见表 6－10）。可见，绝大多数被调查者在加入社区体育组织后，伦理道德社会资本得到提升，社区体育组织在培育伦理道德社会资本方面作用明显。

表 6－8　统计

统计指标		Q38 加入组织后，遵守规则和秩序意识是否有增强	Q39 加入组织后，公平意识是否有增强
样本量	有效值	1004	1004
	缺失值	0	0
均值		3.9841	3.9343
均值标准误差		.02237	.02387
标准差		.70869	.75627
最小值		2.00	1.00
最大值		5.00	5.00

表 6－9 加入组织后，遵守规则和秩序意识是否有增强（Q38）

单位：个，%

增强程度		频数	百分比	有效百分比	累计百分比
有效值	基本没增强	50	5.0	5.0	5.0
	说不准	110	11.0	11.0	15.9
	有些增强	650	64.7	64.7	80.7
	很大增强	194	19.3	19.3	100.0
	总　计	1004	100.0	100.0	

表 6－10 加入组织后，公平意识是否有增强（Q39）

单位：个，%

增强程度		频数	百分比	有效百分比	累计百分比
有效值	根本没增强	2	0.2	0.2	0.2
	基本没增强	60	6.0	6.0	6.2
	说不准	130	12.9	12.9	19.1
	有些增强	622	62.0	62.0	81.1
	很大增强	190	18.9	18.9	100.0
	总　计	1004	100.0	100.0	

（二）社区体育组织参与及社会网络社会资本分析

社区体育组织参与及社会网络社会资本的题项包括：Q18、Q19、Q20、Q21、Q22、Q23、Q25，这 7 个变量可以根据其性质的差异分为两类：参与社会资本（Q18、Q19）和社会网络社会资本（Q20、Q21、Q22、Q23、Q25）。

由表 6－11 可见，参与社会资本 2 项统计指标的平均数均在 3.6 以上，Q19 的标准差为 1.04，可见该项平均数的代表性相对差一些。

“加入组织后，参与社区事务管理方面的积极性”的回答，“有些提高”和“极大提高”累计百分比为 76.7%（见表 6－12）；“加入组织后，参与投票选举方面的积极性”的回答，“有些提高”和“极大提高”累计百分比为 69.9%（见表 6－13）。可见，社区体育组织对其成员在投票选举积极性方面的影响相对小些。

表 6-11 统计

统计指标		Q18 加入组织后，参与社区事务管理方面的积极性	Q19 加入组织后，参与投票选举方面的积极性
样本量	有效值	1004	1004
	缺失值	0	0
均值		3.7689	3.6175
均值标准误差		.03000	.03289
标准差		.95062	1.04205
最小值		1.00	1.00
最大值		5.00	5.00

表 6-12 加入组织后，参与社区事务管理方面的积极性（Q18）

单位：个，%

提高程度		频数	百分比	有效百分比	累计百分比
有效值	根本没有提高	19	1.9	1.9	1.9
	基本没有提高	142	14.1	14.1	16.0
	说不准	73	7.3	7.3	23.3
	有些提高	597	59.5	59.5	82.8
	极大提高	173	17.2	17.2	100.0
	总　计	1004	100.0	100.0	

表 6-13 加入组织后，参与投票选举方面的积极性（Q19）

单位：个，%

提高程度		频数	百分比	有效百分比	累计百分比
有效值	根本没有提高	38	3.8	3.8	3.8
	基本没有提高	163	16.2	16.2	20.0
	说不准	101	10.1	10.1	30.1
	有些提高	551	54.9	54.9	85.0
	极大提高	151	15.0	15.0	100.0
	总　计	1004	100.0	100.0	

由表 6-14 可见，社会网络社会资本 5 项统计指标的平均数均在 3.2~3.95，Q21、Q23、Q25 这三项指标平均数均在 3.5 以下，Q21、Q22、Q23、Q25 的标准差在 1.1 以上，可见这几项指标平均数的代表性相对差一些。

“加入组织后，扩大了社会关系网络”的回答，“扩大了一些”和“扩大了很多”累计百分比为83.1%（见表6－15）；“去关系较好的组织成员家串门聊天”的回答，“有时候去”和“经常去”累计百分比为57.4%，该题项回答“基本不去”和“根本不去”的累计百分比为36.3%（见表6－16），相对较高；“用手机、网络等方式与组织成员联系”的回答，“有时候联系”和“经常联系”累计百分比为75.9%（见表6－17）；“与关系较好的组织成员一起购物、聚餐”的回答，“有时候”和“经常”累计百分比为63.2%（见表6－18）；“从组织成员那里获得有价值的信息”的回答，“有时候”和“经常”累计百分比为64.7%（见表6－19）。总体而言，社区体育组织在社会网络社会资本的培育方面具有显著功能。

表6－14　统计

统计指标		Q20 加入组织后，扩大了社会关系网络	Q21 去关系较好的组织成员家串门聊天	Q22 用手机、网络等方式与组织成员联系	Q23 与关系较好的组织成员一起购物、聚餐	Q25 从组织成员那里获得有价值的信息
样本量	有效值	1004	1004	1004	1004	1004
	缺失值	0	0	0	0	0
均值		3.9004	3.2629	3.7769	3.4462	3.4422
均值标准误差		.03059	.03801	.03779	.03702	.03609
标准差		.96913	1.20426	1.19738	1.17302	1.14356
最小值		1.00	1.00	1.00	1.00	1.00
最大值		5.00	5.00	5.00	5.00	5.00

表6－15　加入组织后，扩大了社会关系网络（Q20）

单位：个，%

扩大程度		频数	百分比	有效百分比	累计百分比
有效值	根本没有扩大	28	2.8	2.8	2.8
	基本没有扩大	109	10.9	10.9	13.6
	说不准	33	3.3	3.3	16.9
	扩大了一些	600	59.8	59.8	76.7
	扩大了很多	234	23.3	23.3	100.0
	总　计	1004	100.0	100.0	

表 6－16　去关系较好的组织成员家串门聊天（Q21）

单位：个，%

串门频次		频数	百分比	有效百分比	累计百分比
有效值	根本不去	73	7.3	7.3	7.3
	基本不去	291	29.0	29.0	36.3
	说不准	64	6.4	6.4	42.7
	有时候去	455	45.3	45.3	87.9
	经常去	121	12.1	12.1	100.0
	总　计	1004	100.0	100.0	

表 6－17　用手机、网络等方式与组织成员联系（Q22）

单位：个，%

联系频次		频数	百分比	有效百分比	累计百分比
有效值	根本不联系	52	5.2	5.2	5.2
	基本不联系	176	17.5	17.5	22.7
	说不准	14	1.4	1.4	24.1
	有时候联系	461	45.9	45.9	70.0
	经常联系	301	30.0	30.0	100.0
	总　计	1004	100.0	100.0	

表 6－18　与关系较好的组织成员一起购物、聚餐（Q23）

单位：个，%

购物、聚餐频次		频数	百分比	有效百分比	累计百分比
有效值	根本不	45	4.5	4.5	4.5
	基本不	271	27.0	27.0	31.5
	说不准	53	5.3	5.3	36.8
	有时候	467	46.5	46.5	83.3
	经常	168	16.7	16.7	100.0
	总　计	1004	100.0	100.0	

表 6－19　从组织成员那里获得有价值的信息（Q25）

获得有价值的信息		频数	百分比	有效百分比	累计百分比
有效值	根本没有	38	3.8	3.8	3.8
	基本没有	274	27.3	27.3	31.1
	说不准	42	4.2	4.2	35.3
	有时候	507	50.5	50.5	85.8
	经常	143	14.2	14.2	100.0
	总　计	1004	100.0	100.0	

（三）社区体育组织组织凝聚力社会资本分析

社区体育组织组织凝聚力社会资本包括 6 个题项：Q32、Q35、Q36、Q44、Q45、Q46。

由表 6－20 可见，组织凝聚力社会资本 6 项统计指标中只有 1 项的平均数为 3.9，其他均在 4 以上，这组指标均数较高，且标准差都在 0.86 以下，可见这几项指标平均数的代表性相对较好。

“加入组织参加健身活动，增进成员之间的信任情况”，回答“有些增进”和“很大地增进”的累计百分比为 91.4%（见表 6－21）；“加入组织，有助于增强合作意识”，回答“有些帮助”和“非常有帮助”的累计百分比为 88.4%（见表 6－22）；“成员为实现组织活动目标而团结协作”，回答“基本能够”和“完全能够”的累计百分比为 86.2%（见表 6－23）；“是否喜欢所在的组织”，回答“有些喜欢”和“非常喜欢”的累计百分比为 93.1%（见表 6－24）；“对自己所在组织里所发生事情的关心情况”，回答“有些关心”和“非常关心”的累计百分比为 88.3%（见表 6－25）；“是否赞同自己是所在组织的一分子”，回答“有些赞同”和“非常赞同”的累计百分比为 92.0%（见表 6－26）。可见，所调查的社区体育组织，其组织凝聚力社会资本存量较丰富。

表 6－20　统计

统计指标		Q32 加入组织参加健身活动，增进成员之间的信任情况	Q35 加入组织，有助于增强合作意识	Q36 成员为实现组织活动目标而团结协作	Q44 是否喜欢所在的组织	Q45 对自己所在组织里所发生事情的关心情况	Q46 是否赞同自己是所在组织的一分子
样本量	有效值	1004	1004	1004	1004	1004	1004
	缺失值	0	0	0	0	0	0
均值		4.0896	4.0060	3.9422	4.2171	4.0837	4.2151
均值标准误差		.02160	.02541	.02701	.02430	.02713	.02484
标准差		.68449	.80500	.85583	.76999	.85951	.78719
最小值		1.00	1.00	1.00	1.00	1.00	1.00
最大值		5.00	5.00	5.00	5.00	5.00	5.00

表 6－21 加入组织参加健身活动，增进成员之间的信任情况（Q32）

单位：个，%

增进信任情况		频数	百分比	有效百分比	累计百分比
有效值	根本不能增进	3	0.3	0.3	0.3
	基本不能增进	45	4.5	4.5	4.8
	说不准	38	3.8	3.8	8.6
	有些增进	691	68.8	68.8	77.4
	很大地增进	227	22.6	22.6	100.0
	总　计	1004	100.0	100.0	

表 6－22 加入组织，有助于增强合作意识（Q35）

单位：个，%

帮助程度		频数	百分比	有效百分比	累计百分比
有效值	根本没有帮助	11	1.1	1.1	1.1
	基本没有帮助	78	7.8	7.8	8.9
	说不准	27	2.7	2.7	11.6
	有些帮助	668	66.5	66.5	78.1
	非常有帮助	220	21.9	21.9	100.0
	总　计	1004	100.0	100.0	

表 6－23 成员为实现组织活动目标而团结协作（Q36）

单位：个，%

协作程度		频数	百分比	有效百分比	累计百分比
有效值	根本不能	12	1.2	1.2	1.2
	基本不能	100	10.0	10.0	11.2
	说不准	26	2.6	2.6	13.7
	基本能够	662	65.9	65.9	79.7
	完全能够	204	20.3	20.3	100.0
	总　计	1004	100.0	100.0	

表 6－24 是否喜欢所在的组织（Q44）

单位：个，%

喜欢程度		频数	百分比	有效百分比	累计百分比
有效值	根本不喜欢	5	0.5	0.5	0.5
	基本不喜欢	50	5.0	5.0	5.5
	说不准	15	1.5	1.5	7.0
	有些喜欢	577	57.5	57.5	64.4
	非常喜欢	357	35.6	35.6	100.0
	总　计	1004	100.0	100.0	

表 6 - 25　对自己所在组织里所发生事情的关心情况（Q45）

单位：个，%

关心情况		频数	百分比	有效百分比	累计百分比
有效值	根本不关心	1	0.1	0.1	0.1
	基本不关心	103	10.3	10.3	10.4
	说不准	14	1.4	1.4	11.8
	有些关心	578	57.6	57.6	69.3
	非常关心	308	30.7	30.7	100.0
	总　计	1004	100.0	100.0	

表 6 - 26　是否赞同自己是所在组织的一分子（Q46）

单位：个，%

赞同程度		频数	百分比	有效百分比	累计百分比
有效值	根本不赞同	4	0.4	0.4	0.4
	基本不赞同	62	6.2	6.2	6.6
	说不准	15	1.5	1.5	8.1
	有些赞同	555	55.3	55.3	63.3
	非常赞同	368	36.7	36.7	100.0
	总　计	1004	100.0	100.0	

（四）社区体育组织志愿服务社会资本分析

社区体育组织志愿服务社会资本包含 3 个变量：Q26、Q27、Q28。

由表 6 - 27 可见，志愿服务社会资本 3 项统计指标的平均数均在 4 以上，这组指标均数较高，2 项指标的标准差在 1.1 以上，这 2 项指标的平均数代表性相对差一些。

“主动发动其他组织成员一起解决影响组织发展的问题”，回答“很可能会”和“肯定会”的累计百分比为 72.2%（见表 6 - 28）；“参与解决组织面临的问题”，回答“很可能会”和“肯定会”的累计百分比为 80.5%（见表 6 - 29）；“加入组织后，参与社区志愿性活动方面的积极性”，回答“有些提高”和“很大的提高”的累计百分比为 86.6%（见表 6 - 30）。可见，社区体育组织对志愿服务社会资本的培育具有积极作用。

表 6－27 统计

统计指标		Q26 主动发动其他组织成员一起解决影响组织发展的问题	Q27 参与解决组织面临的问题	Q28 加入组织后,参与社区志愿性活动方面的积极性
样本量	有效值	1004	1004	1004
	缺失值	0	0	0
均值		4.0618	4.3147	4.0538
均值标准误差		.04058	.03638	.02020
标准差		1.28577	1.15263	.64021
最小值		1.00	1.00	2.00
最大值		5.00	5.00	5.00

表 6－28 主动发动其他组织成员一起解决影响组织发展的问题（Q26）

单位：个，%

可能程度		频数	百分比	有效百分比	累计百分比
有效值	肯定不会	33	3.3	3.3	3.3
	基本不会	177	17.6	17.6	20.9
	说不准	69	6.9	6.9	27.8
	很可能会	141	14.0	14.0	41.8
	肯定会	584	58.2	58.2	100.0
	总　计	1004	100.0	100.0	

表 6－29 参与解决组织面临的问题（Q27）

单位：个，%

可能程度		频数	百分比	有效百分比	累计百分比
有效值	肯定不会	22	2.2	2.2	2.2
	基本不会	125	12.5	12.5	14.6
	说不准	48	4.8	4.8	19.4
	很可能会	127	12.6	12.6	32.1
	肯定会	682	67.9	67.9	100.0
	总　计	1004	100.0	100.0	

表 6-30　加入组织后，参与社区志愿性活动方面的积极性（Q28）

单位：个，%

提高程度		频数	百分比	有效百分比	累计百分比
有效值	基本没有提高	19	1.9	1.9	1.9
	说不准	115	11.5	11.5	13.3
	有些提高	657	65.4	65.4	78.8
	很大的提高	213	21.2	21.2	100.0
	总　计	1004	100.0	100.0	

（五）社区体育组织信任社会资本分析

社区体育组织信任社会资本维度的变量包括 3 项指标：Q29、Q30、Q31。

由表 6-31 可见，信任社会资本 3 项统计指标的平均数均在 3.6～4.08，Q30 平均数明显高于 Q29，即大部分组织成员的可信任情况要好于社会上大多数人的可信任情况。3 项指标的标准差均在 0.75 以下，3 项指标的平均数代表性相对较好。

“社会上大多数人的可信任情况”，回答“有些信任他（她）们”和“完全信任他（她）们”的累计百分比为 74.3%（见表 6-32）；“组织中大部分成员的可信任情况”，回答“有些信任他（她）们”和“完全信任他（她）们”的累计百分比为 84.5%（见表 6-33）。这是两个测量信任社会资本的经典问题，按照 Pamela Paxton 对“信任”的划分，它们分别是：“对其他单个个体的普遍信任和对组织中个体的信任”①。“在借出、借入方面，组织成员之间的信任情况”，回答“比较信任”和“十分信任”的累计百分比为 66.4%（见表 6-34）。可见，组织中成员之间的信任比社会上的信任高。在借出与借入方面人们相对谨慎一些。信任社会资本正是中国社会亟待培育的，据中国社会科学院社会学研究所发布的《中国社会心态研究报告（2012～2013）》（社会心态蓝皮书）：“目前，中国社会的总体信任进一步下降，已经跌破 60 分的信任底线，人际不信任进一步扩大，只有不到一半的调查者认为社会上大多数人可信，只有两到三成信任陌生人。”

---

① Pamela Paxton. Is Social Capital Declining in the United States? A Multiple Indicator Assessment. *The American Journal of Sociology*, Vol. 105, NO. 1 (Jul., 1999), 88-127.

表 6-31 统计

统计指标		Q29 社会上大多数人的可信任情况	Q30 组织中大部分成员的可信任情况	Q31 在借出、借入方面，组织成员之间的信任情况
样本量	有效值	1004	1004	1004
	缺失值	0	0	0
均值		3.8845	4.0797	3.6912
均值标准误差		.02225	.02027	.02338
标准差		.70506	.64217	.74070
最小值		1.00	1.00	1.00
最大值		5.00	5.00	5.00

表 6-32 社会上大多数人的可信任情况（Q29）

单位：个，%

信任情况		频数	百分比	有效百分比	累计百分比
有效值	根本不信任他(她)们	8	0.8	0.8	0.8
	基本不信任他(她)们	7	0.7	0.7	1.5
	既不信任也不怀疑他(她)们	243	24.2	24.2	25.7
	有些信任他(她)们	580	57.8	57.8	83.5
	完全信任他(她)们	166	16.5	16.5	100.0
	总　计	1004	100.0	100.0	

表 6-33 组织中大部分成员的可信任情况（Q30）

单位：个，%

信任情况		频数	百分比	有效百分比	累计百分比
有效值	根本不信任他(她)们	1	0.1	0.1	0.1
	基本不信任他(她)们	3	0.3	0.3	0.4
	既不信任也不怀疑他(她)们	152	15.1	15.1	15.5
	有些信任他(她)们	606	60.4	60.4	75.9
	完全信任他(她)们	242	24.1	24.1	100.0
	总　计	1004	100.0	100.0	

表 6-34 在借出、借入方面，组织成员之间的信任情况（Q31）

单位：个，%

信任情况		频数	百分比	有效百分比	累计百分比
有效值	根本不信任	14	1.4	1.4	1.4
	不太信任	35	3.5	3.5	4.9
	说不准	289	28.8	28.8	33.7
	比较信任	573	57.1	57.1	90.7
	十分信任	93	9.3	9.3	100.0
	总　计	1004	100.0	100.0	

二　社区体育组织社会资本测量指标权重的确定

本研究将上述结构方程模型中的潜在变量与观察变量转换成社区体育组织社会资本测量指标体系，为了评价社区体育组织社会资本测量指标体系各个维度及各项指标的重要程度，明了各公因子的实际含义，考察每个因子数据的内部结构，并通过适用性检验来检测每个变量组设定的合理性，方便今后社区体育组织社会资本的测量评价，促使社区体育组织在社会资本培育过程中能够抓住重点，必须给出各个维度及各项指标的权重。目前，很多测量指标体系方面的相关研究“虽然注意到了指标权重的设定，但设定方法仍然停留在人为的、简单的规定阶段，而没有采用先进的科学合理的计算方法，如层次分析法、主成分分析方法和数据网络分析方法等先进的统计分析方法，从而使指标体系权重的计算容易受到评估者主观因素的影响，具有很大的主观性和随意性，影响评价指标体系的科学性与合理性”。[①]

本研究采用主成分分析方法（Principal Component Analysis，简称 PCA）提取公因子，进行探索性因子分析，然后进行验证性因子分析（“在 SPSS 中没有将主成分分析作为一个独立统计分析方法列出，而是和因子分析同在一个模块之中”[②]，“因子分析在某种程度上可以被看成是主成分分析的推广和扩展”[③]），建立结构方程模型，前文结构方程模型的系数已经计算出来，接下来就可以根据模型路径图上的系数来计算指标的权重，其方法是将这些路径系数进行标准化（或归一化）处理（数据标准化处理，从而使数据指标之间具有可比性，“原因是原始数据中在数量级上可能相差很大，甚至是有不同的量纲，统一为标准分之后就消除了这些影响”[④]）。数据标准化的具体操作是：首先将每一个维度的路径系数相加，然后将每个维度的路径系数除以各维度路径系数的总和得出该维度的权重。规范、参与及社会网络、组织凝聚力、志愿服务、信任 5 个维度（潜在变量）的路

---

① 江易毕：《县级政府基本公共服务绩效评估指标体系的理论构建与实证检测研究——基于社会公止的研究视角》，华中师范大学硕士学位论文，2009，第 107、108 页。

② 杜志敏编著《抽样调查与 SPSS 应用》，电子工业出版社，2010，第 714 页。

③ 杜志敏编著《抽样调查与 SPSS 应用》，电子工业出版社，2010，第 718 页。

④ 杜志敏编著《抽样调查与 SPSS 应用》，电子工业出版社，2010，第 714 页。

径系数分别是 0.94、0.54、0.94、0.78、0.81，这 5 个路径系数的和为 4.01，那么“规范”的权重为 0.94 ÷ 4.01 = 0.234，以此方法分别计算出参与及社会网络、组织凝聚力、志愿服务、信任的权重依次为 0.135、0.234、0.195、0.202。依照同样的原理计算各观察变量的权重，在此以 Q33（出差，请组织中的朋友帮忙接收邮政快递、网购商品等）的权重计算为例，“规范”维度涵盖 8 项可观察指标，各指标的路径系数分别是 0.60、0.69、0.68、0.69、0.60、0.69、0.68、0.72，系数的总和为 5.35，那么 Q33 的权重为 0.60 ÷ 5.35 = 0.112，其余 7 项指标的权重分别为 0.129、0.127、0.129、0.112、0.129、0.127、0.135。同样，可以计算出其他各维度观察指标的权重（见表 6－35）。

表 6－35　社区体育组织社会资本测量指标及权重 A

被测量概念的名称	维度指标及权重	观察指标及权重
社区体育组织社会资本	规范(0.234)	Q33(0.112)
		Q34(0.129)
		Q37(0.127)
		Q38(0.129)
		Q39(0.112)
		Q41(0.129)
		Q42(0.127)
		Q43(0.135)
	参与及社会网络(0.135)	Q18(0.152)
		Q19(0.136)
		Q20(0.152)
		Q21(0.125)
		Q22(0.160)
		Q23(0.138)
		Q25(0.138)
	组织凝聚力(0.234)	Q32(0.147)
		Q35(0.172)
		Q36(0.166)
		Q44(0.170)
		Q45(0.170)
		Q46(0.175)

续表

被测量概念的名称	维度指标及权重	观察指标及权重
社区体育组织社会资本	志愿服务(0.195)	Q26(0.358)
		Q27(0.335)
		Q28(0.307)
	信任(0.202)	Q29(0.313)
		Q30(0.350)
		Q31(0.336)

同理可计算 Q33 在整个指标体系中所占的权重为 0.60 ÷ 5.35 × 0.234 = 0.026，其余 7 项指标的权重分别为 0.030、0.030、0.030、0.026、0.030、0.030、0.032。同样，可以计算出其他各维度观察指标的权重（见表 6－36）。

表 6－36　社区体育组织社会资本测量指标及权重 B

被测量概念的名称	维度指标及权重	观察指标及权重
社区体育组织社会资本	规范(0.234)	Q33(0.026)
		Q34(0.030)
		Q37(0.030)
		Q38(0.030)
		Q39(0.026)
		Q41(0.030)
		Q42(0.030)
		Q43(0.032)
	参与及社会网络(0.135)	Q18(0.021)
		Q19(0.018)
		Q20(0.021)
		Q21(0.017)
		Q22(0.022)
		Q23(0.019)
		Q25(0.019)
	组织凝聚力(0.234)	Q32(0.034)
		Q35(0.040)
		Q36(0.039)
		Q44(0.040)
		Q45(0.040)
		Q46(0.041)

续表

被测量概念的名称	维度指标及权重	观察指标及权重
社区体育组织社会资本	志愿服务(0.195)	Q26(0.070)
		Q27(0.065)
		Q28(0.060)
	信任(0.202)	Q29(0.063)
		Q30(0.071)
		Q31(0.068)

注：表6-35为观察指标在其上层中的权重，表6-36是观察指标在整体指标体系中的权重。

三 本研究样本的得分及评价

依照以上指标权重，如果将本次调查的广州社区体育组织作为一个整体，通过以上各项指标的平均分，可以计算出各项指标的得分及总分（为了计算方便，总分以1000分计）（见表6-37）。

表6-37 社区体育组织社会资本测量指标及得分

维度指标及总分	得分	百分比	观察指标及总分	平均分与最高分之比	得分
规范(234)	183.832	0.785	Q33(26)	0.769	19.994
			Q34(30)	0.777	23.310
			Q37(30)	0.820	24.600
			Q38(30)	0.797	23.910
			Q39(26)	0.787	20.462
			Q41(30)	0.787	23.610
			Q42(30)	0.747	22.410
			Q43(32)	0.798	25.536
参与及社会网络(135)	99.120	0.734	Q18(21)	0.754	15.834
			Q19(18)	0.724	13.032
			Q20(21)	0.780	16.380
			Q21(17)	0.653	11.101
			Q22(22)	0.755	16.610
			Q23(19)	0.689	13.091
			Q25(19)	0.688	13.072

续表

维度指标及总分	得分	百分比	观察指标及总分	平均分与最高分之比	得分
组织凝聚力(234)	191.547	0.819	Q32(34)	0.818	27.812
			Q35(40)	0.801	32.040
			Q36(39)	0.788	30.732
			Q44(40)	0.843	33.720
			Q45(40)	0.817	32.680
			Q46(41)	0.843	34.563
志愿服务(195)	161.595	0.829	Q26(70)	0.812	56.840
			Q27(65)	0.863	56.095
			Q28(60)	0.811	48.660
信任(202)	157.071	0.778	Q29(63)	0.777	48.951
			Q30(71)	0.816	57.936
			Q31(68)	0.738	50.184

通过表6－37可见，本研究样本的“志愿服务”维度得分与维度总分的比值最高，为0.829，“参与及社会网络”维度得分与维度总分的比值最低，为0.734。可见，本研究样本志愿服务社会资本存量较高，参与及社会网络社会资本存量相对低一些。本研究样本的总得分为793.165，其占总分的百分比为79.31%。根据本研究的得分情况，结合相关研究成果，我们可以按照得分与总分的百分比，将社会资本存量分为5个等级，命名为“社会资本存量5级评价表”。

第一级：40%及以下水平——社会资本存量极度匮乏

第二级：41%～55%——社会资本存量较匮乏

第三级：56%～70%——社会资本存量一般

第四级：71%～85%——社会资本存量较丰富

第五级：86%～100%——社会资本存量很丰富

该等级评价表既可以运用于潜在变量的评判，也可以运用于具体每个观察变量的评判。根据“社会资本存量5级评价表”，本样本中广州社区体育组织的社会资本存量总体上属于较丰富水平。

四　变量间关系的探索

本研究运用One-Way ANOVA［变异系数分析（Analysis of Variance），

简称 ANOVA，也译为“方差分析”①] 对变量间的关系进行探索，检验的显著性水平为 $\alpha = 0.05$。

（一）规范社会资本

1. 性别与规范社会资本

由表 6－38、表 6－39 可见，F 检验 Q34、Q37、Q38、Q42 对应的指标 $P < 0.05$，拒绝原假设，说明规范社会资本这 4 项指标在性别方面具有显著性差异，即性别影响规范社会资本。男性的 4 项指标得分均数高于女性，可见在社区体育组织规范社会资本方面，男性高于女性。

表 6－38　性别与规范社会资本方差分析

指标			平方和	自由度	均方	F 检验	显著性
Q33 出差，请组织中的朋友帮忙接收邮政快递、网购商品等	组间	（Combined）	.163	1	.163	.202	.653
	总和		811.733	1003			
Q34 征求组织中朋友的意见	组间	（Combined）	3.778	1	3.778	6.270	.012
	总和		607.506	1003			
Q37 组织发展中遇到困难，成员能否团结起来解决困难	组间	（Combined）	8.028	1	8.028	12.900	.000
	总和		631.637	1003			
Q38 加入组织后，遵守规则和秩序意识是否有增强	组间	（Combined）	2.442	1	2.442	4.880	.027
	总和		503.745	1003			
Q39 加入组织后，公平意识是否有增强	组间	（Combined）	.133	1	.133	.233	.630
	总和		573.661	1003			
Q41 组织内大部分成员是否愿意互相帮助	组间	（Combined）	.302	1	.302	.565	.452
	总和		535.920	1003			
Q42 自己遇到困难时，是否会求助于组织中的朋友	组间	（Combined）	10.902	1	10.902	10.788	.001
	总和		1023.526	1003			
Q43 知道组织中的朋友有困难时，是否会主动提供帮助	组间	（Combined）	.290	1	.290	.367	.545
	总和		791.857	1003			

① 邱皓政：《量化研究与统计分析——SPSS 中文视窗版数据分析范例解析》，重庆大学出版社，2009，第 180 页。

表 6－39　不同性别得分均数比较

性别	均数（Q34）	均数（Q37）	均数（Q38）	均数（Q42）
男	3.9449	4.1838	4.0294	3.8309
女	3.8217	4.0043	3.9304	3.6217

2. 年龄与规范社会资本

由表 6－40、表 6－41 可见，F 检验 Q34、Q37、Q38、Q39、Q43 对应的指标 $P<0.05$，拒绝原假设，说明规范社会资本这 5 项指标在年龄方面具有显著性差异，即年龄影响规范社会资本。总体而言，70 岁以上的年龄段得分处于较高水平，5 项指标的均数有 3 项在所有年龄段中最高，21～30 岁、31～40 岁两个年龄段得分相对较低。

表 6－40　年龄与规范社会资本方差分析

指标			平方和	自由度	均方	F 检验	显著性
Q33 出差，请组织中的朋友帮忙接收邮政快递、网购商品等	组间	（Combined）	4.093	6	.682	.842	.537
	偏差		2.018	5	.404	.498	.778
	总和		811.733	1003			
Q34 征求组织中朋友的意见	组间	（Combined）	7.771	6	1.295	2.153	.045
	偏差		6.534	5	1.307	2.173	.055
	总和		607.506	1003			
Q37 组织发展中遇到困难，成员能否团结起来解决困难	组间	（Combined）	10.654	6	1.776	2.851	.009
	偏差		7.346	5	1.469	2.359	.038
	总和		631.637	1003			
Q38 加入组织后，遵守规则和秩序意识是否有增强	组间	（Combined）	6.500	6	1.083	2.172	.043
	偏差		3.674	5	.735	1.473	.196
	总和		503.745	1003			
Q39 加入组织后，公平意识是否有增强	组间	（Combined）	15.230	6	2.538	4.532	.000
	偏差		14.872	5	2.974	5.310	.000
	总和		573.661	1003			
Q41 组织内大部分成员是否愿意互相帮助	组间	（Combined）	2.676	6	.446	.834	.544
	偏差		1.955	5	.391	.731	.600
	总和		535.920	1003			

续表

指标			平方和	自由度	均方	F检验	显著性
Q42 自己遇到困难时，是否会求助于组织中的朋友	组间	(Combined)	11.566	6	1.928	1.899	.078
	偏差		6.082	5	1.216	1.198	.308
	总和		1023.526	1003			
Q43 知道组织中的朋友有困难时，是否会主动提供帮助	组间	(Combined)	18.051	6	3.009	3.876	.001
	偏差		13.290	5	2.658	3.425	.004
	总和		791.857	1003			

表 6－41　不同年龄得分均数比较

年龄段	均数(Q34)	均数(Q37)	均数(Q38)	均数(Q39)	均数(Q43)
20岁及以下	4.0385	4.1538	4.0769	4.2692	3.9231
21～30岁	3.8698	4.0365	3.9427	3.9219	3.8698
31～40岁	3.8431	4.0523	3.9477	3.8366	4.0196
41～50岁	3.8333	4.3194	4.0139	3.9444	4.2778
51～60岁	4.0417	4.0417	4.0000	3.9583	3.9583
61～70岁	4.0323	4.2258	4.1935	4.0645	3.9677
70岁以上	4.5000	4.2500	4.5000	4.7500	4.0000

3. 文化程度与规范社会资本

由表 6－42、表 6－43 可见，F 检验 Q34、Q37、Q38、Q39、Q41、Q43 对应的指标 $P<0.05$，拒绝原假设，说明规范社会资本这 6 项指标在文化程度方面具有显著性差异，即学历影响规范社会资本。但没有哪一种学历的被调查者大多数指标的均数处于较高或较低水平。

表 6－42　文化程度与规范社会资本方差分析

指标			平方和	自由度	均方	F检验	显著性
Q33 出差，请组织中的朋友帮忙接收邮政快递、网购商品等	组间	(Combined)	8.665	6	1.444	1.793	.097
	偏差		2.859	5	.572	.710	.616
	总和		811.733	1003			
Q34 征求组织中朋友的意见	组间	(Combined)	8.043	6	1.340	2.229	.038
	偏差		2.820	5	.564	.938	.455
	总和		607.506	1003			
Q37 组织发展中遇到困难，成员能否团结起来解决困难	组间	(Combined)	8.101	6	1.350	2.159	.045
	偏差		5.774	5	1.155	1.846	.101
	总和		631.637	1003			

续表

指标			平方和	自由度	均方	F 检验	显著性
Q38 加入组织后，遵守规则和秩序意识是否有增强	组间	(Combined)	11.014	6	1.836	3.714	.001
	偏差		9.697	5	1.939	3.924	.002
	总和		503.745	1003			
Q39 加入组织后，公平意识是否有增强	组间	(Combined)	15.979	6	2.663	4.761	.000
	偏差		9.732	5	1.946	3.480	.004
	组内		557.682	997	.559		
	总和		573.661	1003			
Q41 组织内大部分成员是否愿意互相帮助	组间	(Combined)	13.464	6	2.244	4.282	.000
	偏差		11.499	5	2.300	4.389	.001
	总和		535.920	1003			
Q42 自己遇到困难时，是否会求助于组织中的朋友	组间	(Combined)	10.805	6	1.801	1.773	.101
	偏差		10.529	5	2.106	2.073	.066
	总和		1023.526	1003			
Q43 知道组织中的朋友有困难时，是否会主动提供帮助	组间	(Combined)	16.719	6	2.786	3.584	.002
	偏差		13.468	5	2.694	3.465	.004
	总和		791.857	1003			

表 6－43 不同文化程度得分均数比较

文化程度	均数(Q34)	均数(Q37)	均数(Q38)	均数(Q39)	均数(Q41)	均数(Q43)
小学及以下	4.0000	4.0000	3.8571	4.5714	4.1429	4.2857
初中	4.1190	4.2857	4.0476	3.9762	3.9762	3.8333
高中	3.8727	4.0727	3.9091	3.9455	3.8909	3.9818
中专、中技、职高	3.9306	4.0694	4.1389	3.9583	3.9861	3.8056
大学专科	3.9179	4.1940	4.0597	4.0522	4.0746	4.0821
大学本科	3.7970	4.0301	3.8496	3.8195	3.7744	3.9323
研究生	3.8136	4.0000	3.9661	3.7797	3.9153	4.2034

4. 职业与规范社会资本

由表 6－44、表 6－45 可见，F 检验 Q33、Q34、Q37、Q38、Q39、Q41、Q42、Q43 对应的指标 $P<0.05$，拒绝原假设，说明规范社会资本这 8 项指标在职业方面具有显著性差异，即职业影响规范社会资本。农林牧渔劳动者的得分均数有 3 项指标最高，总的来看，党政机关企事业单位一般办事人员和专业技术人员得分均数较低。

表 6－44 职业与规范社会资本方差分析

指标			平方和	自由度	均方	F 检验	显著性
Q33 出差，请组织中的朋友帮忙接收邮政快递、网购商品等	组间	(Combined)	31.974	12	2.665	3.386	.000
	偏差		31.974	11	2.907	3.694	.000
	总和		811.733	1003			
Q34 征求组织中朋友的意见	组间	(Combined)	37.347	12	3.112	5.409	.000
	偏差		35.182	11	3.198	5.559	.000
	总和		607.506	1003			
Q37 组织发展中遇到困难，成员能否团结起来解决困难	组间	(Combined)	36.243	12	3.020	5.027	.000
	偏差		34.418	11	3.129	5.208	.000
	总和		631.637	1003			
Q38 加入组织后，遵守规则和秩序意识是否有增强	组间	(Combined)	17.672	12	1.473	3.003	.000
	偏差		17.516	11	1.592	3.246	.000
	总和		503.745	1003			
Q39 加入组织后，公平意识是否有增强	组间	(Combined)	21.978	12	1.832	3.290	.000
	偏差		21.497	11	1.954	3.510	.000
	总和		573.661	1003			
Q41 组织内大部分成员是否愿意互相帮助	组间	(Combined)	19.943	12	1.662	3.192	.000
	偏差		17.880	11	1.625	3.122	.000
	组内		515.977	991	.521		
	总和		535.920	1003			
Q42 自己遇到困难时，是否会求助于组织中的朋友	组间	(Combined)	34.240	12	2.853	2.858	.001
	偏差		31.646	11	2.877	2.882	.001
	总和		1023.526	1003			
Q43 知道组织中的朋友有困难时，是否会主动提供帮助	组间	(Combined)	25.458	12	2.122	2.743	.001
	偏差		18.680	11	1.698	2.196	.013
	总和		791.857	1003			

表 6－45 不同职业得分均数比较

职业	均数（Q33）	均数（Q34）	均数（Q37）	均数（Q38）	均数（Q39）	均数（Q41）	均数（Q42）	均数（Q43）
党政机关科级及以上干部	4.1429	4.0714	4.1429	3.9286	4.0714	4.1429	4.0714	4.2143
企业、事业单位中层及以上管理人员	3.9778	4.0111	4.3333	4.1222	4.0333	4.1333	3.8333	4.1111
党政机关企事业单位一般办事人员	3.6883	3.5584	3.974	3.9221	3.8182	3.7792	3.7013	4.0260

续表

职业	均数（Q33）	均数（Q34）	均数（Q37）	均数（Q38）	均数（Q39）	均数（Q41）	均数（Q42）	均数（Q43）
专业技术人员	3.5694	3.7552	4.0164	3.9276	3.8433	3.8559	3.6400	3.9047
个体户或私营企业主	3.8704	4.0000	4.2778	4.0185	4.0556	4.0185	3.8519	3.9630
商业服务业从业人员	3.6981	3.8113	3.9057	3.7736	3.7925	3.8679	3.3962	3.7547
工人	4.0000	4.1429	4.4762	4.1429	4.2857	4.1905	4.0952	4.1429
农林牧渔劳动者	4.0000	5.0000	4.0000	5.0000	5.0000	4.0000	4.0000	4.0000
学生	3.8919	4.1081	4.0541	4.0541	4.0000	3.8108	3.7297	4.0811
离退休人员	3.9750	4.0750	4.1750	4.1500	4.0000	3.9250	3.8500	4.0000
失业人员	3.5882	3.7059	3.9412	3.9412	3.8235	3.7059	3.5294	3.5882
其他	3.7000	3.8000	3.6000	3.8000	4.0000	4.0000	3.2000	3.5000

5. 组织成员数量与规范社会资本

由表 6－46、表 6－47 可见，F 检验 Q33、Q34、Q37、Q38、Q39、Q41、Q42、Q43 对应的指标 $P<0.05$，拒绝原假设，说明规范社会资本这 8 项指标在组织成员数量方面具有显著性差异，即组织成员数量影响规范社会资本。组织成员人数在 51～70 人的被调查者得分均数有 7 项最高，因此，可以初步推断 51～70 人的社区体育组织规范社会资本存量最丰富。

表 6－46　组织成员数量与规范社会资本方差分析

指标			平方和	自由度	均方	F 检验	显著性
Q33 出差，请组织中的朋友帮忙接收邮政快递、网购商品等	组间	（Combined）	37.088	5	7.418	9.556	.000
	偏差		28.421	4	7.105	9.154	.000
	总和		811.733	1003			
Q34 征求组织中朋友的意见	组间	（Combined）	20.625	5	4.125	7.015	.000
	偏差 tion		17.850	4	4.462	7.588	.000
	总和		607.506	1003			
Q37 组织发展中遇到困难，成员能否团结起来解决困难	组间	（Combined）	24.581	5	4.916	8.082	.000
	偏差		16.877	4	4.219	6.936	.000
	总和		631.637	1003			
Q38 加入组织后，遵守规则和秩序意识是否有增强	组间	（Combined）	16.564	5	3.313	6.786	.000
	偏差		11.874	4	2.968	6.081	.000
	总和		503.745	1003			

续表

指标			平方和	自由度	均方	F检验	显著性
Q39 加入组织后，公平意识是否有增强	组间	(Combined)	35.380	5	7.076	13.119	.000
	偏差		24.775	4	6.194	11.483	.000
	总和		573.661	1003			
Q41 组织内大部分成员是否愿意互相帮助	组间	(Combined)	14.434	5	2.887	5.525	.000
	偏差		7.306	4	1.826	3.495	.008
	总和		535.920	1003			
Q42 自己遇到困难时，是否会求助于组织中的朋友	组间	(Combined)	29.291	5	5.858	5.880	.000
	偏差		18.938	4	4.735	4.752	.001
	总和		1023.526	1003			
Q43 知道组织中的朋友有困难时，是否会主动提供帮助	组间	(Combined)	30.094	5	6.019	7.885	.000
	偏差		21.635	4	5.409	7.086	.000
	总和		791.857	1003			

表 6-47　不同组织成员数量得分均数比较

组织成员数量	均数(Q33)	均数(Q34)	均数(Q37)	均数(Q38)	均数(Q39)	均数(Q41)	均数(Q42)	均数(Q43)
30 人及以下	3.6040	3.7475	3.9406	3.8861	3.7871	3.8317	3.5594	3.8218
31~50 人	3.8596	3.9737	4.1579	3.9298	3.8596	3.9211	3.8772	4.0175
51~70 人	4.0882	4.1029	4.3824	4.2353	4.2647	4.1618	3.9412	4.3382
71~100 人	4.0690	4.0517	4.1552	4.1552	4.2069	3.9483	3.6724	4.0517
101~150 人	3.7692	3.8846	4.3077	3.9615	4.0769	3.9231	3.6923	4.1538
150 人以上	3.6765	3.7353	4.0588	3.9706	3.8235	4.1471	4.0294	3.9412

6. 固定场地与规范社会资本

由表 6-48、表 6-49 可见，F 检验 Q37、Q38、Q42、Q43 对应的指标 $P<0.05$，拒绝原假设，说明规范社会资本这 4 项指标在有无固定活动场地方面具有显著性差异，即有无固定活动场地影响规范社会资本。有固定场地的被调查者 4 项指标的得分均数均高于无固定活动场地的被调查者。

表 6-48　固定场地与规范社会资本方差分析

指标			平方和	自由度	均方	F 检验	显著性
Q33 出差，请组织中的朋友帮忙接收邮政快递、网购商品等	组间	(Combined)	.513	1	.513	.633	.426
	总和		811.733	1003			
Q34 征求组织中朋友的意见	组间	(Combined)	.003	1	.003	.005	.943
	总和		607.506	1003			
Q37 组织发展中遇到困难，成员能否团结起来解决困难	组间	(Combined)	6.897	1	6.897	11.062	.001
	总和		631.637	1003			
Q38 加入组织后，遵守规则和秩序意识是否有增强	组间	(Combined)	3.082	1	3.082	6.169	.013
	总和		503.745	1003			
Q39 加入组织后，公平意识是否有增强	组间	(Combined)	.548	1	.548	.958	.328
	总和		573.661	1003			
Q41 组织内大部分成员是否愿意互相帮助	组间	(Combined)	1.784	1	1.784	3.347	.068
	总和		535.920	1003			
Q42 自己遇到困难时，是否会求助于组织中的朋友	组间	(Combined)	29.344	1	29.344	29.574	.000
	总和		1023.526	1003			
Q43 知道组织中的朋友有困难时，是否会主动提供帮助	组间	(Combined)	11.307	1	11.307	14.515	.000
	总和		791.857	1003			

表 6-49　有无固定场地得分均数比较

有无固定场地	均数(Q37)	均数(Q38)	均数(Q42)	均数(Q43)
有	4.1549	4.0197	3.8451	4.0563
无	3.9728	3.8980	3.4694	3.8231

(二) 参与及社会网络社会资本

1. 性别与参与及社会网络社会资本

由表 6-50 可见，F 检验 Q18、Q19、Q20、Q21、Q22、Q23、Q25 对应的指标 P>0.05，接受原假设，说明参与及社会网络社会资本这 7 项指标在性别方面没有显著性差异。

表 6－50　性别与参与及社会网络社会资本方差分析

指标			平方和	自由度	均方	F 检验	显著性
Q18 加入组织后,参与社区事务管理方面的积极性	组间	(Combined)	.074	1	.074	.082	.775
	总和		906.390	1003			
Q19 加入组织后,参与投票选举方面的积极性	组间	(Combined)	2.699	1	2.699	2.489	.115
	总和		1089.131	1003			
Q20 加入组织后,扩大了社会关系网络	组间	(Combined)	.766	1	.766	.815	.367
	总和		942.040	1003			
Q21 去关系较好的组织成员家串门聊天	组间	(Combined)	2.131	1	2.131	1.470	.226
	总和		1454.582	1003			
Q22 用手机、网络等方式与组织成员联系	组间	(Combined)	.352	1	.352	.246	.620
	总和		1438.024	1003			
Q23 与关系较好的组织成员一起购物、聚餐	组间	(Combined)	1.195	1	1.195	.868	.352
	总和		1380.096	1003			
Q25 从组织成员那里获得有价值的信息	组间	(Combined)	.723	1	.723	.553	.457
	总和		1311.649	1003			

2. 年龄与参与及社会网络社会资本

由表 6－51、表 6－52 可见，F 检验 Q18、Q19、Q20、Q22 对应的指标 $P<0.05$，拒绝原假设，说明参与及社会网络社会资本这 4 项指标在年龄方面存在显著性差异，即年龄影响参与及社会网络社会资本。70 岁以上年龄组 4 项指标得分均最低，61～70 岁年龄段 2 项指标得分最高、2 项指标得分第二高。

表 6－51　年龄与参与及社会网络社会资本方差分析

指标			平方和	自由度	均方	F 检验	显著性
Q18 加入组织后,参与社区事务管理方面的积极性	组间	(Combined)	18.178	6	3.030	3.401	.003
	偏差		15.712	5	3.142	3.527	.004
	总和		906.390	1003			
Q19 加入组织后,参与投票选举方面的积极性	组间	(Combined)	21.668	6	3.611	3.373	.003
	偏差		14.366	5	2.873	2.684	.020
	总和		1089.131	1003			

续表

指标			平方和	自由度	均方	F检验	显著性
Q20 加入组织后，扩大了社会关系网络	组间	(Combined)	19.383	6	3.230	3.491	.002
	偏差		18.340	5	3.668	3.964	.001
	总和		942.040	1003			
Q21 去关系较好的组织成员家串门聊天	组间	(Combined)	5.723	6	.954	.656	.685
	偏差		2.152	5	.430	.296	.915
	总和		1454.582	1003			
Q22 用手机、网络等方式与组织成员联系	组间	(Combined)	19.540	6	3.257	2.289	.034
	偏差		17.359	5	3.472	2.440	.033
	总和		1438.024	1003			
Q23 与关系较好的组织成员一起购物、聚餐	组间	(Combined)	15.882	6	2.647	1.934	.072
	偏差		8.733	5	1.747	1.276	.272
	总和		1380.096	1003			
Q25 从组织成员那里获得有价值的信息	组间	(Combined)	3.008	6	.501	.382	.891
	偏差		2.612	5	.522	.398	.850
	总和		1311.649	1003			

表 6-52　不同年龄段得分均数比较

年龄段	均数(Q18)	均数(Q19)	均数(Q20)	均数(Q22)
20 岁及以下	3.5769	3.4231	3.5769	3.7308
21~30 岁	3.7083	3.5573	3.8438	3.6771
31~40 岁	3.8497	3.6405	4.0327	3.8954
41~50 岁	3.7500	3.6111	3.9167	3.6944
51~60 岁	3.8333	3.7917	3.8333	4.0833
61~70 岁	4.0323	4.0323	4.0000	3.9032
70 岁以上	2.7500	2.7500	3.0000	3.0000

3. 文化程度与参与及社会网络社会资本

由表 6-53、表 6-54 可见，F 检验 Q18、Q19、Q21、Q22、Q23、Q25 对应的 6 项指标 $P<0.05$，拒绝原假设，说明参与及社会网络社会资本这 6 项指标在文化程度方面存在显著性差异，即不同学历影响参与及社会网络社会资本。总体而言，大学专科学历的被调查者得分均数较高，有 2 项指标得分最高、3 项指标得分排第二。

表 6-53 文化程度与参与及社会网络社会资本方差分析

指标			平方和	自由度	均方	F 检验	显著性
Q18 加入组织后，参与社区事务管理方面的积极性	组间	(Combined)	20.936	6	3.489	3.929	.001
	偏差		20.655	5	4.131	4.651	.000
	总和		906.390	1003			
Q19 加入组织后，参与投票选举方面的积极性	组间	(Combined)	34.991	6	5.832	5.516	.000
	偏差		19.274	5	3.855	3.646	.003
	总和		1089.131	1003			
Q20 加入组织后，扩大了社会关系网络	组间	(Combined)	10.745	6	1.791	1.917	.075
	偏差		9.771	5	1.954	2.092	.064
	总和		942.040	1003			
Q21 去关系较好的组织成员家串门聊天	组间	(Combined)	66.648	6	11.108	7.979	.000
	偏差		40.609	5	8.122	5.834	.000
	总和		1454.582	1003			
Q22 用手机、网络等方式与组织成员联系	组间	(Combined)	23.769	6	3.961	2.793	.011
	偏差		23.375	5	4.675	3.296	.006
	总和		1438.024	1003			
Q23 与关系较好的组织成员一起购物、聚餐	组间	(Combined)	35.199	6	5.866	4.349	.000
	偏差		34.983	5	6.997	5.187	.000
	总和		1380.096	1003			
Q25 从组织成员那里获得有价值的信息	组间	(Combined)	17.338	6	2.890	2.226	.039
	偏差		17.013	5	3.403	2.621	.023
	总和		1311.649	1003			

表 6-54 不同文化程度得分均数比较

文化程度	均数 (Q18)	均数 (Q19)	均数 (Q21)	均数 (Q22)	均数 (Q23)	均数 (Q25)
小学及以下	3.2857	3.5714	4.1429	3.8571	3.4286	3.5714
初中	3.6667	3.6429	3.2381	3.5714	3.5000	3.2857
高中	3.8727	3.8364	3.5455	3.9636	3.3818	3.4727
中专、中技、职高	3.7222	3.7361	3.2917	3.6389	3.2083	3.3611
大学专科	3.9627	3.7836	3.5000	3.9552	3.7313	3.6045
大学本科	3.6917	3.4135	2.9474	3.7444	3.3684	3.3008
研究生	3.5932	3.339	3.0508	3.5763	3.2881	3.5593

4. 职业与参与及社会网络社会资本

由表 6 - 55、表 6 - 56 可见，F 检验 Q18、Q19、Q21、Q22、Q23、Q25 对应的 6 项指标 $P < 0.05$，拒绝原假设，说明参与及社会网络社会资本这 6 项指标在职业方面存在显著性差异，即不同的职业影响参与及社会网络社会资本。农林牧渔劳动者 5 项指标的得分最高，学生的 2 项指标得分倒数第一、2 项倒数第二。

表 6 - 55 职业与参与及社会网络社会资本方差分析

指标			平方和	自由度	均方	F 检验	显著性
Q18 加入组织后，参与社区事务管理方面的积极性	组间	(Combined)	34.948	12	2.912	3.312	.000
	偏差		33.349	11	3.032	3.448	.000
	总和		906.390	1003			
Q19 加入组织后，参与投票选举方面的积极性	组间	(Combined)	27.291	12	2.274	2.122	.014
	偏差		24.055	11	2.187	2.041	.022
	总和		1089.131	1003			
Q20 加入组织后，扩大了社会关系网络	组间	(Combined)	18.070	12	1.506	1.615	.082
	偏差		17.723	11	1.611	1.728	.063
	总和		942.040	1003			
Q21 去关系较好的组织成员家串门聊天	组间	(Combined)	42.908	12	3.576	2.510	.003
	偏差		39.630	11	3.603	2.529	.004
	总和		1454.582	1003			
Q22 用手机、网络等方式与组织成员联系	组间	(Combined)	39.623	12	3.302	2.340	.006
	偏差		36.728	11	3.339	2.366	.007
	总和		1438.024	1003			
Q23 与关系较好的组织成员一起购物、聚餐	组间	(Combined)	55.941	12	4.662	3.489	.000
	偏差		51.839	11	4.713	3.527	.000
	总和		1380.096	1003			
Q25 从组织成员那里获得有价值的信息	组间	(Combined)	39.477	12	3.290	2.563	.002
	偏差		36.315	11	3.301	2.572	.003
	总和		1311.649	1003			

表 6－56　不同职业得分均数比较

职业	均数（Q18）	均数（Q19）	均数（Q21）	均数（Q22）	均数（Q23）	均数（Q25）
党政机关科级及以上干部	3.6429	3.5000	3.3571	3.8571	3.4286	3.7143
企业、事业单位中层及以上管理人员	4.0000	3.6778	3.3778	4.0222	3.7333	3.5000
党政机关企事业单位一般办事人员	3.6494	3.4156	3.0390	3.6623	3.1558	3.1948
专业技术人员	3.8486	3.6293	3.2487	3.7761	3.5550	3.6327
个体户或私营企业主	3.5741	3.7593	3.2778	3.7037	3.5185	3.5556
商业服务业从业人员	3.7547	3.5472	3.4528	3.8302	3.3774	3.3585
工人	3.9048	3.9524	3.5238	3.6190	3.3810	3.3333
农林牧渔劳动者	4.0000	4.0000	4.0000	4.0000	5.0000	5.0000
学生	3.3243	3.3784	3.1081	3.4324	3.4054	3.2432
离退休人员	3.9000	3.8750	3.2750	3.9750	3.6250	3.3750
失业人员	3.8824	3.7059	3.7647	4.0588	3.0000	3.5294
其他	3.8000	3.8000	3.3000	3.1000	2.7000	3.0000

5. 组织成员数量与参与及社会网络社会资本

由表 6－57、表 6－58 可见，F 检验 Q18、Q19、Q20、Q21、Q22、Q23 对应的 6 项指标 $P < 0.05$，拒绝原假设，说明参与及社会网络社会资本这 6 项指标在组织成员数量方面存在显著性差异，即组织成员数量影响参与及社会网络社会资本。人数在 101～150 人的社区体育组织 4 项指标均数排第一、2 项排第二；人数在 71～100 人的社区体育组织 2 项指标均数排在第一、3 项排在第二；30 人及以下的社区体育组织 6 项指标均数均排在倒数第二；150 人以上的社区体育组织 4 项指标均数排在倒数第一。可见，从参与及社会网络社会资本培育来看，社区体育组织人员的数量应控制在71～150 人。

表 6－57　组织成员数量与参与及社会网络社会资本方差分析

指标			平方和	自由度	均方	F 检验	显著性
Q18 加入组织后，参与社区事务管理方面的积极性	组间	(Combined)	18.654	5	3.731	4.194	.001
	偏差		17.591	4	4.398	4.944	.001
	总和		906.390	1003			
Q19 加入组织后，参与投票选举方面的积极性	组间	(Combined)	61.417	5	12.283	11.928	.000
	偏差		48.848	4	12.212	11.859	.000
	总和		1089.131	1003			
Q20 加入组织后，扩大了社会关系网络	组间	(Combined)	11.677	5	2.335	2.505	.029
	偏差		8.672	4	2.168	2.326	.055
	总和		942.040	1003			
Q21 去关系较好的组织成员家串门聊天	组间	(Combined)	52.886	5	10.577	7.531	.000
	偏差		45.097	4	11.274	8.027	.000
	总和		1454.582	1003			
Q22 用手机、网络等方式与组织成员联系	组间	(Combined)	24.631	5	4.926	3.478	.004
	偏差		14.590	4	3.647	2.575	.036
	总和		1438.024	1003			
Q23 与关系较好的组织成员一起购物、聚餐	组间	(Combined)	21.806	5	4.361	3.204	.007
	偏差		19.707	4	4.927	3.620	.006
	总和		1380.096	1003			
Q25 从组织成员那里获得有价值的信息	Between Groups	(Combined)	7.352	5	1.470	1.125	.345
	偏差		4.782	4	1.196	.915	.455
	总和		1311.649	1003			

表 6－58　不同组织成员数量得分均数比较

组织成员数量	均数 (Q18)	均数 (Q19)	均数 (Q20)	均数 (Q21)	均数 (Q22)	均数 (Q23)
30 人及以下	3.6881	3.4505	3.8465	3.0644	3.6485	3.3069
31～50 人	3.8596	3.5965	3.9386	3.3596	3.7719	3.6140
51～70 人	3.6912	3.7059	3.7500	3.4559	3.8088	3.5294
71～100 人	3.9655	4.1724	4.0517	3.6034	4.1552	3.4828
101～150 人	4.0769	3.9615	4.1923	3.6154	3.9231	3.7308
150 人以上	3.5294	3.2941	3.9118	2.8824	3.7353	3.2647

6. 固定活动场所与参与及社会网络社会资本

由表 6－59、表 6－60 可见，F 检验 Q21、Q22、Q23、Q25 对应的 4 项指标 P＜0.05，拒绝原假设，说明参与及社会网络社会资本这 4 项指标在有无固定活动场地方面存在显著性差异，即有无固定活动场地影响参与及社会网络社会资本。有固定活动场地的 4 项指标均数均高于无固定活动场地。

表 6－59　固定活动场所与参与及社会网络社会资本方差分析

指标			平方和	自由度	均方	F 检验	显著性
Q18 加入组织后，参与社区事务管理方面的积极性	组间	(Combined)	.700	1	.700	.774	.379
	总和		906.390	1003			
Q19 加入组织后，参与投票选举方面的积极性	组间	(Combined)	1.839	1	1.839	1.695	.193
	总和		1089.131	1003			
Q20 加入组织后，扩大了社会关系网络	组间	(Combined)	.552	1	.552	.588	.443
	总和		942.040	1003			
Q21 去关系较好的组织成员家串门聊天	组间	(Combined)	9.021	1	9.021	6.253	.013
	总和		1454.582	1003			
Q22 用手机、网络等方式与组织成员联系	组间	(Combined)	14.237	1	14.237	10.020	.002
	总和		1438.024	1003			
Q23 与关系较好的组织成员一起购物、聚餐	组间	(Combined)	33.284	1	33.284	24.763	.000
	总和		1380.096	1003			
Q25 从组织成员那里获得有价值的信息	组间	(Combined)	11.089	1	11.089	8.544	.004
	总和		1311.649	1003			

表 6－60　有无固定活动场地得分均数比较

有无固定活动场地	均数(Q21)	均数(Q22)	均数(Q23)	均数(Q25)
有	3.3239	3.8535	3.5634	3.5099
无	3.1156	3.5918	3.1633	3.2789

(三) 组织凝聚力社会资本

1. 性别与组织凝聚力社会资本

由表 6-61、表 6-62 可见，F 检验 Q35、Q36、Q44、Q45、Q46 对应的 5 项指标 $P<0.05$，拒绝原假设，说明组织凝聚力社会资本这 5 项指标在性别方面存在显著性差异，即性别影响组织凝聚力社会资本。男性 5 项指标的均数均高于女性。

表 6-61　性别与组织凝聚力社会资本方差分析

指标			平方和	自由度	均方	F 检验	显著性
Q32 加入组织参加健身活动，增进成员之间的信任情况	组间	(Combined)	.342	1	.342	.730	.393
	总和		469.932	1003			
Q35 加入组织，有助于增强合作意识	组间	(Combined)	10.333	1	10.333	16.187	.000
	总和		649.964	1003			
Q36 成员为实现组织活动目标而团结协作	组间	(Combined)	11.452	1	11.452	15.867	.000
	总和		734.649	1003			
Q44 是否喜欢所在的组织	组间	(Combined)	4.605	1	4.605	7.821	.005
	总和		594.665	1003			
Q45 对自己所在组织里所发生事情的关心情况	组间	(Combined)	16.684	1	16.684	23.082	.000
	总和		740.972	1003			
Q46 是否赞同自己是所在组织的一分子	组间	(Combined)	2.917	1	2.917	4.725	.030
	总和		621.530	1003			

表 6-62　不同性别得分均数比较

性别	均数(Q35)	均数(Q36)	均数(Q44)	均数(Q45)	均数(Q46)
男	4.0993	4.0404	4.2794	4.2022	4.2647
女	3.8957	3.8261	4.1435	3.9435	4.1565

2. 年龄与组织凝聚力社会资本

由表 6-63、表 6-64 可见，F 检验 Q35、Q44、Q45、Q46 对应的 4 项指标 $P<0.05$，拒绝原假设，说明组织凝聚力社会资本这 4 项指标在年龄方面存在显著性差异，即年龄影响组织凝聚力社会资本。70 岁以上年龄段

有3项指标的均数最高、1项均数最低，41~50岁年龄段1项指标均数最高、2项排第二。

表6-63 年龄与组织凝聚力社会资本方差分析

指标			平方和	自由度	均方	F检验	显著性
Q32加入组织参加健身活动，增进成员之间的信任情况	组间	(Combined)	2.474	6	.412	.879	.509
	偏差		1.447	5	.289	.617	.687
	总和		469.932	1003			
Q35加入组织，有助于增强合作意识	组间	(Combined)	10.118	6	1.686	2.628	.016
	偏差		7.873	5	1.575	2.454	.032
	总和		649.964	1003			
Q36成员为实现组织活动目标而团结协作	组间	(Combined)	7.127	6	1.188	1.628	.136
	偏差		3.330	5	.666	.913	.472
	总和		734.649	1003			
Q44是否喜欢所在的组织	组间	(Combined)	12.060	6	2.010	3.440	.002
	偏差		7.632	5	1.526	2.612	.023
	总和		594.665	1003			
Q45对自己所在组织里所发生事情的关心情况	组间	(Combined)	12.416	6	2.069	2.832	.010
	偏差		6.400	5	1.280	1.752	.120
	总和		740.972	1003			
Q46是否赞同自己是所在组织的一分子	组间	(Combined)	14.254	6	2.376	3.900	.001
	偏差		13.601	5	2.720	4.466	.000
	总和		621.530	1003			

表6-64 不同年龄段得分均数比较

年龄段	均数(Q35)	均数(Q44)	均数(Q45)	均数(Q46)
20岁及以下	4.0385	4.3077	3.8846	4.1923
21~30岁	3.9375	4.1302	4.0156	4.1406
31~40岁	4.0131	4.183	4.0784	4.2288
41~50岁	4.0972	4.4167	4.3056	4.4444
51~60岁	4.2083	4.2917	4.1250	4.3750
61~70岁	3.9032	4.2581	4.0968	4.0000
70岁以上	4.7500	4.7005	4.5000	4.0000

3. 文化程度与组织凝聚力社会资本

由表6-65、表6-66可见，F检验Q32、Q35、Q36、Q44、Q45、Q46

对应的6项指标 P<0.05，拒绝原假设，说明组织凝聚力社会资本这6项指标在文化程度方面存在显著性差异，即文化程度影响组织凝聚力社会资本。大学专科学历被调查者6项指标的均数有3项排在第一位、3项排在第二位，小学及以下文化程度被调查者的均数波动较大。总体而言，高中文化程度被调查者的均数相对较低，有4项指标均数排在倒数第一、2项排在倒数第二。

表 6-65　文化程度与组织凝聚力社会资本方差分析

指标			平方和	自由度	均方	F 检验	显著性
Q32 加入组织参加健身活动，增进成员之间的信任情况	组间	(Combined)	6.512	6	1.085	2.335	.030
	偏差		3.887	5	.777	1.673	.138
	总和		469.932	1003			
Q35 加入组织，有助于增强合作意识	组间	(Combined)	17.361	6	2.894	4.560	.000
	偏差		11.742	5	2.348	3.701	.003
	总和		649.964	1003			
Q36 成员为实现组织活动目标而团结协作	组间	(Combined)	15.117	6	2.519	3.491	.002
	偏差		12.428	5	2.486	3.444	.004
	总和		734.649	1003			
Q44 是否喜欢所在的组织	组间	(Combined)	14.242	6	2.374	4.077	.000
	偏差		14.011	5	2.802	4.813	.000
	总和		594.665	1003			
Q45 对自己所在组织里所发生事情的关心情况	组间	(Combined)	23.568	6	3.928	5.459	.000
	偏差		22.077	5	4.415	6.136	.000
	总和		740.972	1003			
Q46 是否赞同自己是所在组织的一分子	组间	(Combined)	23.374	6	3.896	6.493	.000
	偏差		20.077	5	4.015	6.693	.000
	总和		621.530	1003			

表 6-66　不同文化程度得分均数比较

文化程度	均数(Q32)	均数(Q35)	均数(Q36)	均数(Q44)	均数(Q45)	均数(Q46)
小学及以下	4.0000	3.8571	3.7143	4.5714	4.2857	4.2857
初中	3.9048	3.9286	3.9048	4.2381	4.1667	4.1667
高中	4.0000	3.7636	3.8000	3.9273	3.7455	3.8545
中专、中技、职高	4.0694	3.9028	3.8611	4.2500	3.9861	4.1944
大学专科	4.1866	4.1716	4.0896	4.3209	4.2537	4.3955
大学本科	4.1053	3.9850	3.8496	4.2030	4.0451	4.2105
研究生	4.0847	4.1017	4.1017	4.1864	4.1356	4.2034

4. 职业与组织凝聚力社会资本

由表6－67、表6－68可见，F检验Q32、Q35、Q36、Q46对应的4项指标 $P<0.05$，拒绝原假设，说明组织凝聚力社会资本这4项指标在职业方面存在显著性差异，即职业影响组织凝聚力社会资本。农林牧渔劳动者有3项指标的均值最高。总体而言，失业人员和其他类人员的指标均数较低，其中失业人员有1项指标均数排倒数第一、2项指标均数排倒数第三，其他类人员3项指标均数排在倒数第一、1项指标均数排在倒数第二。

表6－67　职业与组织凝聚力社会资本方差分析

指标			平方和	自由度	均方	F检验	显著性
Q32加入组织参加健身活动，增进成员之间的信任情况	组间	(Combined)	11.090	12	.924	1.996	.022
	偏差		11.052	11	1.005	2.170	.014
	总和		469.932	1003			
Q35加入组织，有助于增强合作意识	组间	(Combined)	32.940	12	2.745	4.409	.000
	偏差		24.896	11	2.263	3.635	.000
	总和		649.964	1003			
Q36成员为实现组织活动目标而团结协作	组间	(Combined)	25.882	12	2.157	3.016	.000
	偏差		18.355	11	1.669	2.333	.008
	总和		734.649	1003			
Q44是否喜欢所在的组织	组间	(Combined)	10.260	12	.855	1.450	.137
	偏差		8.962	11	.815	1.382	.176
	总和		594.665	1003			
Q45对自己所在组织里所发生事情的关心情况	组间	(Combined)	10.012	12	.834	1.131	.330
	偏差		9.321	11	.847	1.149	.319
	总和		740.972	1003			
Q46是否赞同自己是所在组织的一分子	组间	(Combined)	16.557	12	1.380	2.260	.008
	偏差		13.523	11	1.229	2.014	.024
	总和		621.530	1003			

表6－68　不同职业得分均数比较

职业	均数(Q32)	均数(Q35)	均数(Q36)	均数(Q46)
党政机关科级及以上干部	4.0000	4.0714	4.2143	4.2857
企业、事业单位中层及以上管理人员	4.1000	4.1889	4.1556	4.3000
党政机关企事业单位一般办事人员	4.0000	3.9740	3.8701	4.1688
专业技术人员	4.2094	4.0580	3.7868	4.2167
个体户或私营企业主	3.9630	4.0370	3.9815	4.2963

续表

职业	均数(Q32)	均数(Q35)	均数(Q36)	均数(Q46)
商业服务业从业人员	4.0377	3.6981	3.8868	4.0943
工人	4.1905	4.1429	3.7619	4.2857
农林牧渔劳动者	4.0000	5.0000	5.0000	5.0000
学生	4.1622	4.0270	3.9459	4.2432
离退休人员	4.1750	3.9750	3.9750	4.1750
失业人员	4.0000	3.7647	3.5294	4.1765
其他	3.8000	3.3000	3.7000	3.5000

5. 组织成员数量与组织凝聚力社会资本

由表6-69、表6-70可见，F检验Q32、Q45、Q46对应的3项指标P<0.05，拒绝原假设，说明组织凝聚力社会资本这3项指标在组织成员数量方面存在显著性差异，即组织成员数量影响组织凝聚力社会资本。51~70人的社区体育组织3项指标的均数最高，150人以上的社区体育组织3项指标的均数最低。可以推断，从组织凝聚力社会资本培育而言，组织人数最好控制在51~70人。

表6-69 组织成员数量与组织凝聚力社会资本方差分析

指标			平方和	自由度	均方	F检验	显著性
Q32加入组织参加健身活动，增进成员之间的信任情况	组间	(Combined)	6.303	5	1.261	2.714	.019
	偏差		5.997	4	1.499	3.227	.012
	总和		469.932	1003			
Q35加入组织，有助于增强合作意识	组间	(Combined)	5.989	5	1.198	1.856	.099
	偏差		3.856	4	.964	1.494	.202
	总和		649.964	1003			
Q36成员为实现组织活动目标而团结协作	组间	(Combined)	7.122	5	1.424	1.954	.083
	偏差		5.491	4	1.373	1.883	.111
	总和		734.649	1003			
Q44是否喜欢所在的组织	组间	(Combined)	4.766	5	.953	1.613	.154
	偏差		4.674	4	1.168	1.977	.096
	总和		594.665	1003			
Q45对自己所在组织里所发生事情的关心情况	组间	(Combined)	20.423	5	4.085	5.657	.000
	偏差		19.965	4	4.991	6.913	.000
	总和		740.972	1003			
Q46是否赞同自己是所在组织的一分子	组间	(Combined)	9.347	5	1.869	3.048	.010
	偏差		9.309	4	2.327	3.794	.005
	总和		621.530	1003			

表 6－70　不同组织成员数量得分均数比较

组织成员数量	均数(Q32)	均数(Q45)	均数(Q46)
30 人及以下	4.0743	3.9653	4.1485
31～50 人	4.0965	4.1842	4.2632
51～70 人	4.2059	4.3088	4.3676
71～100 人	4.0862	4.1724	4.2931
101～150 人	4.1923	4.1154	4.2308
150 人以上	3.8529	3.8235	4.0000

6. 固定活动场所与组织凝聚力社会资本

由表 6－71、表 6－72 可见，F 检验 Q35、Q36、Q44、Q45 对应的 4 项指标 $P<0.05$，拒绝原假设，说明组织凝聚力社会资本这 4 项指标在有无固定活动场地方面存在显著性差异，即有无固定活动场地影响组织凝聚力社会资本。有固定活动场地的被调查者 4 项指标的均数均高于无固定活动场地的被调查者。

表 6－71　固定活动场所与组织凝聚力社会资本方差分析

指标			平方和	自由度	均方	F 检验	显著性
Q32 加入组织参加健身活动，增进成员之间的信任情况	组间	(Combined)	.991	1	.991	2.118	.146
	总和		469.932	1003			
Q35 加入组织，有助于增强合作意识	组间	(Combined)	22.082	1	22.082	35.239	.000
	总和		649.964	1003			
Q36 成员为实现组织活动目标而团结协作	组间	(Combined)	13.519	1	13.519	18.784	.000
	组内		721.131	1002	.720		
	总和		734.649	1003			
Q44 是否喜欢所在的组织	组间	(Combined)	6.886	1	6.886	11.738	.001
	总和		594.665	1003			
Q45 对自己所在组织里所发生事情的关心情况	组间	(Combined)	2.910	1	2.910	3.951	.047
	总和		740.972	1003			
Q46 是否赞同自己是所在组织的一分子	组间	(Combined)	2.172	1	2.172	3.514	.061
	总和		621.530	1003			

表 6-72 有无固定活动场地得分均数比较

有无固定活动场地	均数(Q35)	均数(Q36)	均数(Q44)	均数(Q45)
有	4.1014	4.0169	4.2704	4.1183
无	3.7755	3.7619	4.0884	4.0000

(四) 志愿服务社会资本

1. 性别与志愿服务社会资本

由表 6-73 可见，F 检验 Q28 对应的 1 项指标 $P<0.05$，拒绝原假设，说明志愿服务社会资本这 1 项指标在性别方面存在显著性差异，即性别影响志愿服务社会资本。男性该项指标的均数为 4.1103，女性为 3.9870，男性高于女性。

表 6-73 性别与志愿服务社会资本方差分析

指标			平方和	自由度	均方	F 检验	显著性
Q26 主动发动其他组织成员一起解决影响组织发展的问题	组间	(Combined)	5.918	1	5.918	3.589	.058
	总和		1658.171	1003			
Q27 参与解决组织面临的问题	组间	(Combined)	1.733	1	1.733	1.305	.254
	总和		1332.542	1003			
Q28 加入组织后，参与社区志愿性活动方面的积极性	组间	(Combined)	3.792	1	3.792	9.327	.002
	总和		411.096	1003			

2. 年龄与志愿服务社会资本

由表 6-74、表 6-75 可见，F 检验 Q27、Q28 对应的 2 项指标 $P<0.05$，拒绝原假设，说明志愿服务社会资本这 2 项指标在年龄方面存在显著性差异，即年龄影响志愿服务社会资本。21~30 岁年龄段 2 项指标的均数都最低。

3. 文化程度与志愿服务社会资本

由表 6-76、表 6-77 可见，F 检验 Q26、Q27、Q28 对应的 3 项指标

表 6-74 年龄与志愿服务社会资本方差分析

指标			平方和	自由度	均方	F 检验	显著性
Q26 主动发动其他组织成员一起解决影响组织发展的问题	组间	(Combined)	13.772	6	2.295	1.392	.215
	偏差		12.105	5	2.421	1.468	.198
	总和		1658.171	1003			
Q27 参与解决组织面临的问题	组间	(Combined)	22.861	6	3.810	2.900	.008
	偏差		17.448	5	3.490	2.656	.021
	总和		1332.542	1003			
Q28 加入组织后,参与社区志愿性活动方面的积极性	组间	(Combined)	6.108	6	1.018	2.506	.021
	偏差		5.701	5	1.140	2.807	.016
	总和		411.096	1003			

表 6-75 不同年龄段得分均数比较

年龄段	均数(Q27)	均数(Q28)	年龄段	均数(Q27)	均数(Q28)
20 岁及以下	4.2692	4.2692	51~60 岁	4.3333	4.125
21~30 岁	4.1719	3.9948	61~70 岁	4.2581	4.0323
31~40 岁	4.366	4.0458	70 岁以上	4.25	4.5
41~50 岁	4.625	4.1111			

P<0.05，拒绝原假设，说明志愿服务社会资本这3项指标在文化程度方面存在显著性差异，即文化程度影响志愿服务社会资本。总体而言，大学专科和小学及以下学历的被调查者指标均数较高，而研究生与初中学历的被调查者指标均数较低。

表 6-76 文化程度与志愿服务社会资本方差分析

指标			平方和	自由度	均方	F 检验	显著性
Q26 主动发动其他组织成员一起解决影响组织发展的问题	组间	(Combined)	52.855	6	8.809	5.471	.000
	偏差		49.861	5	9.972	6.193	.000
	总和		1658.171	1003			
Q27 参与解决组织面临的问题	组间	(Combined)	45.228	6	7.538	5.838	.000
	偏差		24.417	5	4.883	3.782	.002
	总和		1332.542	1003			

续表

指标			平方和	自由度	均方	F 检验	显著性
Q28 加入组织后，参与社区志愿性活动方面的积极性	组间	(Combined)	11.214	6	1.869	4.660	.000
	偏差		9.248	5	1.850	4.611	.000
	总和		411.096	1003			

表 6－77　不同文化程度得分均数比较

文化程度	均数(Q26)	均数(Q27)	均数(Q28)
小学及以下	4.0000	4.5714	4.1429
初中	3.8333	3.7857	4.1190
高中	3.9455	4.2000	3.9455
中专、中技、职高	3.7917	4.1111	4.1250
大学专科	4.4104	4.5149	4.1716
大学本科	4.0602	4.3684	4.0000
研究生	3.8814	4.4407	3.8644

4. 职业与志愿服务社会资本

由表 6－78、表 6－79 可见，F 检验 Q26、Q27、Q28 对应的 3 项指标 $P<0.05$，拒绝原假设，说明志愿服务社会资本这 3 项指标在职业方面存在显著性差异，即职业影响志愿服务社会资本。农林牧渔劳动者 3 项指标的均数都最高，总体而言，党政机关企事业单位一般办事人员和其他职业类人员指标均数较低。

表 6－78　职业与志愿服务社会资本方差分析

指标			平方和	自由度	均方	F 检验	显著性
Q26 主动发动其他组织成员一起解决影响组织发展的问题	组间	(Combined)	77.149	12	6.429	4.030	.000
	偏差		66.265	11	6.024	3.776	.000
	总和		1658.171	1003			
Q27 参与解决组织面临的问题	组间	(Combined)	35.087	12	2.924	2.233	.009
	偏差		35.083	11	3.189	2.436	.005
	总和		1332.542	1003			
Q28 加入组织后，参与社区志愿性活动方面的积极性	组间	(Combined)	16.636	12	1.386	3.483	.000
	偏差		15.668	11	1.424	3.578	.000
	总和		411.096	1003			

表 6-79　不同职业得分均数比较

职业	均数(Q26)	均数(Q27)	均数(Q28)
党政机关科级及以上干部	3.5714	4.8571	4.2143
企业、事业单位中层及以上管理人员	4.1222	4.3667	4.1556
党政机关企事业单位一般办事人员	3.7013	4.2078	3.8442
专业技术人员	4.0256	4.4001	4.0309
个体户或私营企业主	4.3889	4.2593	4.0926
商业服务业从业人员	4.2642	4.4340	4.0000
工人	3.7619	4.1429	4.1905
农林牧渔劳动者	5.0000	5.0000	5.0000
学生	4.5405	4.4595	4.2162
离退休人员	4.1000	4.3250	4.1250
失业人员	4.2353	4.4706	3.9412
其他	3.7000	3.7000	4.1000

5. 组织成员数量与志愿服务社会资本

由表 6-80 可见，F 检验 Q28 对应的 1 项指标 P<0.05，拒绝原假设，说明志愿服务社会资本这 1 项指标在组织成员数量方面存在显著性差异，即组织成员数量影响志愿服务社会资本。各段组织成员数量的被调查者指标得分均数为：30 人及以下 = 3.9802，31~50 人 = 4.0702，51~70 人 = 4.2794，71~100 人 = 4.0000，101~150 人 = 4.1538，150 人以上 = 4.0000。51~70 人的社区体育组织该项指标的均数最高，30 人及以下的社区体育组织该项指标的均数最低。

表 6-80　组织成员数量与志愿服务社会资本方差分析

<table>
<tr><th colspan="3">指标</th><th>平方和</th><th>自由度</th><th>均方</th><th>F 检验</th><th>显著性</th></tr>
<tr><td rowspan="3">Q26 主动发动其他组织成员一起解决影响组织发展的问题</td><td>组间</td><td>(Combined)</td><td>13.712</td><td>5</td><td>2.742</td><td>1.664</td><td>.140</td></tr>
<tr><td colspan="2">偏差</td><td>5.359</td><td>4</td><td>1.340</td><td>.813</td><td>.517</td></tr>
<tr><td colspan="2">总和</td><td>1658.171</td><td>1003</td><td></td><td></td><td></td></tr>
<tr><td rowspan="3">Q27 参与解决组织面临的问题</td><td>组间</td><td>(Combined)</td><td>3.010</td><td>5</td><td>.602</td><td>.452</td><td>.812</td></tr>
<tr><td colspan="2">偏差</td><td>2.992</td><td>4</td><td>.748</td><td>.562</td><td>.691</td></tr>
<tr><td colspan="2">总和</td><td>1332.542</td><td>1003</td><td></td><td></td><td></td></tr>
<tr><td rowspan="3">Q28 加入组织后，参与社区志愿性活动方面的积极性</td><td>组间</td><td>(Combined)</td><td>10.225</td><td>5</td><td>2.045</td><td>5.091</td><td>.000</td></tr>
<tr><td colspan="2">偏差</td><td>9.231</td><td>4</td><td>2.308</td><td>5.745</td><td>.000</td></tr>
<tr><td colspan="2">总和</td><td>411.096</td><td>1003</td><td></td><td></td><td></td></tr>
</table>

6. 固定活动场所与志愿服务社会资本

由表 6 - 81、表 6 - 82 可见，F 检验 Q26、Q27、Q28 对应的 3 项指标 P<0.05，拒绝原假设，说明志愿服务社会资本这 3 项指标在有无固定活动场地方面存在显著性差异，即有无固定活动场地影响志愿服务社会资本。有固定活动场地的被调查者该项指标均数高于无固定活动场地的被调查者。

表 6 - 81　固定活动场地与志愿服务社会资本方差分析

指标			平方和	自由度	均方	F 检验	显著性
Q26 主动发动其他组织成员一起解决影响组织发展的问题	组间	(Combined)	39.094	1	39.094	24.194	.000
	总和		1658.171	1003			
Q27 参与解决组织面临的问题	之间	(Combined)	63.095	1	63.095	49.802	.000
	总和		1332.542	1003			
Q28 加入组织后，参与社区志愿性活动方面的积极性	组间	(Combined)	6.169	1	6.169	15.265	.000
	总和		411.096	1003			

表 6 - 82　有无固定活动场地得分均数比较

有无固定活动场地	均数(Q26)	均数(Q27)	均数(Q28)
有	4.1887	4.4761	4.1042
无	3.7551	3.9252	3.932

(五) 信任社会资本

1. 性别与信任社会资本

由表 6 - 83 可见，F 检验 Q29 对应的指标 P<0.05，拒绝原假设，说明信任社会资本这项指标在性别方面存在显著性差异，即性别影响信任社会资本。男性该项指标的均数为 3.9265，女性为 3.8348，男性高于女性。

表 6－83 性别与信任社会资本方差分析

指标			平方和	自由度	均方	F 检验	显著性
Q29 社会上大多数人的可信任情况	组间	(Combined)	2.095	1	2.095	4.229	.040
	总和		498.598	1003			
Q30 组织中大部分成员的可信任情况	组间	(Combined)	.455	1	.455	1.104	.294
	总和		413.625	1003			
Q31 在借出、借入方面，组织成员之间的信任情况	组间	(Combined)	.399	1	.399	.726	.394
	总和		550.283	1003			

2. 年龄与信任社会资本

由表 6－84、表 6－85 可见，F 检验 Q29、Q30、Q31 对应的 3 项指标 P＜0.05，拒绝原假设，说明信任社会资本这 3 项指标在年龄方面存在显著性差异，即年龄影响信任社会资本。总体而言，51～60 岁年龄段 3 项指标的均数较高，其中 1 项指标的均数排第一、2 项指标的均数排第二；21～30 岁年龄段 3 项指标的均数较低，其中 2 项排倒数第一、1 项排倒数第二；70 岁以上年龄段 3 项指标的均数变动较大，其中 2 项排第一、1 项排倒数第一。

表 6－84 年龄与信任社会资本方差分析

指标			平方和	自由度	均方	F 检验	显著性
Q29 社会上大多数人的可信任情况	组间	(Combined)	18.056	6	3.009	6.244	.000
	偏差		5.813	5	1.163	2.412	.035
	总和		498.598	1003			
Q30 组织中大部分成员的可信任情况	组间	(Combined)	10.011	6	1.668	4.121	.000
	偏差		5.803	5	1.161	2.867	.014
	总和		413.625	1003			
Q31 在借出、借入方面，组织成员之间的信任情况	组间	(Combined)	10.661	6	1.777	3.283	.003
	偏差		7.900	5	1.580	2.919	.013
	总和		550.283	1003			

表 6-85　不同年龄段得分均数比较

年龄段	均数(Q29)	均数(Q30)	均数(Q31)
20 岁及以下	3.8462	4.1923	3.8077
21～30 岁	3.7812	3.9688	3.5990
31～40 岁	3.9150	4.1373	3.6797
41～50 岁	3.8611	4.0833	3.8333
51～60 岁	4.1667	4.2500	3.9583
61～70 岁	4.1290	4.1935	3.7097
70 岁以上	4.7500	4.5000	3.5000

3. 文化程度与信任社会资本

由表 6-86、表 6-87 可见，F 检验 Q30、Q31 对应的 2 项指标 $P<0.05$，拒绝原假设，说明信任社会资本这 2 项指标在文化程度方面存在显著性差异，即学历影响信任社会资本。相对而言，小学及以下和研究生学历的被调查者 2 项指标的均数较高，高中和大学本科学历的被调查者 2 项指标的均数较低。

表 6-86　文化程度与信任社会资本方差分析

<table>
<tr><th colspan="3">指标</th><th>平方和</th><th>自由度</th><th>均方</th><th>F 检验</th><th>显著性</th></tr>
<tr><td rowspan="3">Q29 社会上大多数人的可信任情况</td><td>组间</td><td>(Combined)</td><td>9.611</td><td>6</td><td>1.602</td><td>3.266</td><td>.003</td></tr>
<tr><td colspan="2">偏差</td><td>4.702</td><td>5</td><td>.940</td><td>1.917</td><td>.089</td></tr>
<tr><td colspan="2">总和</td><td>498.598</td><td>1003</td><td></td><td></td><td></td></tr>
<tr><td rowspan="3">Q30 组织中大部分成员的可信任情况</td><td>组间</td><td>(Combined)</td><td>6.513</td><td>6</td><td>1.086</td><td>2.658</td><td>.015</td></tr>
<tr><td colspan="2">偏差</td><td>5.793</td><td>5</td><td>1.159</td><td>2.838</td><td>.015</td></tr>
<tr><td colspan="2">总和</td><td>413.625</td><td>1003</td><td></td><td></td><td></td></tr>
<tr><td rowspan="3">Q31 在借出、借入方面，组织成员之间的信任情况</td><td>组间</td><td>(Combined)</td><td>5.341</td><td>6</td><td>.890</td><td>1.629</td><td>.136</td></tr>
<tr><td colspan="2">偏差</td><td>4.786</td><td>5</td><td>.957</td><td>1.751</td><td>.120</td></tr>
<tr><td colspan="2">总和</td><td>550.283</td><td>1003</td><td></td><td></td><td></td></tr>
</table>

表 6-87　不同文化程度得分均数比较

文化程度	均数(Q30)	均数(Q31)
小学及以下	4.2857	3.7143
初中	4.1905	3.7143
高中	4.0182	3.5818
中专、中技、职高	4.0972	3.6528
大学专科	4.1269	3.7537
大学本科	3.9699	3.6316
研究生	4.1525	3.8136

4. 职业与信任社会资本

由表6－88、表6－89可见，F检验Q29、Q30、Q31对应的3项指标P<0.05，拒绝原假设，说明信任社会资本这3项指标在职业方面存在显著性差异，即职业影响信任社会资本。农林牧渔劳动者3项指标的均数均最高。

表6－88 职业与信任社会资本方差分析

指标			平方和	自由度	均方	F检验	显著性
Q29社会上大多数人的可信任情况	组间	(Combined)	21.264	12	1.772	3.679	.000
	偏差		19.478	11	1.771	3.676	.000
	总和		498.598	1003			
Q30组织中大部分成员的可信任情况	组间	(Combined)	14.265	12	1.189	2.950	.000
	偏差		14.254	11	1.296	3.215	.000
	总和		413.625	1003			
Q31在借出、借入方面，组织成员之间的信任情况	组间	(Combined)	17.214	12	1.434	2.667	.002
	偏差		15.896	11	1.445	2.687	.002
	总和		550.283	1003			

表6－89 不同职业得分均数比较

职业	均数(Q29)	均数(Q30)	均数(Q31)
党政机关科级及以上干部	3.8571	3.9286	4.0000
企业、事业单位中层及以上管理人员	3.9444	4.1444	3.7556
党政机关企事业单位一般办事人员	3.7792	4.0130	3.6753
专业技术人员	3.7742	4.0462	3.6472
个体户或私营企业主	3.9444	4.1111	3.6296
商业服务业从业人员	3.7170	3.9434	3.4906
工人	4.1429	4.3333	3.8571
农林牧渔劳动者	5.0000	5.0000	4.0000
学生	3.8649	3.9730	3.7568
离退休人员	4.2000	4.2500	3.8000
失业人员	3.8824	3.9412	3.3529
其他	3.7000	3.9000	3.5000

5. 组织成员数量与信任社会资本

由表 6－90、表 6－91 可见，F 检验 Q29、Q30、Q31 对应的 3 项指标 P<0.05，拒绝原假设，说明信任社会资本这 3 项指标在组织成员数量方面存在显著性差异，即组织成员数量影响信任社会资本。30 人及以下的社区体育组织被调查者 3 项指标的均数都最低。

表 6－90　组织成员数量与信任社会资本方差分析

指标			平方和	自由度	均方	F 检验	显著性
Q29 社会上大多数人的可信任情况	组间	(Combined)	21.876	5	4.375	9.159	.000
	偏差		6.673	4	1.668	3.492	.008
	总和		498.598	1003			
Q30 组织中大部分成员的可信任情况	组间	(Combined)	5.434	5	1.087	2.657	.021
	频次		2.588	4	.647	1.582	.177
	总和		413.625	1003			
Q31 在借出、借入方面，组织成员之间的信任情况	组间	(Combined)	8.978	5	1.796	3.311	.006
	偏差		3.670	4	.917	1.692	.150
	总和		550.283	1003			

表 6－91　不同组织成员数量得分均数比较

组织成员数量	均数(Q29)	均数(Q30)	均数(Q31)
30 人及以下	3.7129	4.0000	3.5941
31～50 人	3.9386	4.1404	3.6930
51～70 人	4.0588	4.1324	3.7794
71～100 人	4.0172	4.0862	3.8621
101～150 人	3.9615	4.0769	3.8077
150 人以上	4.0882	4.2353	3.7059

6. 固定活动场所与信任社会资本

由表 6－92、表 6－93 可见，F 检验 Q29、Q31 对应的 2 项指标 P<0.05，拒绝原假设，说明信任社会资本这 2 项指标在有无固定活动场地方面存在显著性差异，即有无固定活动场地影响信任社会资本。有固定活动场地的被调查者 2 项指标的均数均高于无固定活动场地者。

表 6-92　固定活动场所与信任社会资本方差分析

指标			平方和	自由度	均方	F 检验	显著性
Q29 社会上大多数人的可信任情况	组间	(Combined)	6.245	1	6.245	12.708	.000
	总和		498.598	1003			
Q30 组织中大部分成员的可信任情况	组间	(Combined)	1.145	1	1.145	2.780	.096
	总和		413.625	1003			
Q31 在借出、借入方面，组织成员之间的信任情况	组间	(Combined)	2.594	1	2.594	4.746	.030
	总和		550.283	1003			

表 6-93　有无固定活动场地得分均数比较

有无固定活动场地	均数(Q29)	均数(Q31)
有	3.9352	3.7239
无	3.7619	3.6122

五　本章小结

本章利用样本数据首先对社区体育组织各维度社会资本进行了分析，然后确定了社区体育组织社会资本测量指标的权重，并利用指标的权重计算出样本维度指标、观察指标及总得分，最后分别就性别、年龄、文化程度、职业、组织成员数量、固定活动场地与规范社会资本、参与及社会网络社会资本、组织凝聚力社会资本、志愿服务社会资本、信任社会资本之间的关系进行了探索。

第七章 结论、建议与未来研究方向

一 主要结论

1. 社区体育组织社会资本定义

社区体育组织社会资本是社区体育组织成员以体育运动为媒介，通过组织制度、关系网络嵌入、组织成员互动等路径生成的，可以促进互惠行动和合作的社会关系网络、规范、志愿精神、组织凝聚力和信任关系，它有助于解决集体行动的困境。

2. 社区体育组织社会资本生成机制

“嵌入”和“社会互动”是社区体育组织生成社会资本的两条基本路径。

“嵌入”又分为“制度嵌入”和“关系嵌入”。“制度嵌入”是指社区体育组织中的制度对其成员的行动产生影响，这些影响能够生成社会资本。影响主要来自4个方面：第一，社区体育组织中的制度易于被组织成员内化和遵守；第二，社区体育组织中的制度能够限制不可预见行为和机会主义行为，使成员产生制度信任；第三，社区体育组织中的制度使惩罚与激励容易实施，且实施成本低；第四，社区体育组织中的制度保证了组织成员之间“博弈”的重复进行，产生“合作解”。“关系嵌入”生成社会资本主要通过增进信任、信息分享、共同解决问题三个路径实现。

社区体育组织及成员的社会互动特征有助于生成社会资本。首先，社区体育组织是一种因“运动趣缘”而产生的自由结社，是公民社会的一种形式；其次，社区体育组织具有组织规模的小型性、成员之间互动的频繁性，且其互动通常是面对面的；再次，社区体育组织具有组织成员身份的平等性、成员间空间地理位置的临近性；最后，组织成员的互动具有在“利己”过程中实现“利他”的动力机制，是一种互惠行为。

社区体育组织成员之间的互动分为交换型互动、合作型互动、竞争型互动三种类型，并且都能生成社会资本。

3. 社区体育组织社会资本测量指标体系构建

基于国外社会资本测量研究成果回顾，本研究编制了包括5个维度（参与及社会网络、志愿精神、信任、规范、归属感）、29个观察变量的“社区体育组织社会资本测量指标体系”。后经探索性因子分析，将“归属感”维度修定为“组织凝聚力”维度。

4. 社区体育组织社会资本测量指标体系的检验

运用探索性因子分析方法求得测量指标体系的最佳因子结构，建立结构维度，最后提取了5个公因子，分别命名为规范因子、参与及社会网络因子、组织凝聚力因子、志愿服务因子和信任因子。多数公共因子所涵盖的题项与研究者的理论构想一致，这说明实际维度的含义与理论构想的维度相符合，问卷具有较好的建构效度。

“克朗巴哈α系数”检验表明包含28项指标的总指标体系信度为0.932，包含9项指标的“规范因子”信度系数为0.858，包含7项指标的“参与及社会网络因子”信度系数为0.887，包含6项指标的“组织凝聚力因子”信度系数为0.867，包含3项指标的“志愿服务因子”信度系数为0.721，包含3项指标的“信任因子”信度系数为0.754。“社区体育组织社会资本测量指标体系”具有较好的信度。

通过一阶验证性因素模型分析发现，一阶因素构念间有中高度的关联，且一阶验证性因素分析模型与样本数据可以适配，从而进行二阶验证性因素分析，经检验，社区体育组织社会资本结构模型与调查的数据拟合良好，适配指标达到验证性因素分析适配的标准，表明实际数据与构念结构可以契合。

社区体育组织社会资本的5个因素结构在经验数据的验证性因素分析中得到了支持，它们分别是规范、参与及社会网络、组织凝聚力、志愿服务、信任。社区体育组织社会资本可以通过5个结构因素间接地表示出来。社区体育组织社会资本与各结构构面的路径系数在0.54~0.94，各个结构构面与最终确定的 27 项测量指标之间的路径系数在 0.60～0.82。根据社区体育组织社会资本的 5 个维度结构，将其分别命名为规范社会资本、参与及社会网络社会资本、组织凝聚力社会资本、志愿服务社会资本、信任社会资本。

5. 社区体育组织成员之间的交往互动目的

社区体育组织成员之间交往互动出于获取人力资本的目的要多于获取社会资本的目的。这与林南在《社会资本——关于社会结构与行动的理论》中提出的："命题 5：当首要群体之外的互动试图获得资源时，它们更多被用来获取社会资本而不是人力资本"相悖。因此，林南提出的"命题 5"是否适用于社区体育组织成员之间的交往互动，还有待于进一步求证。

6. 社区体育组织信任社会资本分析

"社会上大多数人的可信任情况"，回答"有些信任他（她）们"和"完全信任他（她）们"的累计百分比为 74.3%［其中有些信任他（她）们占 57.8%，完全信任他（她）们占 16.5%］，"组织中大部分成员的可信任情况"，回答"有些信任他（她）们"和"完全信任他（她）们"的累计百分比为 84.5%［其中有些信任他（她）们占 60.4%，完全信任他（她）们占 24.1%］。

7. 社区体育组织社会资本测量指标权重

将结构方程模型的路径系数进行标准化（或归一化）处理后，计算出维度指标的权重分别为：规范（0.234）、参与及社会网络（0.135）、组织凝聚力（0.234）、志愿服务（0.195）、信任（0.202），观察指标在整体指标体系中的权重分别为：Q18（0.021）、Q19（0.018）、Q20（0.021）、Q21（0.017）、Q22（0.022）、Q23（0.019）、Q25（0.019）、Q26（0.070）、Q27（0.065）、Q28（0.060）、Q29（0.063）、Q30（0.071）、Q31（0.068）、Q32（0.034）、Q33（0.026）、Q34（0.030）、Q35（0.040）、Q36（0.039）、Q37（0.030）、Q38（0.030）、Q39（0.026）、Q41（0.030）、Q42（0.030）、Q43（0.032）、Q44（0.040）、Q45（0.040）、Q46（0.041）。由维度指标的权重可见，社区体育组织社会资本最重要的维度是规范和组织凝聚力，其次是信任。

8. 本样本社会资本存量的测量

依照计算出的指标权重，计算出本次调查的广州社区体育组织总得分：793.165（满分为1000分），其与总分的百分比为79.32%。按照研究者设定的“社会资本存量5级评价表”衡量，广州社区体育组织社会资本存量属于较丰富的水平。

9. 变量间关系的探索

性别：除参与及社会网络社会资本所有调查指标无性别差异外，规范社会资本、组织凝聚力社会资本、志愿服务社会资本和信任社会资本中的全部或部分指标具有显著性性别差异，且各项指标得分都是男性高于女性。

年龄：5个维度的社会资本都在一些统计指标上存在显著性差异，但没有呈现总体规律性。分维度来看，规范社会资本方面，70岁以上的年龄段得分较高，21~30岁、31~40岁两个年龄段得分较低。参与及社会网络社会资本方面，61~70岁年龄段得分较高，70岁以上年龄段得分最低。组织凝聚力社会资本方面，70岁以上年龄段及41~50年龄段得分较高。志愿服务社会资本方面，21~30岁年龄段得分最低。信任社会资本方面，51~60岁年龄段得分较高，21~30岁年龄段得分较低，70岁以上年龄段指标间得分变动较大。

文化程度：5个维度的社会资本都在一些统计指标上存在显著性差异，但没有呈现总体规律性。分维度来看，参与及社会网络社会资本方面，大学专科学历的被调查者得分较高。组织凝聚力社会资本方面，大学专科学历的被调查者得分较高，高中文化程度被调查者得分较低。志愿服务社会资本方面，大学专科和小学及以下学历的被调查者得分较高，而研究生与初中学历的被调查者得分较低。信任社会资本方面，小学及以下和研究生学历的被调查者得分较高，高中和大学本科学历的被调查者得分较低。

职业：5个维度的社会资本都在一些统计指标上存在显著性差异，农林牧渔劳动者5个维度的社会资本都最高。但较低者没有呈现总体规律性。分维度来看，规范社会资本方面，党政机关企事业单位一般办事人员和专业技术人员得分较低。参与及社会网络社会资本方面，学生得分较低。组织凝聚力社会资本方面，失业人员和其他类人员得分较低。志愿服务方面，党政机关企事业单位一般办事人员和其他类人员得分较低。

组织成员数量：5 个维度的社会资本都在一些统计指标上存在显著性差异，51 ~ 70 人的社区体育组织被调查者在规范社会资本、组织凝聚力社会资本、志愿服务社会资本 3 个方面都最高。71 ~ 100 人和 101 ~ 150 人的社区体育组织被调查者的参与及社会网络社会资本较高。30 人及以下社区体育组织被调查者在参与及社会网络社会资本、志愿服务社会资本、信任社会资本 3 个方面均较低，150 人以上的社区体育组织被调查者参与及社会网络社会资本较低。本研究样本中，有 40% 的被调查者所在的社区体育组织成员数量在 30 人及以下，从社会资本培育方面来看，广州很大一部分社区体育组织成员数量偏少。

固定活动场地：5 个维度的社会资本都在一些统计指标上存在显著性差异，有固定场地的被调查者所有调查指标均高于无固定活动场地的被调查者。本研究样本中有约 30% 的被调查者所在的社区体育组织没有固定的活动场地，这不利于社会资本的培育。

二 主要建议

1. 大力培育发展社区体育组织

自十六届六中全会提出“健全社会组织”以来，在“十七大”报告、“十二五”规划、国家基本公共服务体系“十二五”规划、“十八大”报告等重要文献中，培育发展社会组织，改进社会组织管理，推动政府部门向社会组织转移职能，向社会组织开放更多的公共资源和领域，充分发挥各类社会组织在基本公共服务需求表达、服务供给与监督评价等方面的作用成为其核心内容。可见，培育发展社会组织是当前各级党委和政府的一项重点工作。社区体育组织作为基层社会组织中的一种，自是涵盖其中。

培育发展社会组织主要目的之一就是将中国传统社会的基本结构（费孝通先生称之为“差序格局”）发展为“团体格局”，在“团体格局”中每个人都从属于一个团体，人与人之间的权利和义务分得非常清楚。也就是将单个的人转变成社会组织的人。从社会资本培育视角来看，“嵌入”和“互动”两个社会资本基本生成路径都为其提供了很好的理论解释。

2. 加强社区体育组织制度建设

制度嵌入生成社会资本为该建议提供了理论依据，制度建设主要可从以下几个方面入手：第一，加强社区体育组织外在制度建设，这主要是中央与地方政府及其相关部门的职责；第二，加强社区体育组织内在制度建设，很多草根社区体育组织缺少“社区体育组织章程”之类的成文规范；第三，加强社区体育组织制度的内化和执行。从实践来看，很多社区体育组织制度并没有被其成员较好的内化和遵守。

3. 增加社区体育组织成员之间的互动

社区体育组织社会资本互动生成机制是该建议的基础。从交换型互动方面来看，应定期对社区体育组织管理者及活动指导者的志愿服务工作给予肯定和荣誉性表彰，借此体现出对其志愿服务的尊重，提高其声誉，激发出他们更大的志愿服务热情。从合作型和竞争型互动方面来看，应经常在社区体育组织内或组织间开展团体性体育活动或比赛，团体性体育活动或比赛培育社会资本的能力高于个体性体育活动或比赛。

4. 社区体育组织成员发展数量要适度

从本研究来看，社区体育组织成员数量既不是越多越好，也不是越少越好，成员数量应该为中等规模。

5. 加强社区体育组织场地建设与供给

本研究表明有固定活动场地的社区体育组织各个维度的社会资本均高于无固定活动场地的社区体育组织。因而，政府相关部门应加强社区体育组织场地建设与供给，同时社区体育组织也要通过向当地政府相关部门申请或自己建设等形式获得固定活动场地。

6. 根据维度指标的权重确定社区体育组织社会资本培育和评价的重点

研究表明，社区体育组织社会资本 5 个维度指标依据权重大小依次排列为：规范、组织凝聚力、信任、志愿服务、参与及社会网络，可见规范和组织凝聚力两个维度在社区体育组织社会资本中所占的权重最大，这 2

个维度既是社区体育组织社会资本培育的重点，也是社区体育组织社会资本评价的重点。

7. 采用资助和购买公共体育服务等方式引导社区体育组织规范化发展

从本研究调查的社区体育组织来看，组织活动经费主要来自成员会费，政府资助较少。从各地购买公共体育服务的实践来看，基本上仅限于正式登记注册的体育社会组织。因而在政府方面，第一，要降低社会组织准入“门槛”，让更多合规的草根社会组织“转正”；第二，相关部门应主动作为，将资助和购买服务方面的相关信息多渠道传递给各种类型的社会组织，让更多符合条件的社会组织享有资助或参与提供公共服务。促使获得资助或获得政府购买服务的社会组织对同类型社会组织的发展起到很好的引领作用。对社区体育组织而言，首先，草根社区体育组织应积极解决“身份”问题，成为正式社会组织；其次，积极参与政府购买公共体育服务中，一方面借此提升自身的能力，另一方面为自身积累“资本”。

8. 社区体育组织应积极申请评估

符合条件的社区体育组织应积极申请当地民政部门的评估，尚未达到申请评估条件的社区体育组织应先达到申请评估条件，然后申请评估。因为评估结果是政府资助或政府购买公共体育服务的主要依据。

9. 将社会资本培育纳入社会治理体系构建

社会资本中的信任、规范、公民参与网络较好地契合了社会治理的本质内涵，因此，提升社会资本存量也能够起到提高社会治理水平的作用。

三　本研究的贡献

1. 界定了“社区体育组织社会资本”概念

2. 解析了社区体育组织社会资本的生成机制

本研究较深入地解析了社区体育组织社会资本的生成机制，探明了社区体育组织社会资本的生成路径。这为政府部门制定提升社区体育组织培育社会资本能力的政策，以及社区体育组织各自制定有利于培育社会资本的制度，提供了较有价值的参考材料。

3. 确定了社区体育组织社会资本的测量指标体系及指标权重

本研究通过文献法、探索性因子分析法、验证性因子分析法确定了社区体育组织社会资本测量的 5 个维度、28 项指标及其权重。该测量指标体系为社区体育组织社会资本的定量测量提供了现实的工具。这将对我国当前体育运动与社会资本的相关研究从以定性研究为主转变为定性与定量研究协调发展的科学研究方向起到积极作用，为进一步客观、系统地测量社区体育组织社会资本存量水平奠定了基础。

4. 直观展现了社区体育组织社会资本结构

本研究建构的社区体育组织社会资本五维度模型图直观地展现社区体育组织社会资本各个结构维度及观察指标。

5. 探索了一些变量间的关系

利用样本数据探索了一些变量间的关系，如组织成员数量在 51 人至 70 人之间的社区体育组织社会资本总体水平最高。有固定活动场地的社区体育组织社会资本高于无固定活动场地的社区体育组织。这从社会资本视角为以下观点提供了实证依据，即社区体育组织发展的理想规模为 51 人至 70 人之间，社区体育组织需要固定的活动场地。

6. 丰富了社区体育组织理论

从国内外文献回顾来看，社区体育组织社会资本生成机制、社区体育组织社会资本测量指标体系属于开拓性研究，因此，本研究从社会资本层面丰富了社区体育组织理论研究。亦可以说，从体育领域丰富了社会资本理论。

四 存在的不足及进一步研究的方向

1. 存在的不足

受研究者的理论水平、研究能力、研究时间及研究资料获取等方面的限制，本研究不可避免地存在一些缺陷和不足。

因社区体育组织社会资本属于一项开拓性研究，社区体育组织社会资本生成路径的论证、社区体育组织社会资本测量指标体系的研制较多地参考了国外相关研究成果，但由于国家行政管理体制的差异及社区体育组织发展环境的不同，西方的相关研究结论可能存在适用性的问题，因此本研究很多都是探索性的，整篇论文没有太大的理论突破。

2. 进一步研究的方向

社区体育组织社会资本理论尚处于创建阶段，有很多空白，相关研究方法的选用还处于摸索阶段，还有很多需要进一步探讨的问题。

本研究虽建立了社区体育组织社会资本测量模型，但面对现实中各种各样的社区体育组织肯定存在不足，所以可能还需要根据实测地及不同类型的社区体育组织对测量模型进行适度修改，提高模型的测量能力和科学性。

广州社区体育组织的代表性是比较有限的，今后应在国内不同地区及与国外同行合作在国外广泛开展测量工作。一方面，搜集各地社区体育组织社会资本存量数据，进行比较研究；另一方面，检验社区体育组织社会资本测量指标体系的可行性与适用性，必要时，进行一些适应当地情况的修订。同时争取与当地体育行政部门合作，将研究成果及测量数据尽可能提供给体育行政部门，供决策者参考。

将经常开展团体性运动项目（尤其是足球）的社区体育组织，与经常开展个体性运动项目的社区体育组织的社会资本存量进行测量比较，验证国外团体性运动项目培育社会资本能力更强的研究结论。

将不同类型社区体育组织进行比较研究，比较其社会资本总体存量及不同纬度社会资本存量方面的差别。

理论研究的终极目标在于服务实践，因此如何提高社区体育组织培育社会资本的能力是一个重点研究领域。

参考文献

中文文献

〔美〕埃莉诺·奥斯特罗姆:《流行的狂热抑或基本概念》,曹荣湘选编《走出囚徒困境——社会资本与制度分析》,上海三联书店,2003。

〔美〕阿尔文·古尔德纳:《互惠规范:一个初步的陈述》,冯钢编选《社会学基础文献选读》,浙江大学出版社,2008。

〔法〕阿兰·佩雷菲特:《信任社会》,邱海婴译,商务印书馆,2005。

〔美〕爱德华·格拉泽:《社会资本的投资及其收益》,罗建辉译,《经济社会体制比较》2003 年第 2 期。

〔美〕爱德华·劳曼:《通过抽样测量社会网络——网络分析与调查研究相关吗?》,冯钢编选《社会学基础文献选读》,浙江大学出版社,2008。

〔美〕艾尔·巴比:《社会研究方法》(第 10 版),邱泽奇译,华夏出版社,2005。

〔美〕埃莉诺·奥斯特罗姆:《社会资本:流行的狂热抑或基本的概念?》,龙虎编译,《经济社会体制比较》2003 年第 2 期。

〔美〕埃略特·阿伦森、提摩太·D. 威尔逊、罗宾·M. 埃克特:《社会心理学》(第 7 版),侯玉波等译,世界图书出版公司北京公司,2012。

〔法〕埃米尔·迪尔凯姆:《社会学的方法规则》,胡伟译,华夏出版社,1999。

安民兵:《个人资本与运动员进入体育行业的功效探析》,《体育文化导刊》2006 年第 3 期。

〔英〕保罗·F. 怀特利:《社会资本的起源》,李惠斌、杨雪冬主编《社会资本与社会发展》,社会科学文献出版社,2000。

〔英〕保罗·科利尔:《社会资本与贫困:一个微观经济学的视角》,C. 格鲁特尔特、T. 范·贝斯特纳尔编《社会资本在发展中的作用》,黄载曦、杜卓君、黄治康译，西南财经大学出版社，2004。

〔美〕保罗·萨缪尔森、威廉·诺德豪斯：《经济学》（第18版），萧琛主译，人民邮电出版社，2009。

〔美〕彼得·M. 布劳：《社会生活中的交换与权力》，李国武译，商务印书馆，2012。

〔法〕布迪厄等：《文化资本与社会炼金术——布迪厄访谈录》，上海人民出版社，1997。

〔澳〕布莱特·波顿：《公民社会、国家以及全球公民社会的局限》，何增科、包雅钧主编《公民社会与治理》，社会科学文献出版社，2011。

〔美〕布劳：《社会生活中的交换与权力》，谢立中主编《西方社会学名著提要》，江西人民出版社，2003。

边燕杰：《城市居民社会资本的来源及作用：网络观点与调查发现》，《中国社会科学》2004年第3期。

〔英〕C. 格鲁特尔特、T. 范·贝斯特纳尔编《社会资本在发展中的作用》，黄载曦、杜卓君、黄治康译，西南财经大学出版社，2004。

蔡东山：《体育运动与大学生社会资本累积》，《福建师范大学福清分校学报》2008年第5期。

曹荣湘选编《走出囚徒困境——社会资本与制度分析》，上海三联书店，2003。

陈宝：《社会体育专业大学生专业社会资本构建》，《三峡大学学报》（人文社会科学版）2011年第S2期。

陈宝：《就业背景下社会体育专业的社会资本生成研究》，福建师范大学硕士学位论文，2012。

陈加洲、凌文辁、方俐洛：《员工心理契约结构维度的探索与验证》，《科学学与科学技术管理》2004年第3期。

陈柳钦：《社会资本及其主要理论研究观点综述》，《东方论坛》2007年第3期。

陈琦、杨文轩等：《我国当代体育价值观的研究》，《体育科学》2006年第8期。

陈瑜、刘兵：《企业家社会资本与体育用品企业绩效的关系——基于中国体育用品上市公司数据的实证分析》，《上海体育学院学报》2014年第6期。

代利凤:《社会排斥理论综述》,《当代经理人》2006年第4期。

〔美〕戴维·波谱诺:《社会学》(第十版),李强等译,中国人民大学出版社,1999。

〔美〕戴维·斯基德莫尔:《公民社会、社会资本和经济发展》,何增科、包雅钧主编《公民社会与治理》,社会科学文献出版社,2011。

〔美〕道格拉斯·C. 诺思:《制度、制度变迁与经济绩效》,杭行译,格致出版社,2009。

道格拉斯·里德、雷蒙得·E. 米尔斯:《组织中的信任》,罗德里克·M. 克雷默、汤姆·R. 泰勒编《组织中的信任》,管兵、刘穗琴等译,中国城市出版社,2003。

邓正来主编《国家与市民社会:中国视角》,格致出版社,2011。

董宏伟:《家庭社会资本对青少年体育锻炼意识与行为的影响及反思》,《沈阳体育学院学报》2010年第2期。

杜智敏编著《抽样调查与SPSS应用》,电子工业出版社,2010。

风笑天:《社会学研究方法》,中国人民大学出版社,2001。

〔美〕弗兰西斯·福山:《社会资本、公民社会与发展》,《马克思主义与现实》2003年第2期。

〔美〕弗兰西斯·福山:《公民社会与发展》,曹荣湘选编《走出囚徒困境——社会资本与制度分析》,上海三联书店,2003。

〔美〕弗兰西斯·福山:《信任——社会道德与繁荣的创造》,李宛容译,远方出版社,1998。

符平:《“嵌入性”,两种取向及其分歧》,《社会学研究》2009年第5期。

高春芽:《规范网络与集体行动的社会逻辑》,《武汉大学学报》(哲学社会科学版)2012年第5期。

龚咏梅:《联合的艺术:社团组织与政府的关系》,《探索》2002年第2期。

桂勇、黄荣贵:《社区社会资本测量:一项基于经验数据的研究》,《社会学研究》2008年第3期。

《国家基本公共服务体系“十二五”规划》。

郭铜樑、任波:《社区体育社会资本测量的实证研究》,《体育研究与教育》2012年第5期。

黄桑波：《我国体育志愿服务现状及研究的理论视角》，《武汉体育学院学报》2009年第10期。

侯钧生主编《西方社会学理论教程》（第三版），南开大学出版社，2011。

〔美〕J. 斯蒂格利茨：《正式和非正式的制度》，曹荣湘选编《走出囚徒困境——社会资本与制度分析》，上海三联书店，2003。

贾春增主编《外国社会学史》（修订本），中国人民大学出版社，2000。

蒋勤峰、王重鸣、唐宁玉：《基于因子分析的创业策略之探索性研究》，《心理科学》2007年第5期。

江易毕：《县级政府基本公共服务绩效评估指标体系的理论构建与实证检测研究——基于社会公正的研究视角》，华中师范大学硕士学位论文，2009。

〔美〕杰弗里·亚历山大：《社会学二十讲：二战以来的理论发展》，贾春增、董天民等译，华夏出版社，2001。

〔西〕杰森特·乔丹纳：《集体行动理论和社会资本的分析》，李惠斌、杨雪主编《社会资本与社会发展》，社会科学文献出版社，2000。

〔美〕卡拉·M. 伊斯特斯：《组织的多样性与社会资本的产生》，李惠斌、杨雪冬主编《社会资本与社会发展》，社会科学文献出版社，2000。

〔美〕科尔曼：《社会理论的基础》，社会科学文献出版社，1999。

〔德〕柯武刚、史漫飞：《制度经济学——社会秩序与公共政策》，韩朝华译，商务印书馆，2004。

〔英〕肯·宾默尔：《博弈论教程》，谢识予等译，格致出版社，2012。

〔英〕肯尼思·纽顿：《政治支持：社会资本、公民社会和政治经济绩效》，何增科、包雅钧主编《公民社会与治理》，社会科学文献出版社，2011。

〔英〕肯尼思·纽顿：《社会资本与现代欧洲民主》，李惠斌、杨雪冬主编《社会资本与社会发展》，社会科学文献出版社，2000。

李冰星：《网球俱乐部会员社会资本特征研究——以郑州为实证地》，河南大学硕士学位论文，2011。

黎纯：《社区体育：居民培育社会资本的平台——以长沙市A、B两社区为例》，中南大学硕士学位论文，2009。

李洪君：《从社会资本的视角看村庄生活中的休闲体育》，《武汉体育学院学报》2009年第7期。

李惠斌、杨雪冬主编《社会资本与社会发展》，社会科学文献出版社，2000。

李沛良：《社会研究的统计应用》（*Statistical Applications for Social Research*），社会科学文献出版社，2002。

李燕萍主编《人力资源管理》，武汉大学出版社，2002。

李瑶亭：《城市旅游产业发展研究：指标体系、发展模式与经济效应》，华东师范大学硕士学位论文，2013。

梁莹：《社会资本与公民文化的成长——公民文化成长与培育中的社会资本因素探析》，中国社会科学出版社，2011。

〔美〕林南：《社会资本——关于社会结构与行动的理论》，张磊译，上海人民出版社，2005。

〔美〕林南：《社会网络与地位获得》，曹荣湘选编《走出囚徒困境——社会资本与制度分析》，上海三联书店，2003。

〔日〕林雄二郎：《信息社会》，张国良主编《20世纪传播学经典文本》，复旦大学出版社，2005。

刘东升、邹玉玲：《论体育场馆设施的社会资本创造功能》，《体育文化导刊》2012年第8期。

刘河旺、刘明昌、朱黎明：《基于企业社会资本的体育用品制造业产业集群发展战略研究》，《成都体育学院学报》2011年第5期。

柳建庆、张玉满、姜忠生：《中国篮球教练员职业地位获得的"地缘"与"业缘"分析》，《天津体育学院学报》2009年第4期。

刘敏、奂平清：《论社会资本理论研究的拓展及问题》，《甘肃社会科学》2003年第5期。

刘艳丽、苗大培：《社会资本与社区体育公共服务》，《体育学刊》2005年第3期。

刘元凤：《创新性城市的综合评价研究——关于指标体系形成和评价方法优化的讨论》，复旦大学硕士学位论文，2010。

娄方平、李国泰：《澳大利亚农村体育发展调查研究》，《山东体育学院学报》2008年第5期。

卢曙光：《社会资本与体育专业大学生就业的关系及对策研究——以

郑州市为实证地》，河南大学硕士学位论文，2006。

〔美〕罗伯特·D. 普特南：《繁荣的社群——社会资本与公共生活》，李惠斌、杨雪冬主编《社会资本与社会发展》，社会科学文献出版社，2000。

〔美〕罗伯特·D. 普特南：《独自打保龄——美国社区的衰落与复兴》，刘波、祝乃娟等译，北京大学出版社，2011。

〔美〕罗伯特·D. 普特南：《使民主运转起来——现代意大利的公民传统》，王列、赖海榕译，江西人民出版社，2001。

〔美〕罗伯特·D. 普特南：《独自打保龄球：美国下降的社会资本》，李惠斌、杨雪冬主编《社会资本与社会发展》，社会科学文献出版社，2000。

罗家德、方震平：《社区社会资本的衡量——一个引入社会网观点的衡量方法》，《江苏社会科学》2014 年第 1 期。

〔美〕罗纳德·伯特：《结构洞——竞争的社会结构》，任敏、李璐、林虹译，格致出版社，2011。

吕立志、李宗植：《社会资本与和谐社会》，《光明日报》2007 年 11 月 13 日。

〔德〕尼克拉斯·卢曼：《信任——一个社会复杂性的简化机制》，上海世纪出版集团，2005。

〔美〕马汀·奇达夫、蔡文彬：《社会网络与组织》，王凤彬、朱超威等译，中国人民大学出版社，2008。

〔美〕迈克尔·武考克：《社会资本与经济发展：一种理论综合与政策构架》，李惠斌、杨雪冬主编《社会资本与社会发展》，社会科学文献出版社，2000。

〔美〕曼昆：《经济学原理》（微观经济学分册，第 4 版），梁小民译，北京大学出版社，2006。

〔美〕曼瑟尔·奥尔森：《集体行动的逻辑》，陈郁、郭宇峰、李崇新译，格致出版社，2012。

〔英〕P. 阿贝尔：《社会学理论与理性选择理论》，布莱恩·S. 特纳编《社会理论指南》（第二版），李康译，上海人民出版社，2003。

〔英〕帕萨·达斯古普特：《经济发展与社会资本观》，帕萨·达斯古普特、伊斯梅尔·撒拉格尔丁编《社会资本——一个多角度的观点》，张慧东、姚莉等译，中国人民大学出版社，2005。

裴志军、陈佩佩：《社会资本视野下的公共政策执行分析》，《湖北社会科学》2005 年第 12 期。

〔美〕乔纳森·H. 特纳：《社会学理论的结构》（第 7 版），邱泽奇、张茂元等译，华夏出版社，2006。

〔美〕乔纳森·H. 特纳：《社会资本的形成》，帕萨·达斯古普特、伊斯梅尔·撒拉格尔丁编《社会资本——一个多角度的观点》，张慧东、姚莉等译，中国人民大学出版社，2005。

丘海雄、张应祥：《理性选择理论述评》，《中山大学学报》（社会科学版）1998 年第 1 期。

邱皓政：《量化研究与统计分析——SPSS 中文视窗版数据分析范例解析》，重庆大学出版社，2009。

邱皓政、林碧芳：《结构方程模型的原理与应用》，中国轻工业出版社，2009。

仇军、钟建伟：《城市中体育参与与社会融合的理论研究——以大众体育为例》，《体育科学》2010 年第 12 期。

仇军、杨涛：《体育与社会资本研究述评》，《体育学刊》2012 年第 5 期。

任波：《社区体育活动与居民社会资本积累》，《长春师范学院学报》（自然科学版）2013 年第 4 期。

任波：《社会资本理论及其在体育领域的应用》，《搏击》（体育论坛）2012 年第 4 期。

任波：《城市社区社会资本与老年人健身参与关系的实证研究——以太原市社区老年人为例》，山西师范大学硕士学位论文，2012。

时蓉华：《社会心理学概论》，东方出版社，2002。

隋广军、盖翊中：《城市社区社会资本及其测量》，《学术研究》2002 年第 7 期。

孙昭君、张进：《从社会资本角度看我国体育赛会青年志愿者的可持续发展》，《山东青年政治学院学报》2012 年第 2 期。

唐东辉、陈庆果：《北京市青少年学生人体适应能力结构理论研究》，《北京体育大学学报》2010 年第 2 期。

〔法〕托克维尔：《论美国的民主》，董果良译，商务印书馆，1989。

夏建中：《社会为中心的社会资本理论及其测量》，《教学与研究》2007年第9期。

谢立中主编《西方社会学名著提要》，江西人民出版社，2007。

徐爱军：《我国医院社会责任研究：行为表现、指标体系及提升路径》，南京大学硕士学位论文，2009。

徐延辉、张美生、陈阳：《社会资本在辽宁省运动员成长过程中的作用研究》，《中国体育科技》2006年第1期。

许月云、刘刚、许红峰、郑志丹：《侨缘社会资本对侨乡社会体育发展的功效研究》，《北京体育大学学报》2006年第10期。

许月云：《海外华侨对侨乡泉州社会体育发展的历史绩效——侨乡社会资本视域下侨乡社会体育发展绩效的实证研之一》，《漳州师范学院学报》（自然科学版）2008年第3期。

许月云：《侨乡乡镇居民体育服务的公共精神——侨乡社会资本视域下侨乡社会体育发展绩效的实证研究之二》，《泉州师范学院学报》（自然科学）2008年第4期。

王斌：《青少年体育社会资本概念架构及其实证研究——以山西省青少年经验数据为例》，山西师范大学硕士学位论文，2013。

王重鸣：《心理学研究方法》，人民教育出版社，1991。

王德福：《论熟人社会的交往逻辑》，《云南师范大学学报》（哲学社会科学版）2013年第3期。

王俊秀、杨宜音主编《中国社会心态研究报告（2012~2013）》（社会心态蓝皮书），社会科学文献出版社，2013。

王凤彬、刘松博：《企业社会资本生成问题的跨层次分析》，《浙江社会科学》2007年第4期。

王京琼：《青少年运动参与和暴力行为的关联性研究》，《广州体育学院学报》2008年第1期。

王梦阳：《政府公共体育服务满意度绩效评估指标的构建——以上海市为例》，《体育科学》2013年第10期。

王名、刘培峰：《民间组织通论》，时事出版社，2004。

王思斌：《中国社会工作的嵌入性发展》，《社会科学战线》2011年第2期。

王松涛：《探索性因子分析与验证性因子分析比较研究》，《兰州学刊》

2006 年第 6 期。

王霄、胡军：《社会资本结构与中小企业创新——一项基于结构方程模型的实证研究》，《管理世界》2005 年第 7 期。

〔美〕韦恩·贝克：《新型社会资本及其投资》，曹荣湘选编《走出囚徒困境——社会资本与制度分析》，上海三联书店，2003。

文军、张赛军：《社会资本与社区脱贫》，《西北师大学报》（社会科学版）2006 年第 3 期。

吴光芸、杨龙：《超越集体行动的困境：社会资本与制度分析》，《东南学术》2006 年第 3 期。

武建文：《论社会资本在我国社区体育发展中的作用》，《山西师大体育学院学报》2004 年第 4 期。

吴明隆：《结构方程模型——AMOS 的操作与应用》，重庆大学出版社，2014。

吴明隆：《SPSS 统计应用实务——问卷分析与应用统计》，科学出版社，2003。

肖星：《社会资本视角下的城市社区建设》，上海大学硕士学位论文，2007。

〔美〕亚历山大德罗·波茨、帕特里夏·兰多特：《社会资本的下降》，李惠斌、杨雪冬主编《社会资本与社会发展》，社会科学文献出版社，2000。

〔美〕亚历山大德罗·波茨：《社会资本：在现代社会学中的缘起和应用》，李惠斌、杨雪冬主编《社会资本与社会发展》，社会科学文献出版社，2000。

〔西〕雅森特·佛月纳：《集体行为理论的比较分析框架》，曹荣湘选编《走出囚徒困境》，上海三联书店，2003。

颜烨：《转型中国社会资本生成条件和机制初探》，中共中央党校硕士学位论文，2002。

杨旭华：《大学生职业成熟度结构的探索与验证》，《中国人力资源开发》2011 年第 11 期。

叶初升、孙永平：《信任问题经济学研究的最新进展与实践启示》，《国外社会科学》2005 年第 3 期。

易剑东：《社会资本与当代中国体育用品企业成长》，北京体育大学硕士学位论文，2002。

〔印〕因德拉吉·罗伊：《公民社会与善治之关系的再思考》，何增科、包雅钧主编《公民社会与治理》，社会科学文献出版社，2011。

殷琦：《基于社会资本的中小企业信用评价》，哈尔滨工业大学硕士学位论文，2011。

俞国良：《社会心理学》（第二版），北京师范大学出版社，2013。

袁方主编《社会研究方法教程》，北京大学出版社，1997。

〔美〕约翰·布雷姆、温迪·拉恩：《社会资本的成因及后果在个人层面的证据》，陈路、和军译，《国外理论动态》2012 年第 12 期。

约瑟夫·E. 斯蒂格里茨：《正规的与非正规的制度》，帕萨·达斯古普特、伊斯梅尔·撒拉格尔丁编《社会资本——一个多角度的观点》，张慧东、姚莉等译，中国人民大学出版社，2005。

张超、徐燕、陈平雁：《探索性因子分析与验证性因子分析在量表研究中的比较与应用》，《南方医科大学学报》2007 年第 11 期。

〔英〕詹姆斯·S. 科尔曼：《人力资本创造中的社会资本》，帕萨·达斯古普特、伊斯梅尔·撒拉格尔丁编《社会资本——一个多角度的观点》，张慧东、姚莉等译，中国人民大学出版社，2005。

〔美〕詹姆斯·S. 科尔曼：《社会理论的基础（上）》，邓方译，社会科学文献出版社，2008。

张辉、兰顺领、蒋圣祥、李正：《投资社会资本：高校学生体育社团发展的路径选择》，《巢湖学院学报》2013 年第 6 期。

张剑利、靳厚忠、徐金尧：《社区体育资本与和谐社会》，《武汉体育学院学报》2007 年第 8 期。

张剑利、王章明、徐金尧：《资本拥有与草根体育参与》，《体育与科学》2008 年第 4 期。

张其仔：《社会资本论——社会资本与经济增长》，社会科学文献出版社，1999。

张倩秋、孙海法：《民营企业高层管理者心理契约结构维度的探索与验证》，《商业经济与管理》2014 年第 3 期。

张世强：《社会资本视角下体育赛会志愿者的可持续发展》，山东师范大学硕士学位论文，2012。

张维迎：《法律制度的信誉基础》，《经济研究》2002 年第 1 期。

张维迎、柯荣住：《信任及其解释：来自中国的跨省调查分析》，《经济研究》2002 年第 10 期。

张文宏：《中国社会网络与社会资本研究 30 年》，《江海学刊》2011 年第 2 期。

张宪丽：《社区体育对社会资本的构造性功能》，《经济研究导刊》2010 年第 10 期。

赵鼎新：《集体行动、搭便车理论与形式社会学方法》，《社会学研究》2006 年第 1 期。

赵孟营、王思斌：《走向善治与重建社会资本》，《江苏社会科学》2001 年第 4 期。

赵栩博、张洪顺：《从社会资本视野审视学校体育场地开放》，《体育成人教育学刊》2006 年第 3 期。

赵溢洋、陈蕾：《体育运动的社会和人力资本功能对随迁子女城市融入的影响——共变关系的调节与远端中介效应》，《体育科学》2014 年第 4 期。

赵延东、罗家德：《如何测量社会资本：一个经验研究综述》，《国外社会科学》2005 年第 2 期。

郑杭生主编《社会学概论新修》（第三版），中国人民大学出版社，2003。

郑志丹、许月云：《侨乡乡镇体育资源配置特征及其运作场域与路径分析——社会资本视域下侨乡社会体育发展绩效的实证研究》，《成都体育学院学报》2008 年第 10 期。

《中共中央国务院关于进一步加强和改进新时期体育工作的意见》。

《中华人民共和国国民经济和社会发展第十二个五年规划纲要》。

钟建伟：《大众体育参与与社会资本生成：基于城市居民的研究》，清华大学硕士学位论文，2010。

周长城主编《经济社会学》（第二版），中国人民大学出版社，2011。

周结友、李建国：《运动趣缘：建构现代社会资本的一个路径》，《广州体育学院学报》2014 年第 2 期。

周结友、裴立新：《社会资本：全民健身运动功能的一个研究视角》，《体育科学》2008 年第 5 期。

周结友、裴立新：《国外体育运动与社会资本研究：缘起、成果与启示》,《体育科学》2014年第7期。

周结友、李建国:《社区体育组织社会资本嵌入生成机制解析》,《广州体育学院学报》2015年第1期。

周雪光:《组织社会学十讲》,社会科学文献出版社,2003。

周泽鸿、李琳:《体育干预与弱势群体社会资本构建——HWC非营利性服务启示》,《吉林体育学院学报》2014年第2期。

朱杰:《社区体育与和谐社区构建:社区社会资本的视角——基于江西省的调查》,江西师范大学硕士学位论文,2013。

英文文献

[1] Aaron W. Clopton, Bryan L. Finch. Are College Students' Bowling Alone? Examining the Contribution of Team Identification to the Social Capital of College Students. *Journal of Sport Behavior* 33 (2010).

[2] Akbar Heidary, Mojtaba Amiri, Mohammad Ehsani, Bita Asadi Kenari. Social Capital: A Multidimensional Binding Link in the Sport Communities. *International Journal of Academic Research in Business and Social Sciences* 2 (2012).

[3] Alejandro Portes. Economic Sociology and the Sociology of Immigration: A Conceptual Overview, Alejandro Portes, *The Economic Sociology of Immigration: Essays on Networks, Ethnicity, and Entrepreneurship* (New York: Russell Sage Foundation, 1995).

[4] Alejandro Portes. Social Capital: Its Origins and Applications in Modern Sociology. Annu. Rev. *Sociol.* 1998. 24.

[5] Alison Doherty, Katie Misener. Community Sport Networks, Matthew Nicholson and Russell Hoye, *Sport and Social Capital* (Published by Elsevier Ltd, 2008).

[6] Alvin · W. Gouldner. The Norms of Reciprocity. *American Sociological Review* 25 (1960).

[7] Ang Chen. The Impact of Social Change on Inner - City High School Physical Education: An Analysis of a Teacher's Experiential Account. *Journal of Teaching in Physical Education* 18 (1999).

[8] Anne W. Taylor1, Carmel Williams, Eleonora Dal Grande and Michelle Herriot. Measuring Social Capital in a Known Disadvantaged Urban Community-health Policy Implications. *Australia and New Zealand Health Policy* 3 (2006).

[9] Australian Bureau of Statistics. *Measuring Social Capital: Current Collections and Future Directions*, ABS Discussion Paper, Canberra, 2000.

[10] Boulding, K. E.. Economics as a Moral Science. *American Economic Review* 59, 转引自〔德〕柯武刚、史漫飞:《制度经济学——社会秩序与公共政策》, 韩朝华译, 商务印书馆, 2004。

[11] Bourdieu, P.. The Forms of Capital in The Handbook of Theory: Research for the Sociology of Education, J. G. Richardson, Editor, 1986, New York: Greenwood Press.

[12] Carrier. Leana, Harry J. Van Buren Ⅲ. Organizational Social Capital and Employment Practices. *Academy of Management Review* 24 (1999).

[13] Catherine Palmer, Kirrilly Thompson. The Paradoxes of Football Spectatorship: On – Field and Online Expressions of Social Capital Among the 'Grog Squad'. *Sociology of Sport Journal* 24 (2007).

[14] C. Burnetts. Networking in the Sport Delivery System in South African Universities. *African Journal for Physical, Health Education, Recreation and Dance* (2010).

[15] C. Clark, C. Burnrtt. Upward Social Mobility through Women's Soccer. *African Journal for Physical, Health Education, Recreation and Dance* (2010).

[16] Coleman, J. S., *Equality and Achievement in Education*, Boulder, CO: Westview Press, 1990.

[17] Coleman, J. S., *Social Capital, in Foundations of Social Theory*, Cambridge, Massachusetts: Harvard University Press, 1990.

[18] Coleman J. S.. Social Capital in the Creation of Human Capital. *American Journal of Sociology* (1988).

[19] Cora Burnett. Building Social Capital Through an 'Active Community Club'. *International Review for the Sociology of Sport* 41 (2006).

[20] Cora Burnett. Sport – for – Development Approaches in the South African

Context: A Case Study Analysis. *South African Journal for Research in Sport, Physical Education and Recreation* 32 (2010).

[21] Christiaan Grootaert and Thierry van Bastelaer. *Understanding and Measuring Social Capital——A Multidisciplinary Tool for Practitioners.* Washington, D. C. World Bank, 2002.

[22] Christiaan Grootaert, Deepa Narayan, Veronica Nyhan Jones, Michael Woolcock. *Measuring Social Capital——An Integrated Questionnaire*, Washington, D. C. World Bank, 2004.

[23] Daniel Lock, Tracy Taylor and Simon Darcy. Soccer and Social Capital in Australia: Social Networks in Trsnsition. Matthew Nicholson and Russell Hoye, *Sport and Social Capital* (Published by Elsevier Ltd, 2008).

[24] Deepa Narayan and Michael F. Cassidy. A Dimensional Approach to Measuring Social Capital: Development and Validation of a Social Capital Inventory. Current Sociology 49 (2001).

[25] De Silva, Mary, Sharon R. Huttly, Trudy Harpham & Michael G. Kenward. Psychometric and Cognitive Validation of A Social Capital Measurement Tool in Peru and Vietnam. *Social Science & Medicine* 62 (20060.

[26] Don J. Webber and Andrew Mearman. Student participation in sporting activities. *Applied Economics* 41 (2009).

[27] Dwight Zakus, James Skinner and Allan Edwards. Social Capital in Australian Sport. *Sport in Society* 12 (2009).

[28] Emma Sherry. (Re) engaging marginalized groups through sport: The Homeless World Cup. *International Review for the Sociology of Sport* 45 (2010).

[29] Emma Sherry, Virginia Strybosch. A Kick in the Right Direction: Longitudinal Outcomes of the Australian Community Street Soccer Program. *Soccer & Society* 13 (2012).

[30] Fluera, H., *Measuring Social Capital: A New Approach. Managerial Challenges of the Contemporary Society* (*Issue 4*), 2012.

[31] Fred Coalter. *A Wider Social Role for Sport——Who's Keeping the Score?* First published 2007 by Routledge, 2007.

[32] Fred Coalter. Sports Clubs, Social Capital and Social Regeneration: 'Ill – defined Interventions with Hard to Follow Outcomes'? *Sport in Society*, http: //www. informaworld. com/ smpp/ title ~ db = all ~ content = t713634841 ~ tab = issueslist ~ branches = 10 – v1010 (2007).

[33] Fred Coalter. Sport – in – Development: Development for and through Sport? Matthew Nicholson and Russell Hoye, *Sport and Social Capital*, Published by Elsevier Ltd, 2008.

[34] Gerald Marwell and Pamela E. Oliver. Social Networks and Collective Action: A Theory of the Critical Mass. *American Journal of Sociology* 94 (1988).

[35] Grant Jarvie. Narrowing the Gap Through Sport, Education and Social Capital. Matthew Nicholson and Russell Hoye, *Sport and Social Capital*, Published by Elsevier Ltd, 2008.

[36] Harpham, Trudy. The Measurement of Community Social Capital Through Surveys, In Idiro Kawachi, S. V. Subramanian & Daniel Kin (eds.), *Social Capital and Health*, New York: Springer, 2007.

[37] Hawes Daniel, Rocha Rene, Meier Kenneth. Social Capital in the 50 States: Measuring State – Level Social Capital, 1986 – 2004. *State Politics & Policy Quarterly* 13 (2013).

[38] Hazel Maxwell &Tracy Taylor. A Culture of Trust: Engaging Muslim Women in Community Sport Organizations. *European Sport Management Quarterly* 10 (2010).

[39] Hoye, Russell, Nicholson, Matthew. Life at the Track: Country Race Clubs and Social Capital. *International Review for the Sociology of Sport* 47 (2012).

[40] H. Thomas R. Persson. Social Capital and Social Responsibility in Denmark. *International Review for the Sociology of Sport* 43 (2008).

[41] Irene Kamberidou and Nilkolaos Atsadaras. A New Concept in European Sport Governance: Sport as Social Capital. *Biology of Exercise* 3 (2007).

[42] James Curtis, William McTeer & Philip White. Do High School Athletes Earn More Pay? Youth Sport Participation and Earnings as an Adult. *Sociology of Sport Journal* 20 (2003).

[43] James Skinner and Dwight H. Zakus. Development through Sport: Building Social Capital in Disadvantaged Communities. *Sport Management Review* 11 (2008).

[44] Jean Harvey and Maurice Lévesque & Peter Donnelly. Sport Volunteerism and Social Capital. *Sociology of Sport Journal* 24 (2007).

[45] Jan W. Van Deth. Measuring Social Capital: Orthodoxies and Continuing Controversies. *Int. J. Social Research Methodology* 6 (2003).

[46] John David Carl. *Social Capital and Sport Participation*, Oklahoma: University of Oklahoma, 2002.

[47] John Wilson & Marc Musick. Who Cares? Toward an Integrated Theory of Volunteer Work. *American Sociological Review* 62 (1997).

[48] Kitchen Peter, Williams Allison & Simone Dylan. Measuring Social Capital in Hamilton, Ontario. *Social Indicators Research* 108 (2012).

[49] Kawachi, I. Daniel Kim, Adam Coutts & S. V. Subramanian. Commentary: Reconciling the Three Accounts of Social Capital. *International Journal of Epidemiology* 33 (2004).

[50] Kevin Hylton. Race Equality and Sport Networks: Social Capital Links, Matthew Nicholson and Russell Hoye, *Sport and Social Capital* , Published by Elsevier Ltd, 2008.

[51] Kevin M. Brown. Community Sport/Recreation Members and Social Capital Measurers in Sweden and Australia. Matthew Nicholson and Russell Hoye, *Sport and Social Capital* , Published by Elsevier Ltd, 2008.

[52] Kim M. Atherley. Sport, Localism and Social Capital in Rural Western Australia. *Geographical Research* 44 (2006).

[53] Kobayashi, Tsutomu; Nicholson, Matthew; Hoye, Russell. Football 'wantok': Sport and Social Capital in Vanuatu. *International Review for the Sociology of Sport* 48 (2013).

[54] Kristin Walseth. Bridging and Bonding Social Capital in Sport—Experiences of Young Women with an Immigrant Background. *Sport, Education and Society* 13 (2008).

[55] Larry Dwyer & Liz Fredline. Special Sport Events—Part Ⅱ. *Journal of Sport Management* 22 (2008).

[56] Laura Misener and Daniel S. Mason. Creating Community Networks: Can Sporting Events Offer Meaningful Sources of Social Capital? *Managing Leisure* 11 (2006)。

[57] Lee, Seung Pil; Cornwell, T. Bettina; Babiak, Kathy. Developing an Instrument to Measure the Social Impact of Sport: Social Capital, Collective Identities, Health Literacy, Weil – Being and Human Capital. *Journal of Sport Management* 27 (2013).

[58] Lene HjØllund, Gert Tinggaard Svendsen. Social Capital: A Standard Method of Measurement. Working Papers (Aarhus School of Business, Department of Economics, 2000).

[59] Liam Delaney and Emily Keaney. Sport and Social Capital in the United Kingdom: Statistical Evidence from National and International Survey Data. December 2005.

[60] L. Ottesen, R. S. Jeppesen, B. R. Krustrup. The development of Social Capital Through Football and Running: Studying an Intervention Program for Inactive Women. *Scandinavian Journal Medicine Science in Sports* 20 (2010).

[61] Lynne G. Zucker. " Production of Trust: Institutional Sources of Economic Structure 1840 – 1920. *Research in Organizational Behaviour* 1 8 (1986).

[62] Mark Dyreson. Maybe it's Better to Bowl Alone: Sport, Community and Democracy in American Thought. *Culture*, *Sport*, *Society* 4 (2001).

[63] Mark Granovetter. Economic Action and Social Structure: The Problem of Embeddedness. *American Journal of Sociology* 91 (1985).

[64] Margaret Groeneveld, Barrie Houlihan and Fabien Ohl. *Social Capital and Sport Governance in Europe*, Taylor & Francis Group, First published 2011 by Routledge, New York, London.

[65] Mark Rosentraub & Akram Ijla. Sport Facilities as Social Capital. Matthew Nicholson and Russell Hoye, *Sport and Social Capital* (Published by Elsevier Ltd, 2008).

[66] Mark S. Granovetter. The Strength of Weak Ties. *American Journal of Sociology* 78 (1973).

[67] Martin A. Nowak. Five Rules for the Evolution of Cooperation. *Science* 314 (2006).

[68] Mark W. Bruner. etc. Influence of Sport Type and Interdependence on the Developmental Experiences of Youth Male Athletes. *European Journal of Sport Science* 11 (2011).

[69] Matthew Tonts. Competitive Sport and Social Capital in Rural Australia. *Journal of Rural Studies* 21 (2005).

[70] Mike Collins. Sport. Physical Activity and Social Exclusion. *Journal of Sports Sciences* 22 (2004).

[71] Nicola Bolton, Scott Fleming and Bernadette Elias. The Experience of Community Sport Development: A Case Study of Blaenau Gwent. *Managing Leisure* 13 (2008).

[72] Nico Schulenkorf. An Exante Framework for the Strategic Study of Social Utility of Sport Events. *Tourism & Hospitality Research* 9 (2009).

[73] North, D. C.. *Institutions, Institutional Change and Economic Performance*, Cambridge University Press, 1990.

[74] Norman Uphoff. Grassroots Organizations and NGOs in Rural Development: Opportunities with Diminishing States and Expanding Markets. *World Development* 21 (1993).

[75] Numerato, Dino; Baglioni, Simone. The dark side of social capital: An ethnography of Sport governance. *International Review for the Sociology of Sport* 47 (2012).

[76] Okayasu, Isao; Kawahara, Yukio; Nogawa, Haruo. The Relationship Between Community Sport Clubs and Social Capital in Japan: A Comparative Study Between the Comprehensive Community Sport Clubs and the Traditional Community Sports Clubs. *International Review for the Sociology of Sport* 45 (2010).

[77] Pamela Paxton. Is Social Capital Declining in the United States? A Multiple Indicator Assessment. *The American Journal of Sociology* 105 (1999).

[78] Paul Downward, Les Lumsdon and Rita Ralston. Gender Differences in Sports Event Volunteering: Insights from Crew 2002 at the XVII Commonwealth Games. *Managing Leisure* 10 (2005).

[79] Paul M. Downward &Ritaralston. The Sports Development Potential of Sports Event Volunteering: Insights from the XVII Manchester Commonwealth Games. *European Sport Management Quarterly* 6 (2006).

[80] Portes, Alejandro. Social Capital: Its Origins and Applications in Modern Sociology. *Annual Review of Sociology* 24 (1998).

[81] Putnam, R. D.. Bowling Alone: America's Declining Social Capital. *Journal of Democracy* 1 (1995).

[82] Putnam, R. D.. *Bowling Alone: The Collapse and Revival of American Community*, New York: Simon & Schuster, 2000.

[83] Putnam, R. D.. The Prosperous Community: Social Capital and Public Life. *The American Prospect* (1993).

[84] Ramon Spaaij and Hans Westerbeek. Sport Business and Social Capital: A Contradiction in Terms? *Sport in Society* 13 (2010).

[85] Ramo'n Spaaij. The Glue that Holds the Community Together? Sport and Sustainability in Rural Australia. *Sport in Society* 12 (2009).

[86] Richard Bailey. Valuating the Relationship Between Physical Education, Sport and Social Inclusion. *Educational Review*, http://www.informaworld.com/smpp/title ~ db = all ~ content = t713415680 ~ tab = issueslist ~ branches = 57 - v5757 (2005).

[87] Richard G Prins, Sigrid M Mohnen, Frank J van Lenthe, Johannes Brug and Anke Oenema. Are Neighbourhood Social Capital and Availability of Sports Facilities Related to Sports Participation Among Dutch Adolescents? *International Journal of Behavioral Nutrition and Physical Activity* 9 (2012).

[88] Richard Light and David Kirk. Australian Cultural Capital——Rugby's Social Meaning: Physical Assets, Social Advantage and Independent Schools. *Culture, Sport, Society* 4 (2001)。

[89] Robert Axelrod. *The Complexity of Cooperation*, Princeton: Princeton University Press, 1997.

[90] Russell Hoye and Matthew Nicholson. Locating Social Capital in Sport Policy. Matthew Nicholson and Russell Hoye, *Sport and Social Capital*Published by Elsevier Ltd, 2008.

[91] Russell Hoye and Matthew Nicholson. Social Capital And Sport Policies in

Australia. *Public Management Review* 11 (2009).

[92] Simone Baglioni. The Social Capital of Sport——The Case of Italy. Margaret Groeneveld, Barrie Houlihan and Fabien Ohl, *Social Capital and Sport Governance in Europe* (First published 2011 by Routledge).

[93] Sine Agergaard and Jan Kahr SØrensen. The Dream of Social Mobility: Ethnic Minority Players in Danish Football Clubs. *Soccer &Society* 10 (2009).

[94] Spaaij, Ramón. Beyond the Playing Field: Experiences of Sport, Social Capital, and Integration Among Somalis in Australia. *Ethnic & Racial Studies* 35 (2012).

[95] Stephen Knack & Philip Keefer. Does Social Capital have an Economic Payoff? ——A Cross - country Investigation. *The Quarterly Journal of Economic* (1997).

[96] Steven Bradbury and Tess Kay. Stepping into Community? The Impact of Youth Sport Volunteering on Young People's Social Capital. Matthew Nicholson and Russell Hoye, *Sport and Social Capital* (Published by Elsevier Ltd. 2008).

[97] Talbot, M.. Voluntary Sector Sport: A Case of Human Wealth and Structural Poverty. Keynote Paper Presented at the European Association of Sport Management Congress (Gateshead, Newcastle, 2005).

[98] Tamela McNulty Eitle; David J. Eitle. Race. Cultural Capital and the Educational Effects of Participation in Sports. *Sociology of Education* 75 (2002).

[99] Tess Kay and Steven Bradbury. Youth Sport Volunteering: Developing Social Capital? *Sport, Education and Society* 14 (2009).

[100] Theeboom, Marc; Schaillée, Hebe; Nols, Zeno. Social Capital Development Among Ethnic Minorities in Mixed and Separate Sport Clubs. *International Journal of Sport Policy and Politics* 4 (2012).

[101] Thomas Perks. Does Sport Foster Social Capital? The Contribution of Sport to a Lifestyle of Community Participation. *Sociology of Sport Journal* 24 (2007).

[102] Tocqueville, Alexis de. *Democracy in American*, New York: Vintage Books, London: Fontana, 1968.

[103] Uzzi B.. Social Structure and Competition in Interfirm Network: the Paradox of Embeddedness. *Administrative Science Quarterly* 42 (1997).

[104] Vassilios Ziakas & Carla A. Costa. 'Between Theatre and Sport' in a Rural Event: Evolving Unity and Community Development from the Inside – Out. *Journal of Sport & Tourism* 15 (2010).

[105] Vincent Buskens. The Social Structure of Trust. *Social Networks* 20 (1998).

[106] Welty Peachey, Jon; Cohen, Adam; Borland, John; Lyras, Alexis. Building Social Capital: Examining the Impact of Street Soccer USA on its Volunteers. *International Review for the Sociology of Sport* 48 (2013).

[107] Yamagishi T. Cook K. S. & Watabe M.. Uncertainty, Trust and Commitment Formation in the United States and Japan. *American Journal of Sociology* 104 (1998).

[108] Ørnulf Seippel. Public Policies, Social Capital and Voluntary Sport. Matthew Nicholson and Russell Hoye, *Sport and Social Capital* (Published by Elsevier Ltd, 2008).

[109] Ørnulf Seippe. Sport and Social Capital. *Social Capital* (Jun., 2006).

[110] Ørnulf Seippel. Sport, Civil Society and Social Integration: The Case of Norwegian Voluntary Sport Organizations. *Journal of Civil Society* 1 (2005).

世界银行社会资本板块网址

http://web.worldbank.org/WBSITE/EXTERNAL/TOPICS/EXTSOCIALDEVELOPMENT/EXTTSOCIALCAPITAL/0,,contentMDK:20305939~menuPK:994404~pagePK:148956~piPK:216618~theSitePK:401015,00.html.

http://web.worldbank.org/WBSITE/EXTERNAL/TOPICS/EXTSOCIALDEVELOPMENT/EXTTSOCIALCAPITAL/0,,contentMDK:20185164~menuPK:418217~pagePK:148956~piPK:216618~theSitePK:401015,00.html.

http：//web. worldbank. org/WBSITE/EXTERNAL/TOPICS/EXTSOCIALDEVELOPMENT/EXTTSOCIALCAPITAL/0,，contentMDK：20642703 ~ menuPK：401023 ~ pagePK：148956 ~ piPK：216618 ~ theSitePK：401015.

附 录

社区体育组织社会资本调查问卷（初稿）

亲爱的社区体育组织成员：您好！

为了了解社区体育组织在培育社会资本方面的功能，探索社会资本培育的有效途径，我们开展了一项关于社区体育组织社会资本的调查。我们从具有代表性的社区体育组织中随机抽取一部分成员，作为社区体育组织中的成员代表，您是其中一位。本调查不用填写姓名，答案没有对错之分。请您根据自己的实际情况，在每题答案前的序号上打“√”（如果无特别说明，每题只选一个答案）。遇到有需要注明的，请在“______”上填写。

衷心感谢您的支持与合作！

广州体育学院全民健身研究中心“社区体育组织社会资本研究课题组”

负责人：

2013 年 10 月

一　基本情况

1. 请问您的性别：（1）男　　（2）女

2. 请问您属于哪个年龄段：

（1）20 岁及以下　（2）21 ~ 30 岁　（3）31 ~ 40 岁　（4）41 ~ 50 岁　（5）51 ~ 60 岁　（6）61 ~ 70 岁　（7）70 岁以上

3. 请问您的文化程度：

（1）小学及以下　（2）初中　（3）高中　（4）中专、中技、职高　（5）大学专科　（6）大学本科　（5）研究生

4. 请问您的职业：

（1）党政机关科级及以上干部 （2）企业、事业单位中层及以上管理人员 （3）党政机关企事业单位一般办事人员 （4）专业技术人员 （5）个体户或私营企业主 （6）商业服务业从业人员 （7）科教文体卫人员 （8）工人 （9）农林牧渔劳动者 （10）学生 （11）离退休人员 （12）失业人员 （13）其他（请注明）__________

5. 请问您的月收入在以下哪个范围：

（1）1000 元及以下 （2）1001 ~ 1500 元 （3）1501 ~ 2000 元 （4）2001 ~ 3000 元 （5）3001 ~ 4000 元 （6）4001 ~ 5000 元 （7）5001 ~ 6000 元 （8）6001 ~ 7000 元 （9）7001 ~ 8000 元 （10）8001 ~ 9000 元 （11）9001 ~ 10000 元 （12）10000 元以上

6. 请问您在现在社区居住了多长时间：

（1）1 年及以下 （2）2 ~ 5 年 （3）6 ~ 10 年 （4）11 ~ 15 年 （5）16 ~ 19 年 （6）20 年及以上

二 组织特性

7. 您所在的社区体育组织大概有多少成员？

（1）30 人及以下 （2）31 ~ 50 人 （3）51 ~ 70 人 （4）71 ~ 100 人 （5）100 ~ 150 人 （6）150 人以上

8. 您所在的社区体育组织是否有固定的活动场所？

（1）有 （2）没有

9. 您所在的社区体育组织经常性开展的体育活动是：（最多选 3 项）

（1）足球 （2）篮球 （3）排球 （4）羽毛球 （5）乒乓球 （6）网球 （7）广场舞 （8）木兰拳（扇） （9）太极拳（剑、扇） （10）健身气功（包括五禽戏、六字诀、八段锦等） （11）排舞 （12）秧歌 （13）扇子舞 （14）游泳 （15）保龄球 （16）毽球 （17）高尔夫 （18）台球 （19）健美操 （20）其他（请注明）：__________

10. 在过去三年，您所在的社区体育组织的运动器材设施的状况是：

（1）得到了更新与改善 （2）维持原状 （3）变得更加糟糕

11. 您所在的社区体育组织活动经费来源渠道：

（1）成员会费 （2）政府拨款 （3）企事业单位资助 （4）组织经营收入 （5）其他（请注明）__________

12. 您是怎样成为这个社区体育组织的成员的？

（1）自己请求加入 （2）被组织成员邀请加入 （3）亲戚、朋友介绍加入 （4）家人介绍加入 （5）其他（请注明）________

13. 请问您加入社区体育组织的首要目的是什么？

（1）休闲娱乐 （2）增强体质，增进健康 （3）结交朋友 （4）消磨时间 （5）其他（请注明）________

14. 您加入您所在的社区体育组织已经有多少年？

（1）1 年以下 （2）1～3 年 （3）3～5 年 （4）5～7 年 （5）7～10 年 （6）10 年以上

15. 通常情况下，相隔多长时间社区体育组织成员一起参与一次健身运动？

（1）每天 （2）2～3 天 （3）4～5 天 （4）6～7 天 （5）8～9 天 （6）10～15 天 （7）15 天以上

16. 当您所在的社区体育组织需要做一个决定时，这个决定通常是怎样做出的？

（1）社区体育组织领导决定并通知组织其他成员 （2）社区体育组织领导征求成员意见然后做出决定 （3）社区体育组织成员展开讨论然后集体决定 （4）决定是由外部强加的 （5）其他（请注明）________

17. 您是否参与过您所在的社区体育组织的一些制度、规则的制定或修改？

（1）经常参加 （2）有时参加 （3）很少参加 （4）从未参加

18. 您是否参与过您所在的社区体育组织活动组织、策划工作？

（1）经常参加 （2）有时参加 （3）很少参加 （4）从未参加

19. 您所在的社区体育组织的主要领导是怎样产生的？

（1）由大部分社区体育组织成员选举产生 （2）由少部分社区体育组织成员选举产生 （3）由政府部门委派工作人员兼任 （4）由社区体育组织创始人担任 （5）其他（请注明）________

三 参与及社会关系网络

20. 您加入社区体育组织参与活动之后，是否会提高您在参与社区事务管理和投票选举等方面的积极性？

（1）极大地更高 （2）提高 （3）有点提高 （4）说不准 （5）没

有提高

21. 加入该社区体育组织，您认为是否扩大您的社会关系网络？

（1）扩大很多 （2）扩大了一些 （3）说不准 （4）没有扩大 （5）根本没有扩大

22. 您是否经常与社区体育组织其他成员一起聊天？

（1）经常 （2）有时候 （3）很少 （4）根本不

23. 您是否经常与社区体育组织其他成员一起外出从事购物、聚餐等活动？

（1）经常 （2）有时候 （3）很少 （4）根本不

24. 您是否经常去与您关系较好的其他社区体育组织成员家串门？

（1）经常 （2）有时候 （3）很少 （4）根本不

25. 碰到一起参与过活动的社区体育组织成员，您会跟对方打招呼吗？

（1）肯定会 （2）会 （3）很少 （4）根本不会

26. 您是否通过手机、网络（如qq、微信）等方式跟社区体育组织成员联系？

（1）经常 （2）有时候 （3）很少 （4）根本不

27. 总体而言，您认为您所在的社区体育组织成员之间相处得怎么样？

（1）相处得非常好 （2）相处得好 （3）一般般 （4）相处得不好 （5）相处得根本不好

28. 您是否从社区体育组织成员那里获得过各种有价值的信息（如找工作，对本组织成员及其他周边人的评价等）？

（1）经常 （2）有时候 （3）很少 （4）没有

四 志愿精神

29. 如果有问题影响到你所在的社区体育组织，你会主动发动其他成员一起解决问题吗？

（1）会 （2）说不准 （3）不会

30. 如果有人发动社区体育组织成员解决社区体育组织面临的问题，您是否会参加？

（1）会 （2）说不准 （3）不会

31. 如果社区体育组织开展的一项活动不直接对您有利，您是否会为此付出时间？

（1）会 （2）说不准 （3）不会

32. 如果社区体育组织开展的一项活动不直接对您有利，您是否会为此付出金钱？

（1）会 （2）说不准 （3）不会

33. 您在加入社区体育组织参与活动之后，您在参与社区志愿性活动方面的积极性是否得到提高？

（1）极大地提高 （2）提高 （3）有点提高 （4）没有提高 （5）根本没有提高

五 信任

34. 一般来说，您认为社会上的大多数人是可以信任的吗？

（1）完全信任他（她）们 （2）有些信任他（她）们 （3）既不信任也不怀疑他（她）们 （4）完全不信任他（她）们

35. 您认为社区体育组织的大部分成员可以信任吗？

（1）完全信任他（她）们 （2）有些信任他（她）们 （3）既不信任也不怀疑他（她）们 （4）完全不信任他（她）们

36. 在借出、借入方面，您认为您所在的社区体育组织成员之间一般都会信任对方吗？

（1）完全信任 （2）信任 （3）说不准 （4）不信任 （5）根本不信任

37. 您认为加入社区体育组织参加体育健身运动，是否能够增进成员之间的信任吗？

（1）肯定能 （2）能 （3）说不准 （4）不能 （5）根本不能

38. 假如您有一个小孩，如果您突然要出差离开一两天，其他家人都不在家，您可能会请社区体育组织中的朋友帮您照看孩子吗？

（1）非常可能 （2）可能 （3）说不准 （4）不可能 （5）根本不可能

39. 如果您在某件事情上需要听取他人的意见，您会去找社区体育组织中的朋友征求意见吗？

（1）非常可能 （2）可能 （3）说不准 （4）不可能 （5）根本不可能

六 规范

40. 请问您加入社区体育组织，是否有助于增进您的合作意识（团队精神）？

（1）非常有帮助 （2）有点帮助 （3）说不准 （4）没什么帮助 （5）根本没有帮助

41. 您认为社区体育组织成员之间能够为实现社区体育组织活动目标而团结协作吗？

（1）完全能够 （2）能够 （3）很难说 （4）不能够 （5）根本不能

42. 假如您所在的社区体育组织遇到了阻碍它发展的困难，您认为社区体育组织成员能否团结起来一起解决困难？

（1）完全能 （2）有可能 （3）说不准 （4）不可能 （5）根本不可能

43. 参加社区体育组织后，您在日常生活工作中遵守规则和秩序意识是否有所增强？

（1）大大增强（2）增强 （3）有点增强 （4）没有增强 （5）根本没有增强

44. 社区体育组织成员如果无故不参加社区体育组织活动，是否会受到社区体育组织其他成员批评？

（1）一定会 （2）可能会 （3）不会

45. 您认为您所在的社区体育组织内的大部分成员是否愿意互相帮助？

（1）非常愿意 （2）愿意 （3）看交情的深浅 （4）不愿意 （5）根本不愿意

46. 当您遇到困难或有需要时，您可能会求助您社区体育组织中的朋友吗？

（1）非常可能 （2）可能 （3）说不准 （4）不可能 （5）根本不可能

47. 您曾经得到过社区体育组织中的朋友的帮忙吗？

（1）经常得到帮忙 （2）偶尔得到帮忙 （3）没得到帮忙

48. 当您知道社区体育组织中的朋友有困难或需要时，您愿意主动提供帮助吗？

（1）非常愿意 （2）愿意 （3）看交情的深浅 （4）不愿意 （5）根本不愿意

七 归属感

49. 您在社区体育组织是否有在家的感觉？

（1）有 （2）有点 （3）没有

50. 您是否喜欢您所在的社区体育组织？

（1）非常喜欢 （2）喜欢 （3）说不准 （4）不喜欢 （5）根本不喜欢

51. 您作为您所在的社区体育组织一员而感到自豪吗？

（1）非常自豪 （2）自豪 （3）有点自豪 （4）羞愧 （5）非常羞愧

52. 您对您所在的社区体育组织里所发生的事情关心吗？

（1）非常关心 （2）关心 （3）有点关心 （4）不关心 （5）根本不关心

53. 您是否赞同您是您所在社区体育组织的一分子？

（1）非常赞同 （2）赞同 （3）有点赞同 （4）不赞同 （5）根本不赞同

54. 如果因为家庭搬迁等方面的原因，您不得不离开您所在的社区体育组织，您会感到遗憾吗？

（1）非常遗憾 （2）遗憾 （3）有点遗憾 （4）不遗憾 （5）根本不遗憾

55. 您在发展社区体育组织方面有什么好的建议（请写出来）：______

____

调查到此结束，再次感谢您的支持与配合！

社区体育组织社会资本调查问卷（修改稿）

亲爱的社区体育组织成员：您好！

为了了解社区体育组织在建立和改善人际关系网络，增进人们之间信任，培养合作、规范意识等方面的功能，探索社会资本培育的有效途径，我们开展了一项关于社区体育组织社会资本的调查。我们从具有代表性的社区体育组织中随机抽取一部分成员，作为社区体育组织中的成员代表，您是其中一位。本调查不用填写姓名，答案没有对错之分。请您根据自己的实际情况，在每题答案前的序号上打“√”（如果无特别说明，每题只选一个答案）。遇到有需要注明的，请在“______”上填写。

衷心感谢您的支持与合作！

广州体育学院全民健身研究中心“社区体育组织社会资本研究课题组”

负责人：

2014 年 2 月

问卷编号：______

一　基本情况

1. 请问您的性别：（1）男　（2）女

2. 请问您属于哪个年龄段：（1）20 岁及以下　（2）21 ~ 30 岁　（3）31 ~ 40 岁　（4）41 ~ 50 岁　（5）51 ~ 60 岁　（6）61 ~ 70 岁　（7）70岁以上

3. 请问您的文化程度：（1）小学及以下　（2）初中　（3）高中　（4）中专、中技、职高　（5）大学专科　（6）大学本科　（7）研究生

4. 请问您的职业：

（1）党政机关科级及以上干部　（2）企业、事业单位中层及以上管理人员　（3）党政机关企事业单位一般办事人员　（4）专业技术人员（如科教文体卫工作者）　（5）个体户或私营企业主　（6）商业服务业从业人员　（7）工人　（8）农林牧渔劳动者　（9）学生　（10）离退休人员　（11）失业人员　（12）其他（请注明）__________

5. 请问您的月收入在以下哪个范围：

（1）1000 元及以下 （2）1001 ~ 1500 元 （3）1501 ~ 2000 元 （4）2001 ~ 3000 元 （5）3001 ~ 4000 元 （6）4001 ~ 5000 元 （7）5001 ~ 6000 元 （8）6001 ~ 7000 元 （9）7001 ~ 8000 元 （10）8001 ~ 9000 元 （11）9001 ~ 10000 元 （12）10000 元以上

6. 请问您在现在的社区居住了多长时间：

（1）1 年及以下 （2）2 ~ 5 年 （3）6 ~ 10 年 （4）11 ~ 15 年 （5）16 ~ 19 年 （6）20 年及以上

二 组织特性

7. 您所在的社区体育组织大概有多少成员？

（1）30 人及以下 （2）31 ~ 50 人 （3）51 ~ 70 人 （4）71 ~ 100 人 （5）101 ~ 150 人 （6）150 人以上

8. 您所在的社区体育组织是否有固定的活动场所？

（1）有 （2）没有

9. 您所在的社区体育组织经常性开展的体育活动是：（最多选 4 项）

（1）足球 （2）篮球 （3）排球 （4）羽毛球 （5）乒乓球 （6）网球 （7）广场舞 （8）木兰拳（扇） （9）太极拳（剑、扇） （10）健身气功（包括五禽戏、六字诀、八段锦等） （11）排舞 （12）秧歌 （13）扇子舞 （14）游泳 （15）保龄球 （16）毽球 （17）高尔夫 （18）台球 （19）健美操 （20）（健身房）器械健身 （21）其他（请注明）：__________

10. 您所在的社区体育组织活动经费来源渠道：（可多选）

（1）成员会费 （2）政府拨款 （3）企事业单位资助 （4）组织经营收入 （5）其他（请注明）__________

11. 在过去三年，您所在的社区体育组织的运动器材设施的状况是：

（1）得到了更新与改善 （2）维持原状 （3）变得更加糟糕

12. 您加入您所在的社区体育组织已经有多少年？

（1）1 年以下 （2）1 ~ 3 年 （3）3 ~ 5 年 （4）5 ~ 7 年 （5）7 ~ 10 年 （6）10 年以上

13. 通常情况下，相隔多长时间社区体育组织成员一起参与一次健身运动？

（1）每天 （2）2 ~ 3 天 （3）4 ~ 5 天 （4）6 ~ 7 天 （5）8 ~ 9 天

（6）10～15 天　（7）15 天以上

14. 在社区体育组织开展的活动中，请问您与其他成员交往互动的主要目的是什么？（最多选 3 项）

（1）学习健身知识　（2）结交朋友　（3）增进信任　（4）增进身心健康　（5）扩大社会关系网络　（6）学习健身技能　（7）促进人际关系和谐　（8）治疗慢性疾病　（9）其他（请注明）＿＿＿＿＿

15. 当您所在的社区体育组织需要做一个决定时，这个决定通常是怎样做出的？

（1）社区体育组织领导决定并通知组织其他成员　（2）社区体育组织领导征求成员意见然后做出决定　（3）社区体育组织成员展开讨论然后集体决定　（4）决定是由外部强加的　（5）其他（请注明）＿＿＿＿＿

16. 您是否参与过您所在的社区体育组织的活动组织、策划工作？

（1）经常参加　（2）有时参加　（3）从未参加

17. 您所在的社区体育组织的主要领导是怎样产生的？

（1）由大部分社区体育组织成员选举产生　（2）由少部分社区体育组织成员选举产生　（3）由政府部门委派工作人员兼任　（4）由社区体育组织创始人担任　（5）其他（请注明）＿＿＿＿＿

三　参与及社会网络

18. 您加入社区体育组织参与活动之后，是否提高了您参与社区事务管理方面的积极性？

（1）极大地提高　（2）有些提高　（3）说不准　（4）基本没有提高　（5）根本没有提高

19. 您加入社区体育组织参与活动之后，是否提高了您参与投票选举方面的积极性？

（1）极大地提高　（2）有些提高　（3）说不准　（4）基本没有提高　（5）根本没有提高

20. 加入该社区体育组织，您认为是否扩大了您的社会关系网络？

（1）扩大了很多　（2）扩大了一些　（3）说不准　（4）基本没有扩大　（5）根木没有扩大

21. 您是否经常去与您关系较好的社区体育组织成员家串门聊天？

（1）经常去　（2）有时候去　（3）说不准　（4）基本不去　（5）根

本不去

22. 您是否通过手机、网络（如 qq、微信）等方式跟社区体育组织成员联系？

(1) 经常联系　(2) 有时候联系　(3) 说不准　(4) 基本不联系　(5) 根本不联系

23. 您是否经常与您关系较好的社区体育组织成员一起外出购物或聚餐？

(1) 经常　(2) 有时候　(3) 说不准　(4) 基本不　(5) 根本不

24. 总体而言，您认为您所在的社区体育组织成员之间关系相处得怎么样？

(1) 相处得非常好　(2) 相处得较好　(3) 一般般　(4) 相处得较差　(5) 相处得很差

25. 您是否从社区体育组织成员那里获得过各种有价值的信息（如找工作，对本组织成员及其他周边人的评价等）？

(1) 经常　(2) 有时候　(3) 说不准　(4) 基本没有　(5) 根本没有

四　志愿服务

26. 如果有问题影响到您所在的社区体育组织，您会主动发动其他成员一起解决问题吗？

(1) 肯定会　(2) 很可能会　(3) 说不准　(4) 基本不会　(5) 肯定不会

27. 如果有人发动社区体育组织成员解决社区体育组织面临的问题，您是否会参加？

(1) 肯定会　(2) 很可能会　(3) 说不准　(4) 基本不会　(5) 肯定不会

28. 您在加入社区体育组织参与活动之后，您在参与社区志愿性活动方面的积极性是否得到提高？

(1) 很大的提高　(2) 有些提高　(3) 说不准　(4) 基本没有提高　(5) 根本没有提高

五　信任

29. 一般来说，您认为社会上的大多数人是可以信任的吗？

（1）完全信任他（她）们　（2）有些信任他（她）们　（3）既不信任也不怀疑他（她）们　（4）基本不信任他（她）们　（5）根本不信任他（她）们

30. 您认为社区体育组织的大部分成员可以信任吗？

（1）完全信任他（她）们　（2）有些信任他（她）们　（3）既不信任也不怀疑他（她）们　（4）基本不信任他（她）们　（5）根本不信任他（她）们

31. 在借出、借入方面，您认为您所在的社区体育组织成员之间一般都会信任对方吗？

（1）十分信任　（2）比较信任　（3）说不准　（4）不太信任　（5）根本不信任

32. 您认为加入社区体育组织参加健身活动，是否能够增进成员之间的信任？

（1）很大地增进　（2）有些增进　（3）说不准　（4）基本不能增进　（5）根本不能增进

33. 如果您出差一段时间，您可能会请社区体育组织中的朋友帮您接收邮政快递、网购物品等这类的事情吗？

（1）非常可能　（2）有些可能　（3）说不准　（4）基本不可能　（5）根本不可能

34. 如果您在某件事情上需要听取他人的意见，您是否可能去找社区体育组织中的朋友征求意见？

（1）非常可能　（2）有些可能　（3）说不准　（4）基本不可能　（5）根本不可能

六　规范

35. 请问您加入社区体育组织，是否有助于增进您的合作意识（团队精神）？

（1）非常有帮助　（2）有些帮助　（3）说不准　（4）基本没有帮助　（5）根本没有帮助

36. 您认为社区体育组织成员之间能够为实现社区体育组织活动目标而团结协作吗？

（1）完全能够　（2）基本能够　（3）说不准　（4）基本不能　（5）根

本不能

37. 假如您所在的社区体育组织遇到了阻碍它发展的困难，您认为社区体育组织成员是否能够团结起来一起解决困难？

(1) 完全能够 (2) 基本能够 (3) 说不准 (4) 基本不能 (5) 根本不能

38. 参加社区体育组织后，您在日常生活工作中遵守规则和秩序意识是否有所增强？

(1) 很大增强 (2) 有些增强 (3) 说不准 (4) 基本没增强 (5) 根本没增强

39. 参加社区体育组织后，您觉得您在对待社会生活中的人和事方面的公平意识是否有所增强？

(1) 很大增强 (2) 有些增强 (3) 说不准 (4) 基本没增强 (5) 根本没增强

40. 如果有社区体育组织成员做出有损社区体育组织的事情，社区体育组织其他成员是否会对他（她）采取像劝告、批评等之类的措施？

(1) 肯定会 (2) 很可能会 (3) 说不准 (4) 基本不会 (5) 肯定不会

41. 您认为您所在的社区体育组织内的大部分成员是否愿意互相帮助？

(1) 非常愿意 (2) 大体愿意 (3) 看交情的深浅 (4) 基本不愿意 (5) 根本不愿意

42. 当您遇到困难或有需要时，您是否会求助您社区体育组织中的朋友？

(1) 肯定会 (2) 很可能会 (3) 说不准 (4) 基本不会 (5) 根本不会

43. 当您知道社区体育组织中的朋友有困难或需要时，您是否会主动提供帮助？

(1) 肯定会 (2) 很可能会 (3) 说不准 (4) 基本不会 (5) 根本不会

七 归属感

44. 您是否喜欢您所在的社区体育组织？

(1) 非常喜欢 (2) 有些喜欢 (3) 说不准 (4) 基本不喜欢 (5) 根

本不喜欢

45. 您对您所在的社区体育组织里所发生的事情关心吗？

（1）非常关心　（2）有些关心　（3）说不准　（4）基本不关心　（5）根本不关心

46. 您是否赞同您是您所在社区体育组织的一分子？

（1）非常赞同　（2）有些赞同　（3）说不准　（4）基本不赞同　（5）根本不赞同

调查到此结束，再次感谢您的支持与配合！

后 记

本专著是以我的博士学位论文为蓝本发展而成的。在此感谢我的博士生导师李建国教授、硕士生导师裴立新教授，同时也感谢我的博士学位论文答辩评审专家首都体育学院王凯珍教授、上海大学陆小聪教授、上海体育学院张林教授、上海体育学院陈玉忠教授。

感谢广州体育学院陈琦院长、梁利民主任、李裕和处长对本书出版的大力支持。

感谢社会科学文献出版社皮书分社邓泳红社长及中国社会科学院两位研究社会资本方面的专家。因社会科学文献出版社并无出版体育类个人专著的先例，对是否出版该专著存疑，所以邓社长将拙作的原稿呈送给中国社会科学院两位国内研究社会资本的一流专家审阅，以求证该研究的出版价值，得知两位专家认定“这是一个很有价值的研究”后，本人甚是欣慰。

感谢张媛编辑为本书的校对和出版花费了很多心血。

该书是我40来年求学生涯的一个结果，书稿付梓之际，总有说说自己家乡、求学、工作之类的冲动，想把自己的家乡、求学经历、工作经历等与这本专著融合到一起，可以说正是这些成就了该专著。

1968年，我出生在安徽省安庆市望江县向东公社清平大队河清老屋（百度地图标为“何前老屋”，1984年“撤社改乡”，被改为沈冲乡清平村），望江为古雷池所在地，“不敢越雷池一步”典故就产生于此。我父母都是农民，父亲那时是大队干部，现在叫村干，兼生产队长。一直以来，父亲在当地都享有较高的威望。我们村是坐落在长江下游北岸武昌湖畔的一个村庄，村庄不大，五十多户人家，两百多人口，有水无山，典型的“鱼米之乡”，农田大部分属于“围湖造田”而成，所以每到夏季多雨季节，村里人抗洪排涝任务繁重。小时候，那些池塘沟渠的水真是清澈干净，很多时候口渴了，就用手捧起来喝。姐姐经常带着我去湖里、周边的沟渠摸鱼捞虾。村庄及一些小山坡上有很多老树，树很高很大，池塘和沟渠旁等也栽种了很多树，每到夏季枝繁叶茂之时，整个村庄完全淹没在绿海当中。在离我家大概两百多米的地方，有一个杉树林，树林不太大，但树长得很是茂盛，也很是幽静，空气清鲜。树林是我父亲带着整个村庄的人蓄护起来的。上初中的时候放假回家，经常早上或傍晚在树林读读书、背背单词。可惜前两年整个杉树林被砍伐掉了。听说是村干部和村民小组组长以“开荒造林”名义申请国家补助将其毁掉了。真是荒谬之极！那时，种庄稼基本使用的是牛粪之类的农家肥，不像现在大肆使用化肥和农药，现在村里人不用锄草，不用捉庄稼上的虫子，使用“除草剂”“杀虫剂”等，尽管他们是闲下来了，但是付出了相当高的代价，把整个人生存的环境都破坏了。可见，农村生态环境日趋恶化，很大程度上是农民自己采取一些“对人有害”“不可持续”的种植庄稼手段造成的。因此，各级政府在这些方面应加强正确引导，将“绿色发展”理念落实到农村的发展实践。

我们那时候一年级新生是农历正月开学，记得上小学的第一天父母还专门买了一挂鞭炮放了，希望我在读书方面有点出息。小学一、二、三年级就在当时的和平小学上的，四、五年级在清平小学上。那时候，农村的教育资源较为匮乏，受中学招生规模的限制，小学升初中还要通过考试，择优录取，通常一个班，只有大概一半学生能够上初中。我们村庄同年级的五个同学只有我与我叔叔的儿子考上了中学，我们同岁。初中我们是在沈冲中学上的，该中学创办于 1968 年，原名为向东中学，后随“撤社改乡”更名为沈冲中学，在初中生教育方面不论是学业成绩还是综合素质，在整个望江县都是名列前茅的，可惜该校已于 2012 年拆并掉了。中学离我家有十几里路远，那个时候，没有自行车，好点的公路都没有，来回全部是步行，经常是在家里装两罐头瓶咸菜周日下午赶去学校上晚自习，因为咸菜只能吃两三天，周三下午放学后再回家拿菜，周四赶回学校上早自习，那时候，年龄小，周四起来上学的时候，天还没有亮，父母担心我们，每次都是父母起早做点吃的给我们，然后由父亲或叔叔送我们上学，通常要送很长一段路后才回去，尤其是冬天，天亮得晚。

那时我们那里高中招生规模小，初中升高中竞争非常激烈，一个五六十名学生的初中班，大概能考上高中的只有八九名，由于县城考场方面的限制，全县初级中学的学生要参加“预选”考试后，才有参加中考的资格，我应届毕业的时候，通过了预选考试，但是没有考上高中。复读后，为了尽快捧上"铁饭碗"，很不情愿地考进了"望江师范学校"。该学校是政府"短期行为"的一种产物，招了五届学生后停招，停招后学校拆掉了。当年国家为了发展基础教育，尽快培养小学师资，安庆市下面的各个县都兴办了中等师范学校。20 世纪八十年代中期的中等师范是很难考上的，一个五六十名学生的初中班能考上一两名学生就很不错了。师范招生是在高中招生之前，很多农村的孩子为了捧"铁饭碗"，都进了这些中等师范学校，应该说，当时能够考进师范的都是学业上的"精英"。师范毕业后，绝大部分被分配到农村小学，为基础教育做贡献。现在我的同学中大概百分之六十在小学任教，百分之三十在中学任教，他（她）们为望江的基础教育确实做出了巨大的贡献！

师范毕业工作后，我参加了自学考试，那时参加自学考试是我们这些师范毕业生提高学历的常规途径。我的同学中基本上都通过自学考试，拿到了汉语言文学专业的大专或本科文凭。我一开始也报了汉语言文学专业的自考，但最后从有利于提高参加高考时英语成绩考虑，选择了英语专业自考，英语专业自考很是辛苦，在农村小学找不到老师请教，可查的资料也很少，经常是一个人"硬啃"课本，每次去安庆考试时买点相关资料，英汉词典都翻烂了。那时候交通不发达，每年两次到安庆去参加考试，必须清晨 5 点起床，然后骑自行车到湖东码头，再坐三四个小时的船，才到达安庆。1993 年，安徽大学自考英语专科毕业，毕业后因工作忙、有些懒散等，只断断续续地拿到了安徽大学自考英语本科七门课程合格证。回过头来看，这七门合格证都是很有用的。1999 年，在同学张卫东、沈志峰的影响和劝说下，开始着手考硕士研究生，记得当时报考硕士研究生的学历条件是大专毕业，本科六门合格证以上。我是 2002 年考上硕士研究生的，这时，已经三十多岁了，在读硕士研究生期间，搭乘火车在广州与安庆来回途中，很多时候列车员都会因为我买了学生票，而祥加检查与细问，每次我都要费好多口舌与她们解释，这么大年龄与我们传统观念中的学生身份确实不是很符合。在上海读博士研究生的时候，年龄更大一些，坐火车时，上述情况重现。回过头来看，我的求学之路走得很"弯"，总有赶上了"末班车"的感觉。

在我求学的过程中，英语对我工作事业轨迹的改变起到很大的作用。初中开始学习英语，那时候没有录音机、单放机、磁带之类的辅助学习英语工具，开始觉得很好玩，老师没有教我们音标时，为了记住发音，我们很多时候是在单词或句子的旁边标上中文，如：bike（白客）、desk（德斯卡）、table（推波）、Thank you（三克油）等，然后依照这些标注的汉语来读单词、句子，经常是班上笑开了花。应该说，那个年代的人很多都是学的“考试英语”或者说“哑巴英语”，发音不准，听、说存在很大问题。那时对英语没有那么重视，初中考高中的时候，英语计百分制的50分。

我所上的望江师范是不开设英语课的，但是我心里一直想着考大学，因此上师范期间我没有丢弃英语，而是想方设法通过多种途径学习英语，记得那时候高一英语是新版本，买不到书，我是借望江中学一个同学的英语书抄下来的，然后再背单词、课文，做作业。那时候，正好南京广播电台好像是每天中午十二点半开始教授高一英语，每天半小时，一开始，还是有一些同学雄心勃勃地学习英语，慢慢的到后面就剩下一两个人了。另外，那个时侯，望江师范学校正好办了高中文科补习班，看到班上有时有空位的时候，也经常怯生生地从后门偷偷地进去听英语课。幸亏那个时候英语坚持学习了下来，才有后面的英语自学考试，才有后面的考研。

1988年6月望江师范学校毕业后，被分配到望江县沈冲中心小学任教，记得7月份报到，领了半个月工资，那时候农村小学工资很低，师范毕业新分配的教师每个月才有72元的工资。记得我上半年班，买一辆凤凰牌的自行车，还是从家里拿钱买的。那时自行车很贵，一辆凤凰牌男式轻便车，要280多元。后来，随着国家经济发展，货币贬值，自己教龄、工龄年限的增加等多种因素，工资从90多元、110多元、170多元到200多元……慢慢增长。在小学工作期间，一直有参考高考的想法，也动员过跟我一起工作的同事参加高考，且当时沈冲中学有两位年青教师就是这么考出去的，后来都是学业大成了。种种原因，我始终没有进入过高考的考场。英语自考大专毕业后，我被调到望江县沈冲中学任教，家乡的工资水平一直很低，到我2002年来广州上硕士研究生的时候，中学二级教师每个月才能拿到680多元。由于望江地方财政困难，且从1998~2003年，每个月只能拿到70%的工资，这个欠账，直到2015年才被还清。回过头来看，家乡的工资水平真是有些低，从事基础教育的同行们默默地为家乡的教育事业奉献很多！

最后，感谢我的父母，姐妹及弟弟，你们无时不在的关爱是我学习与进取的最大动力！

感谢我的妻子，一直以来是你的默默付出支撑着我的发展！

在此感谢所有帮助和支持过我的老师、同学、同事和亲友们，并祝愿你们永远幸福、健康、快乐！

2016 年 5 月 1 日

于广州萝岗宏康和园家中

图书在版编目(CIP)数据

社区体育组织社会资本研究 / 周结友著. -- 北京：社会科学文献出版社，2016.8
ISBN 978-7-5097-9057-1

Ⅰ.①社… Ⅱ.①周… Ⅲ.①社区-体育组织-社会资本-研究-广州市 Ⅳ.①G812.176.51

中国版本图书馆 CIP 数据核字（2016）第 086454 号

社区体育组织社会资本研究

著　　者 / 周结友

出 版 人 / 谢寿光
项目统筹 / 邓泳红
责任编辑 / 张　媛　吴　敏

出　　版 / 社会科学文献出版社 · 皮书出版分社（010）59367127
地址：北京市北三环中路甲 29 号院华龙大厦　邮编：100029
网址：www.ssap.com.cn
发　　行 / 市场营销中心（010）59367081　59367018
印　　装 / 三河市尚艺印装有限公司

规　　格 / 开 本：787mm × 1092mm　1/16
印 张：16.75　字 数：281 千字
版　　次 / 2016 年 8 月第 1 版　2016 年 8 月第 1 次印刷
书　　号 / ISBN 978-7-5097-9057-1
定　　价 / 69.00 元

本书如有印装质量问题，请与读者服务中心（010-59367028）联系